沿路而行

亞瑟‧本森沉思集

擺脫「原則」的束縛，
關於哲理和美學的探索之旅

ALONG THE ROAD

跟隨
本森教授來一趟
屬於「哲學」
與「思考」的
深度旅行！

目錄

目錄

目錄

前言

　　我經常會有這樣的感想，即收集或是再版之前已經發表過的文稿，是一件很讓人遺憾的事情。作者的心中往往會懷著一股柔情，以慈父般的目光審視自己心智所結出的這些小小「果實」。誠然，為雜誌所寫的文稿一般都是關於時事或是一些重大的問題，而且通常是按照題目的要求，迅速完成雜誌所要求的稿子。所以，這些文稿有點即席創作的意味，往往堆積一些臨時的資料，作者根本沒有時間就所寫議題進行深入的了解。

　　但這也不並適用於所有類似的寫作。我可以坦誠地說，本人每週為《教會家庭日報》所撰的稿子，專欄名為《沿路而行》，其中絕大多數的文稿都並非上述所說的那樣。長久以來，我自己寫下很多文章，甚至還有校稿過。因此我並不需要以寫作來養家糊口。這些稿子絕大多數都是一些簡單的小論文，在下筆之前已經長時間占據了我的腦海，在寫作的時候也是經過深思熟慮。我收到眾多讀者的來信，內容幾乎都是關於這些文稿的問題。所以，我覺得一些讀者希望能出版一本選集，讓這些文稿以更為固定的方式保存下來。我刪除了所有自己不得不寫的關於當代一些話題的文章，以及所有引起爭議的文章，因為這些文章都不是我所願意去寫的。所刪除的這些文章不論多麼缺乏主觀意圖，都會引起讀者的猜疑。我開始這個專欄寫作的時候，因為剛從長期的疾病中復原過來，內心極度憂鬱。當時，我生怕自己無法完成定期按時交稿的任務，雖然我很努力地以樂觀的心態去寫作，但剛開始所寫的一些文稿還是彌漫著一些不良的情緒 ── 所以這些文稿在結稿成集時也一律被刪略了。

　　我想簡略地談一下整個系列文稿的寫作目的。在我看來，我們英國人通常所犯的毛病，就是對思想缺乏興趣。我認為，作為一個民族，我們有很多優秀的品格 ── 首先，就是堅定與友善的常識，讓我們能以公正客觀的角度去審視事物，免於過度的興奮或是沉浸在難以自拔的憂鬱之中。

我相信，我們的人民是愛好和平的，遵守秩序與勤勞奮鬥的。我們具有真正的謙遜，不會過分沉浸在所取得的成就與功績之中，也不會過分注意誰獲得更多別人關注的目光。我還覺得，我們接受著原則的束縛，而非隨性而為。

　　而另一方面，我們又是保守與智趣不高的民族，過分看重財富與地位，厭惡分析、猜測與試驗。我們將一些很值得懷疑的事情視為理所當然，鄙視原創與熱情。據我觀察，我們似乎並不怎麼關心日常的生活，也不問自己為什麼會去相信一些事情，或是自己是否真的相信它們；而在道德層面上，我們則是徹頭徹尾的宿命主義者，相信直覺勝於理智；而且沒有充分意識到，在一定範疇內，我們有改變自己的能力。我們通常在人生早年就固定自己對很多事情的看法，然後還為自己能夠堅持己見而愚蠢地感到驕傲 —— 而這種所謂的「堅持」，亦不過是一種排斥所有反對我們固有看法的證據及話語的習慣罷了。事實上，我們的心智很僵化，缺乏靈活性。再者，我覺得，我們時常漠視這片長時間不受侵擾的土地所累積起來的古老而美好的「珍寶」，因此，我們能不受阻滯地發展屬於自己的制度。當我漫遊英國的時候，常為村村落落都有一座精美的小教堂、古老的莊園以及許多優雅的住宅而感到無比驚詫。顯然，要是以前能夠有所記載，每個地方必然都有一段屬於自身美好與細膩的歷史！但是，所有這些都被我們視為理所當然的東西，我們都只是漠然視之，似乎這些事物根本不值得注意似的。

　　所以，在寫作的時候，我內心有兩個比較明確的目的 —— 首先，就是要激起讀者對於生活及性格中一些小問題關注的興趣，了解人性的衝突以及疊加，有一股清新之風拂面的感覺，彷彿這一切是如此難以理解，卻又有趣得如此不可思議 —— 這一切都根源於日常生活中人與人的關係。我活得越久，就越覺得每一天都充滿著人性交往的無限複雜與美感，感覺到一些很龐大卻又高尚的問題正被逐漸地分解，在漫長的延宕中獲得自然的解決。文明就具有這種巨大的能量，讓人類遠離孤立與敵對的狀態，感

覺到自己無法遠離別人，只是自私地循著自己的路線來走；相反，我們是互相依賴的，彼此都應該給予鼓勵與幫助。我們最不起眼的動作或是一閃而過的思想都肯定會影響別人；善與惡都會播下種子，生根發芽，直到我們在耐心與愛意中漸臻完美。當我更加深入了解人性之後，驚訝地發現，人其實通常都能意識到一些高尚與美好的理想，雖然是以很微茫與不確定的方式表現出來，但他們卻似乎因為在生活中無法實現這些理想而感到悲哀，憂鬱地意識到，自己沒有在生活中做到最好，發揮自身最大的力量。所有那些充滿活力、不斷奮鬥、滿懷希望及有感而悲的人們——而不止是地球上的一切生物，而是超脫於永恆的帷幕——增強了我對人類擁有一個美好的未來的信心。我真心相信，這是一個充滿歡樂的未來，因為歡樂是精神中最原始的天性，是不可能屈服於悲傷與痛苦的。若這些的悲傷與痛苦的存在只是為了讓我們最終獲得歡樂與平和的話，那也是可以暫時容忍的。當我們愈加深入地了解自己與他人，就會發現人類的可能性愈加豐富與複雜；若能讓心靈去追求永恆與精神的話，將目前的一些事情或是物質放在正確的位置，這對我們來說會更好一些。人們常常覺得，這個世界充斥著許多被誤導的情感、悲傷與失望，讓我們為一些根本不值得為之煩心的事情感到鬱悶，為一些小事而惡言相向，固執的成見難以撼動。而所有在所有嚴苛的理念中，最為惡劣的，當屬某些人覺得，要是人們不以自己認為正確的方式來獲得快樂的話，那他們也最好一點都不要快樂。我覺得，這就是英國人性情中最大的一個缺陷——對自身幻想與觀念固執的堅持，極度缺乏憐憫之心與相互理解。所以，我在這些文章中盡自己最大的努力，向我的讀者解釋自己的觀點，希望他們能夠了解——互相諒解、欣賞、寬容以及兄弟間友愛的極端重要性。若是可以的話，我想說，真的希望自己有生之日能見到這成為現實！我絕沒有鼓吹任何人輕易放棄自己一直所珍視的信念。但是，在不去蔑視或是懷疑他人真誠信念的前提下，我們也依然可以堅強與勇敢地秉承自己的信條。

其二，我試著去喚醒讀者對普通事物的興趣——諸如我們所見的地

方，所聽到的言語抑或所讀的書籍，日常簡單的生活體驗等 —— 只要我們願意去找尋與發掘的話。精神與心智最為可怕的敵人，就是潛入勤奮之人腦海中沉悶的思想 —— 面對日常生活的骯髒汙穢，他們內心難有波瀾，泰然處之；看到人生漂亮的燈火漸次熄滅，表情冷漠，從沒泛起再次點亮的念頭；他們悶悶地看著，毫無表情地聽著。但若是人們能捫心自問：「這到底意味著什麼？背後隱藏著什麼？為什麼這些東西會存在，成為現在這副模樣？」我們就會發現很多讓人震驚與美好的紐帶，源頭可追溯到過往，莫不與現在的我們有著千絲萬縷的關係。

思想與紐帶！這就是生活中僅次於人類關係本身最為美好與親切的東西了，而這些並非在我們能力範圍之外。很多人所需的，只是如何去開始，學會去問自己怎樣的問題，在思想或是情感中作怎樣的小試驗罷了 —— 這是我從一開始寫作這些文稿時所面臨的一個簡單任務。在完成這個任務的時候，沒有人能比我感到更加高興。因為，正如我之前所說的，我每天都為生活中那些美好且難以言喻的興趣、美感以及其所蘊藏的祕密，乃至存在的問題而倍感驚訝與興奮 —— 其中有些讓人傷心不已 —— 但仍存在著一個巨大的希望，因為萬能的上帝在我們背後。在朝聖之旅中，我們所居住的「生命之屋」只有滌盡所有煩憂，方能變成真正宏偉與大氣的地方。正如古時睿智的作家所說的：「一房之立，始於智慧；堅如磐石，成於理解；富麗堂皇，需憑知識！」

亞瑟・克里斯多福・本森
寫於古老的鄉間小舍
劍橋大學莫德林學院
1912 年 8 月 5 日

那時的英格蘭
（OLD ENGLAND）

現在，人們討論最多的是大英帝國，而且一般都會以睿智且英勇的口吻去談。我們自稱會伸出兄弟般友愛的雙手，讓仁愛之心延伸至大洋彼岸素昧平生的朋友以及人類同胞，為我們英國充滿活力的生活、談話以及思想能夠影響世界而感到無比驕傲。誠然，英國可以好好地躺在讚歌那些古老的祝福中，沉醉一番，感覺自己就像一個帶領著一群小孩的歡樂母親。雖然，有時候我覺得要是在這個過程中，能夠少點武力的話，那麼，這個快樂的大家庭就不會想著排擠或是讓其他原本也有自己玩耍地方的孩子滾到一邊的角落裡，而且還聲稱這樣做是以上帝深沉的願景之名。

當我們沉浸在為大英帝國的足跡遍布世界，破舊立新，生生不息感到不勝自喜，意猶未盡之時，最好偶爾也要明智地將思緒轉回自己國家，反諸於己。倘徉在茫茫歷史與傳統的河流之中，感受一遍島國民族以及讓我們傳承至今日的內涵。我們很多的城市居住者，容易漠視隱藏在這片島國中那些古老而美麗的無與倫比的珍寶 —— 深藏在村村落落，在森林空地，遙遠的峽谷與山川的褶縫。倘若人們願意探幽一下英格蘭的安靜之處，從廢墟的城堡及修道院裡找尋休閒，拜訪古老的房屋與鳥兒築巢的教堂，就會意識到，過往的人們在這裡過著多麼恬淡安靜的生活，世世代代，百年不變；那時，鐵路還沒有連接每個城鎮；那時，最卑微的勞動者還不識字，不像現在這樣能夠閱讀報刊；那時，居住在這裡的人們過著充盈多彩的生活。

也許，過分懷緬往昔是錯誤的。因為人的整個思想都沉迷於一種富於浪漫與金黃的煙霧之中，忘懷了人生所有的悲苦與殘酷，然後對著人性弱

點悲傷的無語，似乎這些是新近冒出且極具傷害的罪惡；彷彿過往的時日洋溢著平和的歲月，人們每年過著平靜的生活，進行著有益的勞作。事實上，現在大眾的生活水準要比往時更為美好、體面、合理與舒適，更多人決心去幫助或是拯救那些步入歧途的人，卻發現歲月的車輪無情地將他們碾過。

但是，過往的生活有其自身的美感與沉靜。至少，那時候沒有那麼多的喧鬧與躁動，更少無聊的聲音與空洞的泡沫；對於如何生活，沒有過多的刻意為之，更多的只是一種泰然處之，順其自然。他們的活動範圍更為有限，但卻更加專注。毋庸置疑，他們對於山川環繞所帶來的壯美、莊嚴以及美感會有更為強烈的感受。若是日復一日在遠方漫遊，當看到了美麗教堂與領主之宅邸，即便是小村舍與穀倉，看到他們建造房子的時候，屋頂使用瓷磚，壘砌山形牆，豎起直檻與枕木，也要比用裝載稻草的敞篷貨車搬來石板與黃色的磚瓦，然後在高牆堆積的牛棚一角建造一間鐵製的褶形穀倉，更讓人深深感覺到，過往的人們強烈地熱愛著簡樸與莊嚴的生活。

這是我不久前所看到的景象。那時我正沿著溫德拉什[001]兩岸蒼翠的峽谷漫步，舉頭環顧便是科茨沃爾德[002]群山。溫德拉什河就如這個輕快與漣漪的名字所蘊含的，顯得十分柔美，到處是清澈的小池，迅速流轉的彎道，還有長長飄搖的水草與泛起泡沫的堰堤，流經平坦的草地，緩緩蹚過貧瘠的山腰。

目光越過田野，可見一座很小的鐘塔教堂坐落在寬敞的草地上，有一條小路可通。靠近的時候，看見一座體積不大但歷史悠久的聖壇，粗糙的

001　溫德拉什（windrush），原意是風緩緩而過，此指英國著名的溫德拉什峽谷。

002　科茨沃爾德（Cotswold），英格蘭之心臟地區。此區特色是典型古色古香，充滿詩情畫意的英國氣氛。亦是英國法定特殊自然美景區（Areas of Outstanding Natural Beauty，簡稱AONB）。該地區是英格蘭人傑地靈之地，珍‧奧斯丁、溫斯頓‧邱吉爾、威廉‧莫里斯、古斯塔夫‧霍爾斯特等名人也都出於此。

石工技術，一覽無遺；還有都鐸時代[003]一個小型的信眾席被有趣的角度釘著。教堂裡面則是一座極為溫馨的聖堂，喬治王時代教堂長椅，年代久遠的壁畫早已斑駁，還有一個韻味猶存的詹姆士一世的講壇以及由兩根粗糙的橡木組成的罌粟色的裝飾。當獲知聖壇是由羅馬馬賽克所鋪就的，外緣線緊緊地貼住牆壁，甚至連這些牆壁也都是一些古羅馬莊園所殘留下來的，而在被遺棄之後，後世人將之改造成最簡樸的諾曼式教堂時，覺得時空彷彿如一副全景圖浮現在眼前。此處無疑是過去羅馬人定居的地方，而且還居住了數代人；也許，這裡不曾設防，在這裡居住的也是富裕的羅馬家庭，這裡迴廊與柱廊林立，浴室與禮堂，都證明了在這片殖民地上，他們曾過著安靜的生活。這一切籠罩著多少神祕啊！無疑，這些美麗的鄉村房屋在羅馬軍團撤離之後，慢慢地在樹叢與金雀花間坍塌，化成廢墟，至今才被一一挖掘出來。接著，就是大英帝國的漸漸崛起，基督信仰的傳播，直到樹叢中那古老的廢墟被重建成一座小型的基督教堂。誰知道當年是誰建造的，而這又該是多少個世紀前的事情啊！

接著，我們繼續往前漫步，來到了一片牧場的泥炭草地，草地下面有一些形狀怪異的小池塘，一座小村落，那裡有小教堂與山形牆的莊園。教堂裡有很多紀念碑、武士與騎士的雕塑，旁邊是他們穿著女裝的妻子，僵硬地躺著，雙手放在頭上，臉上的著色顯得紅潤，雙眼平靜地望著教堂。人行道上還有一些黃銅製的雕塑，接著又是一些更為浮華的紀念碑，雕塑的小天使似在哭泣；碑上還篆刻著許多似在浮動的多音節字母，記載的內容沒人會去關心，只是對過往那些美德消逝的感傷總會被視為理所當然。

在這裡，一些著名家族的歷史顯然被掩蓋了。其中有一個家族叫做菲蒂普萊斯。回家後，我就去找尋關於這個家族的資料，一個頗為有趣的故事被揭開了。菲蒂普萊斯家族歷史悠久，透過繼承及聯姻，慢慢發展成極

---

003 都鐸時代（Tudor period），指 1485 至 1603 年間。始於亨利七世 1485 年入主英格蘭、威爾士和愛爾蘭，結束於 1603 年伊莉莎白一世的去世。

為富有且具有勢力的家族。他們曾在 16 個郡都有自己的土地，其中一個家族首領還與布拉干薩——葡萄牙國王的一個女兒——結婚呢。這個家族雖然極富影響力，但卻沒有為英國貢獻出哪怕一位政治家、法官、主教、上將或是將軍之類的人物。他們沒有任何公共服務的紀錄，有的只是持續繁榮與壯大的記載。盛極必衰，物極必反。這個家族慢慢地走向衰落。從男爵爵位開始消失，家族的姓氏只在母系上流傳，然後許多宏偉的建築都被付之一炬了。關於這個家族，有很多醜陋的故事，講他們如何愚蠢與守舊，導致整個家族都覆滅了。而我們在農場所見到的那些建築的外形與圓頂閣，都被推倒了，土地被出售，整個家族的存在變成了一個傲慢、自私與邪惡的記憶，良機被白白拋棄，大把的金錢被無恥地揮霍。

在我看來，這真是一個讓人感到傷感且空洞無聊的老故事——一個大家族的興衰！人們都不想過分糾纏於此，但還是發出了一個強烈且險惡的信號，即最好不要在人生裡過分注重排場、財富、房子與影響，這個世界不是為了滿足個人私欲而存在的。我們不能肆意浪費自己無法使用的東西，最好還是施與，而不要一味索取，雖然大多數人都是持相反的態度。

有時，我會默然回想起那一天：身處一片高高堆積、裝飾著紋章盾牌的紀念碑前，許多人卻都只是在找尋陰影的一面。生活的珍寶中充滿了積極的工作與深沉的情感，是那些讓人能夠愉悅、專注與提神的簡單事情。但是，很多人在經歷這些事情的時候，覺得平淡無奇，內心沉悶；心中泛起的，只是一些愚蠢的欲念，追逐著微不足道的名聲，一些膚淺的名望，全然忘記了真正的生活如流水一樣倏忽從身邊經過，不知不覺。

以上這些真的是一個陳舊的人生哲學嗎？我也不知道。我只能很謙卑地說，在歷經了半個世紀浮沉與有趣的人生，我終於明白這些道理。我彷彿從渣滓中淬煉出金子，看著自己之前如何在追逐影子的熱望裡虛度光陰，時常鄙視那些甜美、簡樸、催人振奮與助人心智的東西，就如無視青綠牧場裡的雛菊一樣。

面對著這些造型僵硬的武士與高雅的女士，它們一一懸掛在拱門與刻有圖案的壁龕上，我深深覺得，人類還遠未能以正確的心態去面對生活。也許，雖然菲蒂普萊斯家族擁有龐大的財產，享有威望以及讓人稱道的美德，卻在這片土地上過著簡樸的生活，喜歡拂過空曠山嵐的清新空氣，樂見清泉從花園裡湧出來，快樂的男孩女孩在這裡慢慢成長。但是，還應存在某種更為宏厚的東西，與他人分享的樂趣，做出鄰居間友愛的榜樣，給予貧窮同胞一些愛意與憐憫。人們感覺不到這些美德冒芽的任何痕跡 —— 因為它最近才慢慢展露出來 —— 這完全是因為出於對民主力量日漸壯大的恐懼。所有這些都應該是自然而然地生發的，然後大度地給予讓步 —— 但我對此表示懷疑。

　　誠然，要是還需什麼去證明那個安靜的小村落古老生活存在著邪惡與醜陋的話，以下就是明證。一兩天前，在離菲蒂普萊斯不到一里的地方，我看到一株孤零零的橡樹，離樹叢有一段距離，一條崎嶇的舊路穿過牧場，可到達那裡。在大樹軀幹的位置，向外生長著龐大的樹枝，水平地蔓延。樹枝上深深地刻著幾個大寫字母，旁邊刻著的日期也是一個世紀之前了。這是一棵「絞架樹」！大寫字母是指代兩位不幸的人 —— 兩個強盜的名字。我想像著他們漸漸腐敗的屍體一定在這樹上懸掛了許久吧。當風吹過來的時候，屍體必定拍打著樹幹，場景必然是不堪入目。而屍體腐爛的氣味又是那麼讓人覺得可怖！聯想在這裡圍觀的人，他們內心肯定也是滿懷恐懼。那個絕望的強盜，套在脖子的繩索緊緊綁在樹幹上。旁邊是官員、法警、騎著馬的治安官，一群圍觀注視的群眾。接著，強盜拚命地掙扎，大口喘氣，雙眼圓睜，四肢抽搐。當人們夢想著過去誠實、安靜與簡樸的日子時，是很難抹去這些恐怖的聯想。

　　青草叢生的階梯，古羅馬的人行道，那棵孤零零的橡樹 —— 該怎樣去將這些零散的景象黏合起來呢？腦海裡閃過一個念頭：評判時，不要嚴苛；希望時，不要著急；相信時，不要盲目；夢想時，不要天真；而要全

面地看待生活，直面它的冷酷與恐懼，但卻仍要牢牢專注於宏大的目標，憑著無與倫比的耐心與隱忍，闖出自己的人生。沒有什麼會虛度，沒有什麼會模稜兩可，一切都在上帝的心智與靈魂之中。

秋天歸家的路
(AN AUTUMN LANDSCAPE)

一天，我與一位朋友沿著一條通往劍橋馬丁林山丘的小道上散步。在很多村落裡，這個小山丘的山勢起伏根本不值一談。但在劍橋郡這邊，卻算是極為醒目的，讓人難以忽視其存在，似大有一覽眾山小的氣勢。穿過格頓的小樹叢，一直往北面走，依稀見到伊利的塔樓，有點像一個巨型的火車頭。橫跨過大沼澤地，滿眼一片藍綠交錯的景色，在秋日的霧靄中，溶成一股高雅的氣質。略顯黯淡的休耕地，廣闊的牧場緩緩地從腳下延伸出去，周圍可見一排排的榆樹，還有逐漸發黃的小樹林。在林叢一端的小門前，我們停下了腳步。朋友對我說：「我在想到底是什麼讓這一切顯得如此美麗，這裡沒有一絲狂野與浪漫的氣息，沒有什麼十分顯著的亮點；每一寸土地都有其簡單的用處，都曾被開墾與耕作過。很難向任何人解釋這其中的美感。我可以臆想一下，倘若我必須要生活在國外，生活在一個如弗洛倫斯這麼美麗的地方，抑或是一些熱帶的風景名勝，內心肯定會懷想之前待過的地方，甚至會對平坦的牧場與整列的樹林懷著一股熱切的渴盼，覺得有一股莫名的親切，讓人感到愉悅。」

「是的，」我說。「我可以理解。但難道這不應歸結為一種對家鄉與尋常熟悉事物的懷想嗎？在小村落居住的人們，他們所說的話語你都能明白，乃至小鳥、植物的習慣以及形態，你都有所了解。這是一種對壯麗及讓人震撼事物的牴觸情緒。難道這其中沒有任何關於過往快樂與感動的聯想存在嗎？許多事情與地方的美感，取決於我們過去所處的快樂心情——人們可在樹林與城牆上獲得內心的樂趣。我肯定自己之所以那麼喜歡榆樹，是因為伊頓公學的運動場邊都栽種著榆樹！『榆樹』一詞就讓

我回想起參天大樹的畫面，高聳的簇葉在泰晤士河邊夏日的夜晚輕拂；或是在春日清晨透過教室的窗戶所見到的景象 —— 那些時光 —— 恰如丁尼生[004]所說：

『我記得，無憂無慮的時光
沒人會指責我。』

我們不能將自己孤立起來，以最公允或心平氣和的態度地看待所有事物，不論我們怎樣努力，但畢竟誰會試著這樣做呢？」

「喔！當然了，」朋友說。「有一半的美感源於記憶與過往的歡樂。但肯定還有一些是超乎於此的。這是否可能根本就不是一種美感，而是某種遠古遺傳下來的對繁榮與農事的嚮往 —— 豐收的田野，一望無際的牧場，其中一些可能以麵包或是菲力的形狀展現出來。」

「我不這樣認為。」我說。「這種想法的內涵讓人覺得很可怖。過來，讓我們細細地品嘗這裡的風景，看看能否探尋其中隱藏的祕密。」

所以，我們在門前駐足了一會，雙眼審視著，就如古羅馬人曾經所說的。

「這裡的色彩很斑斕啊！」我說。「首當其衝的，就是天空 —— 我們沒有讓地主與大財團們將它據為己有。天空有種源於骨子裡的自由自在，不受拘束；那股湛藍的綠，隱約漂泊著一絲金黃色的霧靄，全然不沾任何一絲功利的色彩。那些成塊堆積的雲層壓在那裡，就像白雪覆蓋的懸崖。我對這些景象沒有抱著任何功利的想法，也沒想從中獲取什麼，但這卻又讓人感到莫名的興奮與高興；田野間細微的曲線與聚攏的田埂線自有其美感所在，既沒顯得雜亂無章，也沒什麼幾何式的規畫，給人的感覺是，這一切並非故意為之的。倘若這個地方是一片空曠的原野，沒有一棵樹的影

---

004 丁尼生（Alfred Tennyson, 1809-1892），英國詩人，生於林肯郡薩默斯比，就學於劍橋大學。他的主要詩歌成就是悼念友人哈倫（A. Hallam）的哀歌《悼念》（In Memoriam），其他重要詩作有〈尤利西斯〉（Ulysses）、〈伊諾克‧阿登〉（Enoch Arden）和〈過沙洲〉（Crossing the Bar）詩歌《悼念》等。1850 年 11 月 19 日，丁尼生被英國授予桂冠詩人。

子，田野的分界也是規劃的有序，那就沒有那般吸引力了。這些景物的存在自有其歷史。有村落的地方，就意味著有水井與清泉；蜿蜒的旁道代表著古代森林的小徑；而那條突然拐角、現在難以辨認的小路，也許是過去一棵倒下的龐大樹木，人們難以移動。還有筆直的羅馬大道，這些都散發出某種活力。」

「但你又陷入到聯想之中了。」朋友說。「我對此並不否認。那整個畫面到底又夾雜著多少原始的味道呢？我真的沒看出多少來。」

「喔，」我說。「這裡到處可見小峽谷，有些灌木籬叢的面積讓人驚嘆，榆樹生長在本不應扎根的地方，一個邊上生長著蘆葦的地洞，裡面溢滿著水，人們在很久之前曾在這裡挖掘過沙礫。還有一些毫無用處的古老林地，只留給人愉悅與陰翳的感覺。我想，這些樹木本身的形狀各異，真是饒有趣味。我承認，下面生長的黑色楊木顯得有些笨拙，但看看農莊周圍那些粗糙、削減過後的榆樹，院子裡的那棵巨大的美國梧桐吧，這裡有足夠的自由去證明這些事物的存在不止是為功利而存在。但我認可你所說的，這其實是無從去確認的。我們不能對斑斕色彩帶來的歡樂熟視無睹。而對英國人來說，我們更關心色彩，而不論其以何種形式展現出來。

「你說的對。」朋友說。「某天，有人跟我說了一件很有趣的事情。一位年輕的外交官對我說，當他到日本拜訪一位身形矮小的農民時，發現此人的生活相當貧窮。在農民房間中央放著一塊很大的燧石，這讓他百思不得其解，最後忍不住問這位農民：『這塊石頭放在這裡有什麼用嗎？我想，這其中肯定有某些故事吧？你為什麼要將它放在這裡呢？』農民說：『當然了，你也看到這是一塊很美麗的石頭，對吧？』我的這位朋友注意到房子外面的花園裡有一座小假山，那裡的石頭與那塊很類似。他就問：『花園外面也有一些石頭啊 —— 看起來都很類似。』『喔，不！』農民說。『那些石頭都是極為普通的！雖然也有其用處，其中一些甚至還挺好看的，但是比不上房間裡的這一塊。過來，』他接著說。『我們將拿出這些石頭，

仔細地觀察一下。』他真的這樣做，指出原先那塊石頭所包含超乎尋常的氣質與精美。這位朋友說自己對於這位農民所說的根本是一頭霧水，弄得他好像自己缺乏某種常識一樣。農民補充道：『這也是一塊很著名的石頭。很多人從大老遠的地方趕過來，就是為了看它一眼。有人曾想出高價購買，但我就是捨不得，因為它太可愛了。當我凝視這塊石頭的時候，會忘記自己的疲倦，陶醉在它的美麗之中。』」

「是的，」我說。「這是一個很不錯的故事。我也曾聽說日本的兩位工人會在家裡種養一些鮮花，在工作間隙去欣賞一下，以此提神；而英國人則會去喝幾杯啤酒，讓自己重拾精神。

朋友說：「我覺得，那些在田間勞作的人們並沒有感受到其中的美感。也許，他們因為這片是自己所熟悉的地方，所以會不知覺地喜歡這些場景。但在我們所站立的地方，我已經見過這些山丘，山頂是一帶長長的樹林，磨坊也早已廢棄，顯得陰沉與莊重，向晚的天空在俯視著一切，萬物似乎都在某種難以解釋與分析的過程中慢慢蛻變。誠然，這些最為尋常的地方，日出日落之間，若能維持這般的安靜與簡樸，不被現代社會一些所謂聰明的發明所侵擾 —— 就像那裡有一座鐵製的呈波浪形的牲口棚，或是那一排排可親的村舍 —— 有種神祕與平和的美感，似乎是從一些古老而純淨的源泉之中流淌出來的。這一恬然的美感也許就是最為真切的『漠漠曠野，寂寂蒼穹』了，能夠容納人類不同的思緒，由於沒有固定於某種特殊與特別的可愛，所以方能真正獲得象徵的所有神祕與深度。」

「是的，」我回答說。「我覺得你這樣說很有道理。那些總是在風景裡過分渲染情感或是浪漫氣息，並且一味抱怨鄉村沉悶景色的人們，對於他們眼中的美感，我總是有所懷疑的。在瑞士那滿眼的雪峰與松林叢生的峽谷裡，看到一排排的榆樹與山形牆的農舍，讓人的內心生發無限的渴望。要是人們喜愛這些不加修飾的景色，那麼，在面對我們英國那些更為美麗與讓人陶醉的湖泊的時候，豈不是沉醉的難以醒來。但是，其中一半的美

感源於山川的形狀與褶皺的山脊，甜美與安靜的田園生活在峽谷與綠色的山谷間完美的結合。山上漫步的樂趣，在於路過平坦的牧場，汨汨清泉緩緩而流，樹林籠翠的圓丘，一直延伸至陡峭的山谷，小溪在那叮噹作響，在灌木叢中一滴一滴地滑落，石頭壘砌的城牆沿著牧場急遽下陷，而古色古香的村落似抱緊一團，從四面八方有趣地支撐著，一直簇擁到曠野與綠色的山腰。然後，我們突然迴旋，從險峻與黑漆漆的山頭下降至風呼呼而過的山谷，直到樹叢再次出現在眼前，又走進了人群舒適的懷抱之中，身心感覺到古老世界的往昔彷彿濾過自己一遍，那時的人們過著詩意般的生活，而無需將這些一一記錄下來。」

「但我覺得很遺憾，」朋友說。「要是他們能夠有所記錄，那該多好啊！我時常會想到年老的華茲華斯，想起他那鄉野的氣息與結實的大腿，他那坦率而從容的臉，一見到他所深愛的土地，內心就燃起一股神聖感 —— 他的情感源於這片土地，也讓他一生有所依靠。土地與人類存在的美感 —— 這只是我們英國人所理解並能表達出來的兩種美感而已。」

此時，我們離來時的路已經很遠了，但我們還是再一次停下了腳步，在山脊上駐足，望著霧靄漸漸披著柔弱的輕紗，籠罩著低矮的田野，一片綠色霧氣籠罩的天空，天邊燃著黃橙色的光芒；往更遠處眺望，劍橋的塔樓與尖頂在霧霾之上自若地露出了臉，煙氣順著微風，往北邊飄去，四下靜寂，唯有一些夜鳥在樹叢深處發出尖刻的聲響，馬蹄有節奏的蹬步聲響，時而高昂，時而低沉，引領我們在暮色的田野與孤寂的山巒之間，循著歸家的路，回到熟悉的壁爐旁。

秋天歸家的路（AN AUTUMN LANDSCAPE）

隱士的救贖
(ST. GOVAN'S)

　　狹窄崎嶇的小路，兩邊是滿地零散的草根與石塊，蔓延至開闊的草地叢，忽然消失，給人舒暢與不可預測的感覺。兩百尺下的地方，就是一望無際的大西洋。天風猛烈，捲著藍色海浪向陸地襲來，浪花滾滾飛濺。左右環視，遠處高高的牧場，海岬突兀而出，與大海親吻著。青灰色的懸崖有萬仞高，急遽下陡，海濤底下翻滾，左右兩邊，連綿數里。小水灣、海港或是布滿沙子的海灘見證著浪花散裂成兩塊、三塊……舉目眺望，岩石蹦催，搖搖欲墜，阻隔了平原，在烈風怒號揉成的巨浪下毅然堅挺，歸然不動。

　　腳下離懸崖邊只有幾步之遙。世間多懸崖，嶙峋皆依然。提著嗓子，慢慢挪近邊上，峽谷中開，直插地心，無可攀爬。簇簇海石竹，捋著根須的草類植物，黏在懸崖突出的狹長罅隙。在一些土壤稀疏的地方上，就是一道青灰色的、由厚板疊砌的粗製樓道，歲月的痕跡了然，但樓道卻是結如磐石。往下走了些許路程，可看到一座飽經風雨、淡灰色屋頂的小教堂鐘塔，彷彿懸浮於海天之間，在半山腰嵌入了崖間，於兩個溝壑陡峭的崖壁間緊緊地楔入，宛如叢林間的鳥巢。看起來很不穩固。天風在上面盤旋，海浪在下面咆哮，有一種詭異的感覺。似乎人的手指輕輕一碰，鐘塔就會瞬間跌落懸崖，化為齏粉。往下走，懸崖的坡度在兩邊漸漸舒緩，可看到一扇低矮拱形、似由石灰岩碎片糊里糊塗堆砌而成的門。誠然，有古物研究者稱，這座磚瓦建築是屬於羅馬時期的，而其功用顯然就是一座用來防範敵軍可能登陸的堡壘。後來一個隱士改造了一番，使之褪去了過往劍拔弩張的記憶，充溢著沉靜的感覺。鐘塔內的拱頂很低，灰漿塗抹的也

是很隨意，地面鋪著軟泥磚，紅紅的，走起路來很泥濘。窗櫺與大門上滴落的雨水，順流到小池塘裡。裡面只有一個方孔通風，透過此孔，可望到海的那頭，傾聽風肆意的呼捲而過。有一個粗製的石祭臺，兩邊皆有矮矮的小石座，一眼掃過，教堂幾乎被一排排的石座占據了。教堂的西邊有個小門，沿著陡峭的山路，就是靠近大海的方向了；在祭臺旁邊，另一扇門可通往一座類似於石灰岩洞穴的地方，只是頂部半敞著，仰望著蒼穹。這裡的一切都顯得如此粗糙與簡樸，特別之處就是，在左邊有一個方向垂直、做工粗糙的壁龕，大小僅可容納一個普通人的身形。據傳，這是一個贖罪苦修的地方。對此種說法似乎也沒有更好的反駁理由了。但是，想像著一位蒼老的隱士，頭髮蓬鬆，鬍子拉稀，在這個孤僻的半山腰裡赤裸著蹲伏，日復一日，年復一年，斬斷七情六欲，虔誠地為過往放縱留下的罪孽而懺悔，全身心地將自己奉獻給憐憫的上帝的情景；而外面的風仍不休止地在溪谷裡嚎叫，雨點從容地自岩石的裂縫中滴答而下；兩相比較，煞是奇觀！

但這裡絕非是了無生趣的。數以百計的朝聖者曾到此參觀。往朝向大海的路往下走，有一個井，井上蓋著造工粗糙的磚石。據說，這井裡的水有包治百病的功效。半個世紀前，一些掛著拐杖、縛著膏藥、纏著繃帶的人，從朝聖之旅回來後，篤信自己的病患就是被這聖水所治癒的。這是一個相當讓人疑惑與驚訝的謎團，但也不能籠統地視為不科學的傳統或是迷信而去否認。無論怎樣，此地沾染了太多人類的情感，此般苦楚，此般希望，此般感恩，自然有其存在的哀婉之情。此時，風呼呼掠過山崖，漂浮的海鷗微茫的喊聲漸起，憂鬱不堪；而大海的細浪在遇到岩石之後，又是雪白一片。夏日之時，曾有一些人在旅行之時，走進了這座小教堂，收攏著身子，擠進那個隱士當年懺悔的小壁龕，放聲大笑；品著井水的味道，臨著輕輕拍浪的大海。儘管他們認為，當年隱士苦行憎般的贖罪以及那些狂熱的懺悔者不顧山路崎嶇，耐心地走完這段路的努力，並沒有付諸東

流。也許，他們是對這個地方更好的利用也說不定呢。我們依然在埋怨自身的錯誤，忍受自己帶來的痛苦，呼吸著希望的空氣，儘管我們宣稱，今日的試驗方式是更為謹慎與合理的。

讓人疑惑不解的是，時至今日，在這片藍天白雲與海浪滔天之間，那位傳說的隱士及其苦修的生活，竟毫無紀錄。甚至連聖·戈文[005]這個名字，也未能帶給人神聖的感覺。關於此地的記憶，有的也只是亞瑟王[006]的姪子加韋恩爵士的腐敗，這位圓桌會議中那位最為罪惡與沾滿鮮血的武士而已。據說，他後來在這裡遭遇海難，屍體被沖刷到岸邊，全身瘀傷，肢體殘缺。在諾曼人征服期間，他的墳墓仍在山頂上，聳立著一塊巨大的毛石。

關於此地的記憶，是如此朦朧與奇怪。駕馭著心智，思緒穿越幾個世紀，沿著時光的軌道絕望而無力地穿梭。嗚呼！這個與世隔絕、人跡罕至的地方，其真正散發的熱力，在人類歷史與傳統的長河裡，該是多麼的稀渺呵！千百年來，此地的風貌似乎原封未動，無所變化。當以色列人出埃及[007]之時，當希臘人還在為特洛伊苦戰之時，當羅穆盧斯[008]在羅馬蒼翠的山丘上築起堡壘之時，彼時彼地，太陽照常升起，風依然吹著，海浪不倦地繾綣著長滿金雀花的海岬，懸崖深深，冷峻之色不改。生於斯的海鷗與海螺，可謂源遠流長，年代追溯的跨度，讓一切皇室血脈或是帝王矜伐短暫的一世無地自容。最讓人不解的，是生在在海上或是陸地的生物，似乎仍過著盲目的生活，世代輪轉，直至今天，時時刻刻仍散發著某種激情與情感。它們的存在，難道只是白駒過隙，走向死亡，不留下半點痕跡？賜

---

005 聖·戈文（Saint Govans），卒於 586 年，隱士，常年生活在今威爾士彭布羅克海岸國家公園波斯爾斯頓海岸懸崖邊的裂縫裡。聖·戈文教堂建於 14 世紀，就位於裂縫裡，今天被稱為「聖·戈文的頭部」。

006 亞瑟王（King Arthur），西元 5 世紀英格蘭傳說中的國王，圓桌騎士團的首領，一位近乎神話般的傳奇人物。他是羅馬帝國瓦解之後，率領圓桌騎士團統一了不列顛群島，被後人尊稱為亞瑟王。

007 以色列人出埃及，講述摩西（Moses）率眾人出埃及，擺脫奴役，奔向自由，最終返回以色列故土。

008 羅穆盧斯（Romulus），古羅馬建國者，幼時由狼哺乳長大。

予它們生氣與精神的東西，如今都飄散何處了？也許，這一切的答案，就如懸崖邊的石頭，海岸邊的卵石一般靜寂。人類是最後才將腳印刷在這片土地上的動物。而人類不凡之處，就是可以讓思想隔著時空不斷激蕩，想像著生命永無止盡的過程，懷想著過往曾世代居住於此的生命。腳下不經意從草地上翻起一塊石灰岩，緊緊地挨著一些史前時期的珊瑚化石。生命的符號被如此永恆地記錄下來，時代之綿遠，思緒不禁脫韁，任由飄遠。但這必然意示著上帝宏大心智的某些東西。而很重要的一點，就是人類可以選擇與上帝同在，在追求永恆的道路上，無所畏懼，卻又心懷敬畏。接著，思緒更趨放肆，越過了大海與海岸之上，與掛在天上的星星為伍了；因為是午時，星星不得一見。每顆星星都會有自己的行星吧，就如地球一般，也應該居住著生物吧，就如這裡存在著生命；他們一樣充滿著智慧、情感、精神，也許還有某種優雅與救贖來拯救自身的本能，像我們一樣祈禱上帝的仁慈與愛意。

「高處不勝寒」呵！人顯然無法在那般高度生存或是呼吸。但即便如此，這些思想還是不時會冒上心頭，帶來鼓舞。儘管這些思想讓我們意識到，敞開靈魂的心扉，面向世界的陽光的時刻是多麼的短暫，多麼容易為人一掠而過。這是一種可畏與洶湧的思緒，因為這彰顯了單個個體生命的極端渺小；但這也是一種讓人鼓舞的思想，因為這說明了，無論人生多麼渺小，在天父的心中，都肯定能占據一席之地。沒有我們，上帝的工作是不完整的。我們將永遠沐浴在祂的恩賜之中。

懸崖與大海似乎在發出這些資訊，小教堂似乎成為了一個充滿願景的地方，充盈著陽光，迴盪著遠方渺遠而和諧的神性音樂。人所要做的，只是讓這樂音不被稀釋，永葆純真。

日薄黃昏，天色漸暗。生命熟悉而古老的潮流慢慢湧來，讓人去品嘗工作、愛、歡樂與苦楚 —— 但心中敬畏的希望，遠方渺茫的神祕，卻又印證著上帝的願景。「當我醒了的時候，得見你的形象，就心滿意足了」。

廢墟
(A RUINED HOUSE)

　　我時常會思忖一個問題，即人類從對廢墟建築的沉思中所獲取的快感，到底根源於何處呢？凡人可能會自然地認為，樂於見到某個建築或是教堂 —— 這些帶給我們歡樂或是虔誠的地方，一些見證著眾多逝去人生，隱逝的榮耀或是幻如青煙的奢華 —— 的殘骸，這裡面必然有某種病態的思緒在作怪。這些殘垣斷壁承載了許多過往的希冀、情感與歡樂，還有數不盡的恐懼與悲傷！我竊以為，這些地方的魅力之一，就是某種「過往美好卻被糟蹋的事物」的那份魅力，感覺到生命的歡樂，勇敢無懼的念頭，宏大的嚮往。而眼前的一切又是那麼的簡單，彌漫著難以言喻的哀傷，往昔這裡所遭受的苦難，彷彿滑進了無盡黑暗的淵藪，牢牢緊閉著。也許，這就是那些歷經人生風雨或是想像豐富之人，站在這些古代廢墟之前的感慨吧。當夏日的陽光拂在爬滿常春藤的山牆與崩塌的拱門之時，有一種萬物皆靜與從容之感。此刻，肉身的死亡或是氾濫的洪水，都不能將之湮沒。原來，廢墟本身也是具有如此的美感。

　　我認為，這樣的情感並非古而有之，最早也只可追溯到一百年前而已。讓人詫異的是，我們眼前所見到的這些殘垣斷壁，在中世紀的建築者們眼中，是沒有任何上述的哀婉或是沉吟之情的。他們發自內心地希望以新式建築取代古老的。他們也不會想在一座古老或是簡樸的教堂前加上一個宏大前廊之類的東西。他們似乎總是樂於推倒一切，用更有創意的事物加以代替。就廢墟本身而言，他們覺得這只不過是一堆毫無用處與沒有存在意義的石頭而已，頂多也只是一個露天礦場，方便取石而已，雖然這是過往國王與特權階層享受的地方。我們還須記得，自文藝復興時期之後，

直到霍勒斯·沃波爾[009]與格雷[010]出現之前，哥德式建築被人們認為是醜陋與野蠻的，理應被更為經典與結構對稱的建築取代；反之，人們也只能沉默地忍受著。所以，這種關於古老廢墟建築的情感，完全是前所未有的。我認為，這是一種很柔和的觀點，有助於心靈與智慧；雖然這可能暴露了我們對提升自身能力方面上缺乏自信的問題。這種情出現感的歸因，就是我們找不到屬於當代自身的建築，不是勇闖新路，而是不斷地整合與重建過往的路子。

誠然，對當代人而言，廢墟往往與快樂的假日時光、野外探險或是野炊等活動連繫在一起。在廢墟身上，又能展現某種野趣、歡笑、幽默或是不同尋常的食物與自身正常身心的休閒狀態。回想我童年時期的夏日，在這些地方遊玩的情景，試著去解開其中所蘊含的美魅力所在。這些破爛的地方當然不會跟風景秀麗一詞掛鉤，也無法激起什麼美好的想像。小時候，我從未在腦海中勾起過往的生活：那些披著盔甲的騎士，穿著嚴實的女人，在守衛室及廳室裡苦中作樂的情景，從來沒有閃過我幼稚的腦海。我所能想到的樂趣，就是沿著破碎的梯子上匍匐前進，遠眺著讓人昏眩的護牆，窺視著黑暗的拱頂，心中始終懷揣著一個願望，希望能夠碰巧發現埋藏的珍寶，在某一個土製的瓷器中找到一大堆古幣，或是在一塊風化的骨頭上找到一枚戒指；這些事情是常有發生的，為什麼就不會讓我碰到呢？我也並不像馬修·阿諾德[011]日記中記錄他8歲大的兒子那樣，在被帶到弗內斯修道院時的那般反應。阿諾德的兒子的綽號叫巴奇。當看到古時馬車孤零零的殘骸，他的內心對這個浪漫氣息地方的一切充滿了驚嘆。也

009　霍勒斯·沃波爾（Horace Walpole, 1717-1797），英國藝術史學家、文學家、輝格黨政治家，他以倫敦西南部特威克納姆草莓山莊（Strawberry Hill House）聞名於世，因以這棟建築作為其哥德小說《奧特蘭托堡》（*The Castle of Otranto*）背景。

010　格雷（John Grey, 1724-1777），英國政治家。

011　馬修·阿諾德（Matthew Arnold, 1822-1888），英國詩人、教育家、文藝批評家。代表作：《評論一集》、《評論二集》、《文化與失序》（*Culture and Anarchy*）；詩歌〈郡萊布和羅斯托〉、〈吉卜賽學者〉（*The Scholar-Gipsy*）、〈色希斯〉（*Thyrsis*）和〈多佛海灘〉（*Dover Beach*）等。

許，這些驚嘆只普遍存在於高度教養的圈子裡。這位聰明的巴奇靜待內心洶湧的審美情趣消散之後，突然孩童般特有的恐懼感湧上心頭：「多麼骯髒與讓人可怖的地方啊！」我想這個天真無邪的念頭、冷靜的判斷，就是一顆自然的心靈在沒有被錯誤的情感、後天的教養蒙塵之前，看到一座巨大建築化成廢墟之時，理應感受到的憂傷，為之痛惜，心靈雜亂。

　　但無論巴奇所說的那句話是源於哪種思緒，也是不可能出自一顆成熟心智思考後的結論。我曾在彭布羅克郡待過一些時日。這個地方甚是荒涼，北風呼嘯，丁·迴百轉的小溪奔向大海，懸崖嶙峋，石島遍布。但這裡卻是神奇浪漫建築的聚集地。越過一個個山谷，可見到封建時期的城堡——伊洛·海頓、卡魯、馬諾比爾——單是這些名字就給人一種震撼！村村落落，都有常春藤覆蓋的石拱據點。現在的人們很難再去想像過去怎樣的生存狀態，才會造就出與此類似的森嚴、肅穆的居住環境。片片山嵐，都有一些矮拱、牆厚的教堂，還有一個望風塔，枕著山脊，開著堞眼，高牆輕微地向最高處靠攏。「混合」，這是一個術語——這些建築在天際邊劃下了優美的輪廓。

　　冬日沉寂的午後，陽光慘白照射下來，我們不經意間來到了一個名叫蘭斐的地方。我之前還沒聽過這個名字，這個名字讓我有某種極為期待的心情，想要去一探究竟。這裡有聖·大衛主教的 7 座房子之一，但因為巴羅主教而使亨利八世不得見。巴羅主教似乎是教會中對於繁文縟節最為反感的牧師了。他曾與一個被解散了的女修道院院長結婚，她的名字叫愛葛莎·維斯本。而他的 5 個女兒也都嫁給了主教！我不敢妄自對主教的品行加以評論，因為這只是他身旁的人所說的而已。他拆了聖·大衛的宮殿，還將屋頂上的鉛金屬賣掉了。他是在蘭斐這個地方與國王道別的。他喜愛自己的教子德弗斯是艾塞克斯學院的創辦人。事實上，這位時乖命蹇的伯爵，伊莉莎白時代的受害者與寵兒，正是在這個塔樓上度過自己快樂的青春年華。

　　沿著峽谷往下走，心情甚為愉悅。峽谷下面，就是一座廢墟的房子，周圍的小溪水勢迅疾，水流潺潺，繞著蒼翠的山嵐，緩緩蕩過莎草叢生的牧場，滿溢到灌木森森的峽谷之中。空氣柔和，甜美。身形龐大的棕櫚樹傲然挺拔於一大片開闊的廢墟牆堵邊上，常春藤爬滿了倒塌的護牆，生機盎然。過往的遊樂園現在成了一堵高牆環繞下的花園。在花園的中央，矗立著一座巧奪天工的小塔。塔的頂端有一個很漂亮的拱形涼亭。這是 14 世紀聖·大衛的主教戈武的得意之作。他留下了很多藝術風格獨特的宮殿。眼前的這幢建築保存的很完整，沿著小溪旁足有連個街角之寬，建築的日期、設計，小塔、堡壘、山形牆、扶垛，上面都覆蓋著常春藤，羊齒植物與藤蔓植物在上面肆無忌憚地生長。牲口被困在拱底之下，花園的工具都儲藏在雄偉的房間裡。駐足此處，滿眼綠色的孤獨，溪流在腳下宛轉流淌，風刮過叢林，在時間的發酵下，這些建築漸成廢墟。

　　嗚呼！這個地方曾經必然是蘭斐著名的建築。身處這裡，人不禁感懷起來，想著在這個地方為耶穌基督服務的僕人，那些加利安漁民後代的坎坷人生與命運；與此對比的，是世俗的繁華，封建時代的奢華與排場！聖·大衛的主教身邊一幫隨從與騎士，甚至還有屬於自己的 7 幢城堡，幾乎沒有心思去踐行宗教上的責任。但即便如此，教會在讓世界上這文化荒涼的一角充滿了基督的仁慈與教化的功勞，也是不能抹殺的。正因為教會後來趨向於好大喜功、世俗的影響力、財富等誘惑，讓墮落與掠奪成為一種旋律。遵循上帝或是財富的引誘，這是一個問題。選擇是明晰的，勸誡是淺白的。當眼中只有金錢，無論其謙卑的多麼高尚，也很難不去為過往純真的生命與真實的流逝而感到惋惜。但是，這些殘碎的高樓，褶斷的護牆，都在散發出一種資訊 —— 上帝的勝利，非憑力量與氣概所得也。

歲月的勝利
(ST. ANTHONY-IN-THE-FELLS)

　　不久前，我參觀了英格蘭北部一座極有特色的教堂，讓人覺得非常有趣。教堂的官方名稱是卡梅爾高地教堂，但附近的人則有一個更富浪漫色彩的叫法：高地上的聖·安東尼。教堂離肯德爾不遠，這一帶地勢漸趨向海平面下降。教區裡可見離離青草，樹木繁茂，還有那古老而似夢境的農舍——豎框的窗子，石塊覆蓋的地板，表層抹著粗灰泥，圓圓的煙囪，木製的長廊，一一進入眼底。峽谷的一邊，是石灰岩的斷崖，沿途有一些荒涼的梯地，一些碎石堆；而在另一邊，峭壁並不壯觀，高地上石楠叢生。

　　教堂本身坐落的位置極佳，就處於地勢低矮的灌木叢與牧場往開闊高地延伸地帶之間。地勢向四周傾斜，望過去，映入眼簾的，是隆起的田埂與突出的岩石露頭，稀疏的灌木環繞期間。在蒼翠的峽谷中，泉水從燈芯草間冒出來，氣息間彷彿洋溢著滴滴水聲的樂音。教堂建築所處的地勢很低，幾乎有一半隱藏在地面之下，覆蓋的毛坯飽經風雨。塔樓上的窗戶，襯著造工粗糙、歪斜的石板，相得益彰。教堂在形式與設計上美感不多，但卻像一個從此處土壤中自然生長起來的活物，充滿生氣。從門廊到教堂耳堂的距離間，擺放著矮矮的石板長椅。在夏季安息日的早晨，想必有不少人在這裡八卦閒談，還有牧羊人坐在這裡「用鄉野淳樸的粗言，談天說地」。教堂散發出古色古香的味道。東邊有一扇寬大、多豎框的窗戶，玻璃是 14 世紀遺留下來的，鏽跡斑斑，乍看不那麼的牢固，在拼湊的過程中似乎沒有多少藝術上的考量。環視教堂，可見深紅、淺藍的混搭，這一塊，那一塊。一個十字架，一兩個斜接的聖人像，其中一個是聖·萊昂

納德，他手裡拿著鎖鏈，另一個是聖·安東尼，一隻愛玩的小豬彎曲著身子，蜷縮在他手中牧杖的底部。還有一些畫面似乎只是表示一種堅信禮，還有各種有趣而奇怪的場景，諸如布簾覆蓋著祭臺，上面放置一些聖酒瓶，而在聖餐杯裡則有方形的亞麻製的卡片。在祭具室裡，我發現一大堆造工一致的玻璃，尖頂飾物與聖體龕雖然做工粗糙，卻也有一種生氣。教堂地面鋪著形狀不規則的石板，地勢向西緩慢下沉，順著山丘下陸的方向。東牆上懸掛著一幅畫工粗糙的十誡圖像。綜觀來看，這個教堂最讓人覺得不可思議的，就是裡面的長椅了。長椅形狀大小各異，有的高高豎起，就像單廂間；有的小椅子是用粗糙的橡樹製成，上面還有樸素的尖頂飾物。為了彰顯此教堂的與眾不同，在近東邊的一角，是貨真價實的詹姆士一世時期的長椅，椅子上還有鑲板的華蓋與壁柱；而在另一邊，應該就是被遮蔽住的小禮堂。小禮堂的長椅無論在製模與鑲板上，都可謂雕刻精美，顏色豔麗。雕刻的聖人頭像顯然被人用削尖的工具細心打磨掉了，這樣只是為了新教徒可以進行更加虔誠的禱告。

這是一個小地方。但從關於此地的歷史文獻來看，由肇始到今世，此處的新奇、有趣、美麗，走過了光陰的流逝，人事的變遷，仍然新鮮。誠然，這裡也需要重修，但時間甚短，這才是真正的難點所在。一方面，為毀掉教堂裡面那些不搭調的附屬物感到遺憾。再者，要是那樣的話，這裡也不能被稱為真正意義上的聖堂了。其實，真正所缺乏的，是細如髮絲般的修復工作，將任何有趣與富有特色的事物保留下來，同時讓它顯得溫馨如常，給人家一般的感覺，亦不乏應有的肅穆。當然，最讓人擔憂的，就是那些熱心的捐助者或是野心勃勃的建築師想在此「大展身手」，將之改建成與其他教堂無異的建築，這才是英國教堂建築的真正可悲之處。在之後的日子裡，我參觀了很多教堂。雖然這些教堂很多獨特之處以及有趣的細節都得到了細心的保存，但很多教堂實際上都已重建過。人們似乎沒有意識到，眼前的這些教堂都是新建的。因為無論模仿的多麼逼真，這也只

是一份複製品而已，最多也只能算是精美的贋品。其中所真正流失的，是歲月流逝之美——原先的半色調，隨意的不規則，凹陷的表面，細微的沉降，風雨的痕跡，正是這些讓古老的建築顯得和諧、靜美，儘管原始的設計是那麼的簡樸與平實。

真是眾口難調啊！讓教堂成為其所處村落的象徵性建築，兼具實用與舒適，代表某種明確的宗教傳統，這是極為自然且值得讚許的。最後一點，也是最讓人恐懼的，就是這個並非順應自然與進步的傳統，而是中世紀主義的死灰復燃，只能是一堆死水。但當一切塵埃落定之時，人們將喬治王時代甚至詹姆士一世時代的所有痕跡都從教堂中掃蕩出去的本能，的確顯示著這些東西正在走向歷史，至少有這個徵兆。雖然這有點冒犯且顯得不雅，但這正如人類的感恩之情會讓哲學家們捶胸頓足，憂傷不已。

也許，修復教堂的正確的原則應該是這樣的：任何堅固、昂貴或造工精美的東西，無論是紀念碑、窗戶或是教堂的傢俱，都應該保留下來，即便這些東西可能與我們現在鑑賞品味並不搭調。轉移一些不搭調的東西的最大限度，也應該是將它們從一個顯眼的位置挪移至不顯眼的角落。但即便一些物品造工低劣，或是現在為大眾所批判，都應該去細心地保存起來，等待人們日後鑑賞品味的變化。

19世紀初，修復斯基普頓教堂時，教堂裡壯觀的都鐸時代屏風被人視為是粗俗的，給人不安的感覺。我的一位遠房親戚居住在教堂附近，過去央求教堂將這些拆掉的材料送給他，教堂方面很爽快地答應了。他就將這些材料裝在箱子裡統一存放在倉庫中。多年以後，當基督教會的傳統再次占據上風，這座教堂再一次被翻修。此時很多人就埋怨當年丟掉的屏風材料。這位親戚很謙虛地交出了這些材料，宣告了自己的某種勝利。當年都鐸時代的審美風格才得以完整地重現出來。那些狂熱的教堂建築改造者總是昂著自信的頭顱，毫無顧慮地說「這些讓人恐懼的東西理所當然應被清除掉」。對他們來說，這不吝是一記響亮的耳光。

歲月的勝利（ST. ANTHONY-IN-THE-FELLS）

古戰場上遇見的美好
(ANTIQUITIES AND AMENITIES)

我曾在諾森伯蘭郡[012]待過一段時間，看過那裡晨曦的榮光，徐徐升起的旭日，感受冷風繞過古羅馬城牆嗖嗖襲來。這的確搖盪著心緒。古羅馬牆沿著山巒山谷，穿過懸崖曠野，延綿 60 里，直到大海，這可算是一道雙層的屏障了。北有巨石牆，南有土方工事。而在這兩道屏障之間，陸地條狀的寬度也是相差各異。每隔 3 里，就有一座巨大的堡壘營地，上有高塔，守衛室，下有帳篷，軍營；每隔一里，就有小堡壘；每隔 300 碼，就有放風塔。很多這些建築現在都已不見，被用來改造成農場、城牆或是用來築路了。但仍有不少迄今仍存在著，還有一些則是被挖掘出來的。事實上，整個地方以前就是一個巨大的營地，60 多里長，卻只有數百碼寬。沒人知道是誰下令建造的，可能是哈德良[013]，也可能是塞維魯斯[014]。此處至少曾被洗劫過一次，後來又重修了一番。這些建築無疑是為了抵禦冷血好戰的皮克特人的侵略，使南方一帶免於他們的洗劫。

拂曉時分，我前往波爾克維庫斯，那裡有一座營地佇立在曠野上最為荒涼與貧瘠的角落。之前，整個地方都被挖掘了一番。當年宣讀日常命令的柱廊，長長的通道，大門的樞軸孔，偶爾會被炎熱空氣溫暖的守衛室，為汲水所做的繁瑣細緻的管道，還有處理汙水的排水系統，都已經無法分辨了。最近，這裡的監管人又挖掘了一些雕塑的碎片，其中一個是尼普頓赤腳躺在海豚後背休息的雕像。

---

012 諾森伯蘭郡（Northumberland），英國英格蘭最北、最東北的區，北靠蘇格蘭邊區的邊界，東臨北海，擁有近 80 公里長的北海海岸線。諾森伯蘭曾是羅馬帝國的一部分，亦是多場英格蘭、蘇格蘭戰爭的戰場。
013 哈德良（Hadrian），古羅馬皇帝。羅馬帝國五賢帝之一，西元 117-138 年在位。
014 塞維魯斯（Severus），古羅馬皇帝，西元 461-465 年在位。

放眼望去，此處的生活給人繁忙而催迫的感覺。那些曾居住在此的人們每天都是提心吊膽，眼中只有生與死這兩個嚴肅的目標。這些城牆是由巨大的石塊壘築而成，當年必然耗費巨大的人力物力。首先，需要有一個天然石場，工人們在石塊、柱形物或是飛簷上雕刻，然後沿著曠野，一路跋涉數裡將建材運到此處。這裡的建築曾見證著人類無窮的智慧。但對那些長期禁閉在高山駐營的羅馬士兵來說，他們的生活該是怎樣的單調！不禁想要知道他們是如何消磨無聊的時光。

在波爾克維庫斯，城牆外面的草地上曾有一處被挖空的劇場舊址，有一扇特別的門可進去。我敢說，當年這個劇場必然見證了人性極為醜惡與野蠻的一面。在這裡，不時會發生一些小衝突。羅馬士兵們曾在灌木蒼翠的峽谷中馳馬狩獵，極盡探險之能事。人們在廢墟裡時常發現一些野豬的長牙。當年的生活想必也沒想像中那麼愜意吧！冬天，他們大費周折讓房間保持溫暖取暖，彰顯了古羅馬人是多麼害怕高海拔刺骨的寒冷。

接著，我們前往賈斯特斯，那裡有一座專門收藏挖掘出來的珍品的博物館。博物館陳列著造工精美的青銅器與瓷釉。顯然，這些物品當年是從羅馬帶過來的。本地製作的物品顯得相當的粗糙，無論是祭臺、墓葬用品、聖物雕塑，都是如此。在此處，我的內心升起一股苦樂交集的感覺，無力去穿越數個世紀時光的阻滯。有一個向西凡納斯[015]還願的祭臺，是由「班納的獵人」所製造的。祭臺上有一段寫給一位重獲自由的摩爾人的深情銘文。這位摩爾人只活到了 20 歲。銘文上方，斜倚著他雕塑的優雅身姿。據說，他生前的主人努梅里亞努斯懷著悲傷的心情送他最後一程。還有一座精美的紀念碑是獻給某位年輕軍官的英國妻子。這位軍官是巴爾米拉人，他將自己的愛意都傾注在這座紀念碑上。還有一些箭頭、劍、矛、造型有趣的皮革鞋、造工複雜的皮帶，以及日常生活用品的殘跡，無一不

---

015 西凡納斯（Silvanus），羅馬宗教中的田野、森林之神。負責看護林木、作物和牧群，並使其多產。羅馬人將他等同於希臘人的自然之神 潘（Pan）」和高盧人的 蘇克魯斯（Sucellos）」。

散發出往昔生命與活動的氣息。倘若沉醉於此，內心不禁泛起一絲憂鬱，對逝去人類未竟事業的噓唏，對戰爭與暴力由來已久的恐懼一一染上心頭。心中懷著莫名的感傷，我離開了這裡。河水泛漪，流過圓石；涼風襲來，樹叢婆娑。越過山巒，左右對望，可見深深的壁壘，城牆坍塌後殘留的碎片，荊棘叢就在那裡扎根。1,500 年前戰爭的影子，殘酷的殺戮，都已成過眼雲煙。現在，眼前一切顯得那麼的平靜、恬淡。

　　可能上天不想讓我這一天古戰場上遇見的美好吧，於是就在歡樂的酒杯中滴下苦液，讓我感受一下粗野。沒有比這更刺激人的神經了，因為這教人懂得適時奉承的價值，以此獲得別人的好感。他人不會因為你的衣裝（儘管我穿的很普通）或是你口袋裡的錢而對你有問必答的。諾森伯蘭郡人都非常的友好善良，他們會以一種體面的方式來迎接來客，以致來者有時忘記了自己應有的分寸。他們說話的時候一般都表現的很大度，面帶微笑，似乎對雙方首次見面感到榮幸與歡樂。在他們語氣輕柔的說話聲中，會有一陣很柔順的爆破聲響，似乎有某種絲綢質地的東西輕撫著耳朵。他們沒有一味地屈尊，而是在平等與友好的氣氛中展開交流，就像朋友與兄弟之間。

　　但我卻遇到了一個特例。在我經過農場的石門柱的時候，看到一個牧羊人在附近的田野裡驅趕著羊群。前往四石村的道路需要繞過一座小山丘。在我遇到牧羊人的地方，有一條寬闊的道路，直直地通往懸崖邊。但手中的地圖顯示的，卻是一條布滿青草的小徑，標示顯示可以繼續往前走。我一直都將牧羊人視為天使的化身。之前，我與許多牧羊人交流的時候，他們都很友善，聲音洪亮，似乎在高山上與烈風進行著抗爭。他們表情冷淡，緘默不語，似不多與凡人交流。但他們卻極富耐心，舉止紳士。誠然，若是在山丘上牧羊都無法讓人獲得這種特質，那麼單靠個人的自律都難以獲得的。

　　但眼前的這位牧羊人臉色蒼白，貌似凶悍，顯得很警覺，富於侵略

性，臉頰上蓄著濃密的鬍鬚，眉毛甚粗。最讓我覺得詭異的是，此人的相貌竟與羅斯金有幾分相像。因此，了解此人及其思想的過程，感覺很奇怪。

我問：「是不是有一條小路可以越過這個山丘，到達四石村的？」

他以迅雷不及掩耳的速度從頭到腳打量了我一番，似乎覺得我這樣唐突的問話是無禮的，所以就沒有回答。於是，我再問了一次。

「我聽到了。」他說。

我有點惱火了，第三次重複了問題。

「這就是通往四石村的路。」他說。

「嗯。我知道。」我說。「這裡有指示牌。我想知道前方是否還有路。因為地圖上標明有一條路，但我不敢確定。」

「我不知道什麼地圖。」他皺著眉頭說。

「沒關係，但是否有穿過這個山丘的小路呢？」我問。

「我想是沒路了。」他回答道。

「嗯，原來你也知道前方沒路啊？」我回應說。

「我告訴過你，沒有路去那裡的。」他憤怒地提高嗓門。

「我想你之前也說過這樣的話。」我說。「我想跟你說，在諾森伯蘭這個地方，你是我遇到的對陌生人粗野的第一人。」

他凶凶地看著我。我想要是他夠膽的話，就會用手中的棍杖來打我。努力了一番未果，我也只能繼續往前走。在自己的地盤，誰都不想被陌生人說自己是粗野的。那些居住在卡林塞的鄉下人，面對無家可歸的陌生者關閉自己的家門，他們更應獲得這樣的「辱罵」。走了一大段路，我轉身回望，那位牧羊人還站在原處，狠狠地盯著我的背影。我想，此人無疑是皮克特人，身體流淌著憎恨被冒犯的血液。我甚至敢斷言，1,500 年前，他的祖先曾與裝備精良的羅馬士兵有過交鋒。他不喜歡陌生人問一些涉及

地理方位的問題，可能感覺別人動機不純。我要感謝上帝，他是一個老實之人。

　　但運氣最終還是選擇站在我這邊，似乎決心要給諾森伯蘭郡人為他們的禮節正名的機會。當我來到四石村，這個依傍在泰恩河邊的小村落時，感覺很荒涼。工廠高高豎起的煙囪，到處是成堆的火山岩爐。我向一位身形矮小、鬍髮稍白的路人打聽前往火車站的路。

　　「就在附近。」他氣息喘喘地說。「我帶你去吧。」於是，我們就一起上路，聊了一下天氣的話題。「是的，我們都祈求下雨，河床的水位已經很低了，土地都快要乾涸了。但我們還是要為自己沒有身在南方而感到幸運。」他這樣說。我說自己就是來自南方的，那裡牧場上的青草都被烤成了棕色。「真的嗎？」他很關切地問。「也是啊，在南方，夏日的確很難熬！」我們邊走邊聊，離車站越來越近了，他給我指出火車站的方向。我問他是否很快就有一班前往吉爾斯蘭的列車。「是的，」他迅速地瞄了一眼手錶。「準確地說，火車還有 30 分鐘就到站了。」「我可以蹚過這條小河，去等這列火車嗎？」我問道。「當然可以，」他說。「無論怎樣，跟你散步很有趣。我幫你引路吧。我和你一起走到河的對面吧。」他快步上前，引我走到了火車柵門。「你可以從這裡過去，」他看了看手錶說。「你還有 20 分鐘。」他揮舞著食指說：「你要注意一下，快車是首先進站的，當它經過時，沒必要驚慌。你要等的車是慢車，可能要在第一輛車過後 8 分鐘才到。很高興為你引路！」

　　這位充滿活力與友好的人修正了我對這個世界的看法。身處鄉間，我感到溫暖自在，身心毫無拘束。在我這位留著白鬍子的朋友身上，看來沒有流淌著皮克特人的血液！我走到火車柵門的時候，他正在那裡等著我。「你一路過來還玩得開心吧？」他說。「這裡就是火車站了！快車馬上就進站了。當你越線的時候，要注意安全啊！」

古戰場上遇見的美好（ANTIQUITIES AND AMENITIES）

阿丁頓
（ADDINGTON）

這是 30 年前左右的事情吧。9 月的一個傍晚，天氣還很熱。一輛載著 4 人的馬車疾馳而過。車上的人都已疲倦，其中一人感到莫名驚慌。馬車穿過了鄉間小旅舍，漸漸拋離了郊外的別墅與一排排磚疊的房子，駛進了一個很大的公園。晚風清涼，松香陣陣。這彷彿是一個世外桃源！馬車繼續前行，繞過了石楠叢生的山巒，簇簇杜鵑花綻放，讓人頗有興致。接著，馬車駛向了湖邊，眼前突顯一片寬廣的草地。橡樹、櫸樹挺拔而起，似乎彎下身子俯瞰一座龐大的石砌房屋，有一種自信滿滿但略顯莊重的感覺。這就是我對阿丁頓的第一眼印象。這些情景事隔多年之後，仍歷歷在目。

奇妙的是，在馬車前行的過程中，一種無解的念頭閃過我的腦際 —— 我們將會居住在這裡。這個念頭實現的速度之快，實在讓我意想不到！

這一行人包括我的父親、母親、姐姐，還有我。泰特大主教之前身體一直抱恙了，但他之前曾從更為嚴重的疾病中康復過來。所以很少人知道他現在竟然快要不行了。他希望臨走之前能見我父親一面，因為他深信父親最終會繼承他的職位。「我快不行了。」他在那時在信中寫道。「特魯羅主教將前來這裡，相信他會做得很出色。」

那時，我還沒有見過他，雖然他也寫了一些祝福的話語送給了我和姐姐。我們在那裡逗留了數天，現任的主教充當了臨時的牧師。這完全就像一次家庭聚會，大家很快都找到了家的感覺。

19 世紀初，這幢房子買來為主教教區使用。曼尼斯·蘇頓是第一位住

在這裡的主教，他與霍里、舒姆納、朗格雷、泰特都葬在教區墓地裡。現任主教建立了一座漂亮的紀念碑來加以緬懷。克羅伊頓現仍存有一座古老的大主教宮殿。教堂裡面的木工是羅德所做，我猜想這之前必然是一座聖公會教堂。但眼前這座房子坐落的區位不佳，地勢低矮，地面潮溼，甚至連克羅伊頓那裡的人都想辦法與外界連接起來。阿丁頓是由市長大人特雷科西克所建，之前這屬於一個皇家莊園，打理此地的人每年只需為國王陛下奉上一道美味的杏仁酥，就能擁有這個地方的所有權，這聽起來真是不可思議。曼尼斯·蘇頓大主教居住在這裡的時候，擴建了很多房屋。由於此處地勢陡降，馬車停駐的地方，實際已經是二樓的門口了。房屋本身在設計上並不具有美感，但卻是一所寬敞舒適的建築，裡面有很多寬大的房間。在屋前的草地上，挺拔著一棵我所看到的最為宏偉的西洋杉。

克羅伊頓大主教古老的財產最終被收歸教會委員會管理，使之變得極富價值。這些收歸的財產並沒有落入主教手中，而是劃入委員會的共同基金所管。相比於具體某個教會人士而言，這是相對合理的安排。

說實在話，我覺得這裡並不是很適合主教居住。這裡的交通很便利，離蘭貝斯只有 13 里而已。這裡樹林蒼翠，霍里主教開闢了彎曲小道，馬廄房很大，花園占地面積很大，公園裡美麗的景色，讓人眼花撩亂。這些事物都很有貴族的氣派。居住於此的第一任大主教過著平靜的生活。霍里大主教平日收到的信件亦是寥寥無幾，還不夠裝滿一個瓷碗。舒姆納大主教曾悠閒地在公園裡描繪著樹的水彩畫。父親深深喜愛這個地方。但從什麼時候開始出現拜訪者絡繹不絕的情況，我倒不是很清楚。父親最開心的那段時光，應該是在林子裡與法警漫步，爭論著應該要砍掉哪些樹的時候。父親不是一個自私之人，他並沒有獨自享受這些。他仍保留著泰德主教那份好客熱心的習慣，向鄰里居民發放了很多公園的免費票，還允許人們自由地在這裡野餐。但在發現遊客留下的廢紙，搬走了不少鮮花，或是為裝飾自己的花園而挖掉了羊齒植物與水仙花時，他又倍感苦惱。我記

得，有一次他聽到圖書館外的花園傳來一陣不同尋常的吵鬧聲。父親走到窗前，發現很多人闖入了私人的花園，將午餐放在草地上，正在野餐，並且還透過一樓的窗戶向裡面張望。

這裡有一座小教堂，父親曾透過一些木製品與壁畫使之美化，他深以此為樂。父親深深熱愛這片土地，他認為將隱居與交通的便利結合起來，這是很重要的。我曾聽到他為了要保留一些建築而與人爭論。父親將雄辯的口才發揮到了極致，最後他得出了一個勝利的結論，即要是在蘭貝斯與阿丁頓之間做出一個選擇，那麼阿丁頓是不能動的。

但是，坦普爾大主教則得出了一個相反的結論。當他繼任大主教一職後，就以很低廉的價格將房子賣給了一個英國人，後者繼續擴充了房屋，重新美化一番。後來由於此人去世了，這座房子又重回市場流通之中。無疑，房子最終會被分割起來，被當作建築用地來使用。

雖然父親很熱愛阿丁頓這片土地，但我覺得他在這裡過的並不是很開心。他性情好動，不喜嫻靜。在阿丁頓生活期間，雖然工作繁忙，但他仍習慣寫一些他所喜愛的〈聖西普里安〉詩歌。他很喜歡騎腳踏車沿著鄉間小道，一直往南面方向前行。但我感覺父親待在阿丁頓的時光，多半處於壓抑與煩躁的狀態。雖然遠離了倫敦喧囂的生活，有了更多的閒置時間去思考，但他仍時常感到許多迎面而來的問題帶來的壓力，感覺自己似乎沒有精力去應對。在我對他的記憶裡，這座房子作為一個難以抹去的背景，牢牢存在著。我曾見他身穿大衣，頭戴軟帽，在一個朝陽升起、霧氣未散的早晨，在花園的臺階上下走動，深情地望著他所喜愛的那棵西洋杉。我曾見他穿好衣服去騎車，在門口拿著麵包與糖果來餵馬，或是在星期六背起裝著麵包屑的帆布袋，扔給池裡的天鵝，手中拿著《基督年曆表》，這樣他就可以坐在樹林石楠叢生的河邊，對著一群人大聲朗誦了。記憶中最為清晰的，就是他晚上從教堂回來，仍穿著長袍，坐下來寫一些好像無止盡的信，直到凌晨一兩點。當我們上前向他道晚安時，他就會抬起頭，面

帶微笑，將眼鏡從鼻梁上抽下，享受些許的閒談。總而言之，這個地方並沒有留給我美好的回憶，可能是因為父親在那段時間一直悶悶不樂的原因吧。雖然父親很仔細地隱藏內心這些鬱悶情緒，仍深深感染著身邊的人的心境。在我認識的人當中，父親已經是做到最好了。

父親很好客。所以，總是會有很多拜訪者前來，從教會到政府的高層抑或是親戚朋友，都會時常拜訪。鄰里之間常有聚餐，也會有兒童劇場或是雪橇協會，所有這些活動都讓這間鄉村大屋甚為熱鬧。但我始終覺得這些活動並不是很真實。我們都是追求純粹的專業人士，這些活動似乎充滿了人為矯揉的色彩。但我認為，父親並不這樣覺得。他是一個表裡都很慷慨的人，阿丁頓這個地方似乎完全符合他這種低調的偉大。他對那些繼承財產的人深感興趣，對耶誕節布道演說也是極為認真。後來，當他回憶起居住在這裡的苦樂，時常流露出簡樸溫馨的情感，讓人感懷。

位於坎特伯雷的新宮殿是在坦普爾大主教的資助下建成的，建築風格與阿丁頓形成強烈的反差。這幢新宮殿是在古老房子的基礎上改造的，擴充了一些建築，但卻被高大建築阻擋著，緊靠著坎特伯雷大教堂。這裡沒有馬廄房，花園也很小。父親曾說主教最好還是要離坎特伯雷遠一點。甚至在他成為主教的時候，可能都要合乎習俗地支付一些費用，以換取自己可以遠離這裡。事實上，過往那些留在坎特伯雷的大主教們的娛樂活動也是非常正式的，花費的項目都要一一列出，必須要量入為出。

我記得，父親去世之後，坦普爾大主教表現的極有風度。他接管了阿丁頓的房子，對其進行市場評價——如我們當時那樣。雖然，他也極為照顧我們，但他並不一定會那樣做。將阿丁頓的房子轉讓給坎特伯雷的決定，受到了市政府與主教教區的熱烈歡迎。無疑，這個決定是有其好處的，儘管這會讓主教從一個官位升到另一個位置，而不是努力遠離倫敦繁冗聚會的打擾，享受一下亟需的寧靜與隱逸的生活。

但是，阿丁頓的轉讓並非只意味著這些。父親在世的時候，這個地方

代表了遠離沉重的公務與喧囂的打擾，尋求個人的清淨，現在是不可能了。這還意味著大主教職權的轉變。曼尼斯·蘇頓擔任大主教的時候，這個職位屬於政府的高官，但基本上只是一個閒職。因此鄉村的林地或是花園，自然就是賜予他們的封地。現在，大主教要管理數目龐大的財產，參與繁雜的活動，還要承擔起讓宗教生活與世俗生活融洽共處的重大責任。

父親廣泛的興趣，充沛的精力，全身心地投入到生活的每個細節中去，讓他可以游刃於這兩個職位。但是古老的規則必然要向新時代讓路，過往的再也無法重現了。我們可能會為過往那些多姿多彩的生活，乃至尊嚴的一去不返而感到遺憾。但主教再也不是一個地區一呼百應的人物了，他的收入再也不是單純地用於維持封建秩序。若有必要的話，他可以用俸祿來好客待人，開創或是支援宗教事業的發展，而不是為了彰顯個人的榮耀。主教的尊嚴，必須憑藉同情、高效、睿智、高尚等領導素養來獲取，而不再是中世紀時代那種高高在上的貴族氣息，讓平民在自我沉思中產生崇敬之情。

阿丁頓（ADDINGTON）

布倫特圓丘
（BRENT KNOLL）

一月的早晨，晴美，清涼。我們一行人乘車穿越索美塞特郡寬廣的沖積平原，心情甚為愉悅。這片平原以前是一灘鹽沼。我們的目的地是滿眼蒼綠、高高聳起的布倫特圓丘。我從小時候上學就對這裡很熟悉了。那時，我乘坐大西部鐵路的火車返回伊頓或是特魯羅，就經常見到那個圓丘。我時常望著圓丘，內心充滿著好奇的悸動。從輪廓上看，丘頂很高，圓圓的。丘頂上古代的土方工程依稀可見，丘下就是陡峭的高原，溝壑深深，頂部幾乎是平坦的。其中一邊狹窄平行的樹籬將田野與果園分隔開來，一直延伸至腳下的村落。今天，我們從北方前來，在布倫特東邊逗留了一下。那裡有一座巨大、垂直式的教堂，尖頂作工精美，附近還有一個大型教區。多年來，執事長丹尼森就是在這裡，闡述一些讓整個教會為之震撼的觀點。我仍記得，他是一個身材矮小、充滿激情、言談幽默的人。他的兄長是教會發言人，也是《發言者評論》雜誌的精神所在。我曾在議會上見到執事長，當時他正在發表著自己尖刻的譏諷。執事長身板很小，一副心滿意得的樣子，好像他是由一些難以征服的橡皮做成的，腳穿長筒橡膠靴，綁著一條很短的圍裙，散發出雄麻雀好鬥的氣息。他的演講很給力，洋溢著糖衣炮彈式的敵意與荒謬誇大的吹噓。他的這種譴責式的演講常引得聽者發自內心的大笑。此時，他仍以威脅的口氣說，要是這個不悔改的世界仍執迷不悟，就會充滿災難與墮落，頗有牧師博伊霍恩的氣勢。

教堂本身很漂亮，裡面有一條詹姆士一世時代古色古香的走廊，牆壁則被很多充斥現代意味的壁畫弄得面目全非。唯一讓我感到遺憾的，是那個充滿魅力、洋溢著歲月氣息的黃銅製的壁突式燭臺，竟然被擺放在走廊

長椅上被人遺忘的角落裡。接著，我們趕到了布倫特圓丘下的村落，深陷的峽谷裡簇簇叢林錯落有致，別有風味。在一片被雄赤鹿咬過的羊齒植物的灌木籬牆間，我們吃著三明治。此時，一隻友好的知更鳥躍到我們身邊，大聲吱吱喳喳，想要吃屬於自己午餐呢！牠的願望被滿足了。但是命運和牠開了一個玩笑。一隻身形瘦削的黑母雞從門中迅速趕來，用力踩餛飩物，撕碎了知更鳥原本要實現的願望。

閒逛一下附近的教堂，幾乎都曾因各種利益而重建過，只有美輪美奐的卡洛琳紀念碑倖免於外。三個面壁皆雕刻精細，繪畫入微。紀念碑中央矗立著一座笑容可掬、氣盛意滿的騎士雕像，藍白相間的袖子，有幾分褶皺，似揉摸了許久，有種優雅的味道，佩劍的飾帶是深紅色的流蘇，造工精緻；雕塑下面展示著一面旗幟，還有一個大鼓。在他左右兩邊，分列著他的兩位豐滿紅潤、姿色可餐的妻子。其中一位有著深藍的眼睛，帽子有點隨風飄起的感覺，臉上掛著微笑；另一位則顯得很嫻靜，身穿棕色的精美外裙。看到詹姆士一世時期一些精美的鐵器，想著這些鐵器過往支撐過巨大的枝形吊燈，現在則被毫無用處地儲藏在小禮拜室裡，內心泛起陣陣憂傷。世上真正能深諳宗教的純粹主義的人，有幾人呢？

逛完了這裡，我們就起身往上攀登了。半個小時路程，我們就站在了頂部營地被青草覆蓋的倒塌石方上。這些守衛森嚴的英式堡壘是如何建築在這裡的呢，讓人不得其解。他們是不可能常駐這裡的，因為從山腳汲水上來，頗費周折，而且這也要視乎雨水在小池塘儲量的多少。除了之外，別無他法。這些堡壘可能只是在危險時充當避難的庇護所，保護老弱婦孺以及一些牲口。想像一下，這裡曾是一個多麼單調枯燥、骯髒汙垢的地方啊！

站在山頂，景色盡收眼底。西邊，匡托克斯山隱約可見，澎湃的潮水，由窄而寬，漸趨流向大海。威爾士山傲然聳立於航道之上，霧氣氤氳，朦朧依稀。幾艘大汽船隆隆起航，慢悠悠地駛向大海深處。南面，

一片青綠的平原上，曼迪普斯山突兀而起；北面，威斯頓・蘇佩・馬雷小鎮坐落在山坡間，一排排的鄉間別墅，整齊劃一；布里登的山脊，滿眼灰綠。恬靜的午後，可聽到遠處雄雞的啼叫聲，還有發動機駛過布里奇沃特路時馬達的隆隆聲響。

攀登陡峭的坡嶺，呼吸純淨清新的空氣，有益身體。眼見整個英格蘭如地圖在眼前漸次舒展，內心無比激動，感覺世界就在腳下延伸，心靈不禁顫動。內心泛起莫名強烈的情感，怎去分說！一股蒼茫的歷史感油然而生，想起我們茹毛飲血的先輩，看到了羅馬軍團的影子，聽到馬蹄錚錚，日光下生寒的尖矛刺痛著他們的眼睛，活像一隻隻兔子蹦跳地鑽進地洞。當年腳下的這一片鹽沼，物換星移之間，漸漸因為河堰與人類的定居，變成了今日肥沃的牧場，不禁感慨世間滄海桑田，人事嬗變。正是因為生命的持續與協作，才有了今天這番景象！站在這裡，感覺人生就像海浪，潮起潮落。這片原野想必也曾見過不少吧！歸家的鄉間小路上，炊煙嫋嫋，直插雲霄。這些渺小而躁動的生命，如此密不可分，卻又如此獨立分離，到底有何深意呢？一切都披上了浪漫唯美的輕紗。鄉村綠野，男孩女孩，攜手同伴；戀人情侶，6月向晚時分，漫步於深谷叢林之中。日出而作，日落而息的生活，家庭瑣事與憂煩之間，世代嬗遞；鄉村花園裡，陽光灑在寂寥的椅子上；寂靜的教堂墓地，催人晚歸的暮鐘響盪山間。我的思緒飄到了一位蒼老的水手身上。也許，多年前的他，站在碼頭上裝貨卸貨，雙腳踏在這片土地，遠望著圓丘上微風拂漾，婆娑蒼鬱，不禁勾起了往昔在家鄉無憂無慮年少的輕狂歲月。坐在爬滿青草的堡壘廢墟之上，風聲呼呼掠過耳邊，遠處農場的窗戶玻璃反射的光芒，在霧氣籠罩的開闊原野上肆意遊蕩。此情此景讓人長久地沉耽於氾濫的情感，但誰又能倖免呢？

天色漸暗。我們沿著崎嶇的山路往下走，一路上笑而不語。很快，我們就到達了鄉村小路的始點，四周是成簇的果園，密密麻麻，還有堆滿垃圾的牛欄。當我們動身前往布倫特東面時，太陽逐漸西沉，榆樹上籠著一

層霧的輕紗，圓丘的烏黑陰影悄然迅疾地劃過原野。乘著暮色，往家的方向快步疾行。西邊，夕陽如橙，散發著金黃色，似在燗燒，矮矮地垂在天邊。鄉路靜靜，煙囪高聳，越過脫葉的榆樹，牲口也磨蹭著身子，沿著泥濘的路，返家了。身形健壯的鳥兒，張開翅膀，一對接著一對，翩翩飛向了棲息的巢穴。

　　若人生由這些日子構成，且能夠長久地持續下去，那該多好啊！黃昏時，身在寂靜的曠野裡，想著多少男男女女，禁閉在擁擠的城市，住在擠逼的小房，覺得甚是可怖。即便如此，人們遲早會知道，這才是他們真正希冀的 —— 生活，工作與陪伴。這些渺茫的幻想，蕩漾在夕照與悠遠的回音。風拂過果園的樹枝，溪流徐徐蹚過青草叢生的水閘。這是多麼甜美，即便難以為繼。這些情感的生發，只能在日常工作、憂慮之後，作為心靈憩息的驛站。若是可能的話，人也不願意像精靈愛麗兒一樣乘著蝙蝠的後背，或是如順蔓的花朵，到處搖盪吧。人是多麼渴求生活中的激蕩、美語、芳香與熱力！但是，偶爾從尋常的軌跡中超脫出來，正如站在一個小島上，俯瞰著洶湧的海潮，感受一下自身更為宏大的生命，即便朝聖的目標仍渺渺無期，這仍是有益的。逝者已矣，來者可追。我們還要意識到，在諸如光線、顏色、聲音與沉默這些謎團之中，蘊藏著更為深沉與優雅的內涵。我想，倘若我們能更有耐心、希望與睿智，如斯情感讓我們汲汲與世界的心相近，探索人生最深處的祕密，追尋永恆的象徵，嚮往生命的榮光。

　　布倫特圓丘青綠的丘頂，在蒼茫的原野與蕭索的灌叢間突兀而起，冬日慘白的陽光照在大地。山腳下簇擁的村莊升騰起嫋娜的炊煙，四處發散。我靜靜傾聽著風的聲音。

首相，首先是一個人
(MR. GLADSTONE)

關於格萊斯頓[016]在政治與宗教等方面所持的觀點，世人所說所寫的已經夠多了。我無意從上述兩個方面進行敘述，而想根據自己對他性格的印象勾勒出一種形象。我與他見面的次數不算少，曾在一些重要的場合見過他的處事方式。我對他留下了深刻的印象，當然這可能是一種錯誤的印象，也可能是在他處於某種狀態之時，恰好被我碰到了。但無論怎麼說，這也算是一種明確的觀點，說不定還很有趣呢。

第一次見到他是我在伊頓公學讀書的時候。當時學校有個不成文的規則，就是喜歡邀請一些名人回學校與學生進行分享，而不是只有在人頭攢動的教堂裡才有此機會。通常來說，名人與教務長都是最後出場的。一般規則是，學生們要坐在位置上，不能隨意走動，等待著名人進場，然後站起來鼓掌。教務長古德福德是一位很有魅力的人，身形不高，走起路來不是很快。那天，他穿著寬鬆的白色袈裟，綁著高領子，這身裝束似乎與格萊斯頓的到來相關，緊緊的領結顯得有些不規則。與教務長比肩走來的，是一位身穿夏日灰色長禮服的男子，此人身材魁梧，手裡拿著一頂白色帽子，開鈕孔上別著一朵玫瑰花。教務長示意他走上臺階，來到小隔間，我看見他綁著低領結。我馬上意識到，這位溫順的人必定是格萊斯頓。我坐在臺下的位置與他離得很近，眼睛一直盯著他。現在，我仍記得他那蒼白的臉色，雙眼閃出的黑色光芒。更最重要的，是他在整個過程中都表現出極為尊敬有禮的態度。這一印象從進入我腦海的那一天起，就極為深刻。

016　全名是威廉·E·格萊斯頓（William Ewart Gladstone, 1809-1898），英國自由派政治家，曾先後4次擔任英國首相職位。

37 年過去了，依然鮮活。

後來，無論在伊頓或是蘭貝斯、私人場合或是公共場合，我都有機會見到他。1887 年，我在哈登度過週末，與他一道在公園散步，長談了許久。已故的阿克頓勳爵[017]當時待在房屋裡，我參與了這兩位名人就很細小的歷史觀點進行討論。那時，在我的眼中，格萊斯頓似乎對已有的歷史知識無所不知，而阿克頓勳爵則似乎對整個歷史領域的研究熟稔於胸。而政治家對歷史學家所表現出來的敬意，讓我深感震撼。格萊斯頓給人最為強烈的印象，就是他極為充沛的活力與溫和的力量。他身板厚實，體格健碩，身材偉岸，一雙炯炯有神的大眼睛，閃爍著活力與力量，不禁讓人產生敬畏感，甚至於某種恐懼感。他的聲音也極為獨特，就像很多條河流匯聚在一起發出的聲響，其中似乎蘊藏著某種難以估量的能量儲備，似乎隨時給人某種震撼。他說話的時候，則感覺像在一條平靜的河流漾起層層漣漪。有時，我感覺要是他將音量調到最高，大有掃蕩寰宇之勢。我曾在教堂裡聽到他以抑揚頓挫的語調來回應一些宗教戒律的問題。他極為投入地闡述自己的觀點，雄辯的語勢讓聽者深感信服。與此相配合的，是他那至為誠摯與富有教養的禮節。他總是專心聆聽身邊的人所說的話，展現出最友好的尊重。他這般的結合，使他成為一個極富魅力的人。一個聲望隆隆、滿懷力量的人能如此放下身段，對別人的事情深感興趣，還津津有味地聆聽，這在一些普通聽眾看來是不可思議的，但這又如此的真實。我記得有一次在蘭貝斯參加一個大型晚餐聚會，當時很多客人都已散去，他走進房間，過來與我握手。當時，我還不知道他認得我，他很有激情地在我耳旁低聲說：「願伊頓繁榮！」

他這般的言行舉止，讓他一些最為瑣碎的言語看上去都是深思熟慮的結果，似乎飽含著某種深沉的信念。我記得這方面的一個例子。某個週六

---

017 阿克頓勳爵（Lord Acton, 1834-1902），英國歷史學家、自由主義者。著名的格言「權力導致腐敗，絕對的權力導致絕對的腐敗。」

的下午，我們在哈瓦登一處空曠的地方坐著品茗。當時，格萊斯頓正斷斷續續地閱讀著一本藍色裝幀的小書。我只能說，這本書很像週六學經時所用的。他偶爾也會闔上書，參與談話。當時我們正討論著如何在印刷時正確地使用簡縮詞。格萊斯頓不時插話，滿懷深情地強調，到目前為止，他對這個世界最為重要的實用貢獻，就是在金融領域裡發明了一千與 100 萬的簡寫方式。我還依稀記得，一千的簡寫是字母 M，而 100 萬則是一個被圓圈環繞的 M。稍微停頓後，他近乎悲傷地說：「但是，這個建議沒有被採納，世界也沒有因為這個發明而有所獲益。」我們坐在一旁，為人類對如此實用的發明置之不理所表現的愚蠢與冷漠甚為震驚。

在哈瓦登，還有一則關於核桃的談話。格萊斯頓頓挫了一下，以尖銳的語調說：「我 16 歲以後，就再也沒有吃過核桃了。」然後，他接著以甚為憂鬱但飽含尊嚴的語氣說：「更確切地說，是再也沒有吃過任何堅果了。」當時的聽者告訴我，在場的人聽到此話之後似乎醍醐灌頂。在那一瞬間，他留下極為出眾與強烈的自信感，讓人覺得他是一位如此具有魅力的談話者。我想，格萊斯頓說話的氣勢因為他在發「R」時的顫音而大大提升，讓他的整個說話語調更富節奏感。

關於他這方面才華最為深刻的印象，就是我曾在伊頓聽他就「阿提密斯」這一題目所做的一次演講。那場演講不對外公開，也不允許記者採訪。我受委託為《標準雜誌》撰寫一篇演講總結，當時我坐在離他演講很近的位置。格萊斯頓講了將近一個小時，雙眼炯炯有神，手勢得體，抑揚頓挫。當時，我覺得這是自己有生以來聽過的最有意味與最富激情的演說了。他在演講中談到了一個女人史詩般的冒險過程，我忘記了其中這個典故。他說：「這個女人不止一次做出嚴重不當的行為了。」我們都為她如此放浪墮落的行為甚為震驚，覺得不可思議。接著，他說到盛怒的「天意」對她「加以懲罰」的時候，我們終於長長地舒一口氣了，覺得如此的罪行接受這樣的懲罰是極為適當的。而當他說到阿提密斯對乳酪與奶油有

特殊的喜好時，我們都深深震撼了。在演講的最後，他為了答謝現場觀眾的熱情，還作了一篇動情的即興演講，他說自己就是一位重回母校的參觀者，正如阿提密斯從自己的故土中汲取能量。說到這裡，他結束了這篇充滿情感、讓聽眾如痴如醉的演講。這是我聽過最棒的演講了。但是，當我對此撰稿總結時，卻發現他所說的很多話語都消失無形了。演講時的那股力量與散發出的芳香，彷彿都隨蒸汽消融了。事後回想，我發現他的結論是有失公允的，所舉例子也是瑣碎的。我無法據此做一篇生動的總結，甚至無法使之變得有趣。

我覺得格萊斯頓的演說極好地展現了他的智趣力量。他思路清晰，表達流暢，內容顯得很豐富，但失卻了應有的魅力與人文關懷。他的散文讀起來很無趣，出於一時激情的探索讓人難以信服。他的文章雖然給人邏輯上的信服感，卻無法帶給讀者想像與智趣上的洞察力。試圖重現某個時代的生活風貌，是不可能憑藉某個理論來實現的，無論這個理論在已有的細節上是多麼的真實。任何作品都不可能單純憑藉現有的細節來完成，必須借助某種歷史的想像力來完成這一宏願，而這恰恰是格萊斯頓所做不到的。他無法讓自己置身於已有的事實之外，而是過分沉迷於此。這樣的事實不能被忽視的，也不能全盤地接受。甚至關於他演講的內容在文學上具有可讀性，我都是持懷疑態度的。他的演講稿展現了他驚人的邏輯思維能力與流暢的語言表達能力。他說話從不吞吐，時常能想出很多讓人拍案叫絕的句子，內容層層鋪墊，層層深入，讓人信服。但他表現出雄辯的心智力量，而非為了表達思想與情感。他的演說過分依賴於個人的背景、個人的能力以及名望，這些都可以增強演說的說服力。而格萊斯頓又過分執著於自己在文學上的造詣，但他卻少有神來之筆。關於他是否具有幽默感，這點仍是眾說紛紜。人們可能會得出肯定的回答，但這樣的肯定想必也難以持久。他講故事的時候有著刻意為之的幽默，情感有時則流露在俏皮的短詩裡。但他的性情、強大氣場、推論力量，這些都與廣義上的幽默是不

搭調的。他的這些特點無疑削弱了他展現幽默的能力。若他真的有幽默的性情，那麼他是無法具有這種高尚、真誠的自我說服

力的。顯然，他的這種能力是練就出來的。他曾被人指責表裡不一，但他卻是最為真實的一個人。他有能力去梳理重整自己的想法，這都是出於他那一顆全然真誠的心。

無論格萊斯頓選擇怎樣的人生道路，他都能做到最好。他純真的心靈、無盡的能量、舉止有禮散發出來的巨大魅力與智趣力量，讓他成為一個具有強烈吸引力的人。若他從商，可能賺取很多金錢；他也可以勝任財政大臣，甚至可以去當教皇。總之，他這個人不可能默默無聞，他就像漆黑中的螢火蟲，閃爍著光芒。因為他為人真摯簡樸，從不給人留下矯揉的感覺，總讓人覺得充滿力量與活力，就像太陽傳播溫暖。

但是，當世人深思他風光的一面的時候，腦海中就會泛起他在家中安靜恬淡地坐著，保持著高貴尊嚴的形象，就會發現他其實不大喜歡大眾的注視，而是喜歡靜思。此時此刻，我的眼前浮現出這樣的畫面：年老的他精神矍鑠，身披斗篷，在 10 月的一個早晨，冒著毛毛細雨，隻身一人吃力地跋涉到教堂參加禮拜的情景。我仍記得，1896 年家父去世了，我那時待在哈瓦登。某個仍讓我傷懷的晚上，我與他還有另一位客人一起吃晚餐。他甚為小心，語氣平和地談論了一些他認為我們可能會感興趣的話題，講了一些無須評論或是回答的話語，談話顯得如此自然輕鬆，讓人難以察覺他背後的良苦用心與周到細緻。

最後，我還記得後來到哈瓦登與他共進晚餐的情景。當時，奪走他生命的病魔開始發作，他深感不適，身體孱弱。我走進了餐室隔壁燭光幽暗的前廳，他坐在一張沙發上，妻子坐在他身旁。他們兩個靜靜地坐著，手牽著手，就像兩個小孩，又像一個年邁的勇士與他忠誠的妻子。那幅情景極為神聖，但用文字記錄下來似乎有點平淡，褪去了光環，感覺只是一份愛與家庭的溫馨感覺，化作絲絲縷縷，潤物無聲。

首相，首先是一個人（MR. GLADSTONE）

羅勃特·白朗寧
(ROBERT BROWNING)

　　已出版的羅勃特·白朗寧[018] 傳記，雖然作者頗費心思，內容描述細緻，但仍無法將白朗寧一生最為神祕的部分揭示出來。事實上，即使白朗寧成名之後，他似乎仍是一個難以吸引別人注意的人。在世人眼中，他的言論或是對人生的看法都似乎沒什麼顯眼或有趣的成分。白朗寧有一種能力，能以看似極為尋常的方式將平凡的事情隱含掉。他說話聲音洪亮，充滿男人氣概，給人樂觀、合群、簡樸與直率的印象。他從不糾結於自己的悲傷，沒有瑣碎的虛榮與怨恨。他是一個充滿理智、心智健全與講道理的人。人們想當然地認為，他的話語或私人信件充滿著深邃的情感，讓人沉醉，給人幽默的感覺或是讓人獲得某種洞察力，抑或他私下所說的話，雖然沒有被記錄或是描寫出來，但也應該差不多吧。但我卻發現，他的信件是極為無趣的，裡面充斥著嘮叨之語，顯得冗長，有些段落很粗，甚至不很流暢。

　　我仍記得念大學的時候在早餐會上遇見他的情景。當時，他與西德尼·科爾文爵士[019] 在三一學院，那好像還是 1880 年代初期的事情了。當時，我是白朗寧忠實的讀者，瘋狂地崇拜著他。事實上，我是劍橋大學新成立的白朗寧協會的祕書。我滿懷敬畏與期待接受了他們的邀請。我沿著階梯登上炮塔樓，走到了西德尼爵士的房間，這一過程的心情是難以言述的。我記得，當時的聚會好像只限於本科生，人數在 8 到 10 人左右。然

---

018 羅勃特·白朗寧（Robert Browning, 1812-1889），英國維多利亞時期著名詩人，代表作：《環與書》（*The Ring and the Book*）、《戲劇抒情詩》（*Dramatic Lyrics*）、《巴拉塞爾士》（*Paracelsus*）。他採用客觀描寫和心理分析方法，獨樹一幟，為後世很多人仿效。

019 西德尼·科爾文爵士（Sir Sidney Colvin, 1845-1927），英國文學藝術評論家、教育家、菲茨威廉博物館館長、策展人。

後，一個身材不高、但很結實的人走進來，灰白的頭髮，呈波浪狀，鬍鬚與八字鬍刮得很短，臉色紅潤，神采奕奕。他向在場每個人問好，自信沉著地與我們握手。他跟我說了一些與家父相關的事情，因為家父曾不止一次成為他的座上賓。接著，我們就坐下來吃早餐了。我仍記得，主人很有技巧地將談話轉移到一般文學性的話題。但是，眼前這位詩人沒有口若懸河，他顯得幽默、簡樸與自然。他坐在那裡，不會給人高高在上不可接近的感覺。他並沒有覺得自己勢必要說一些風趣或是富有深意的話，但他也絕非羞澀或是有所顧忌。他只是很享受談話的過程，一如所有知識淵博、通情達理的人喜歡談笑風生。但我們在場所有的人都期待著他能夠說一些「震耳發聵」的話！我記得，他散發出一種異域的味道，似乎他曾擔任過外交官，見過很多大場面。但他的簡樸性情，舉止優雅，卻難以讓人留下深刻印象，因為這其中沒有一絲扣人心弦或是衝動的成分。他不會給人才華肆意揮灑或有所保留的感覺，而是讓人覺得性情溫和，有點中產階級小資的感覺。他為人睿智、幽默，不關心自己是否成為別人注目的對象。在白朗寧的傳記《人生》這本書中曾記載著在他受到一些英國北部一些大學領導與學生的熱情歡迎時，他所說的一段話。有人問他對自己所獲得的掌聲與尊敬作何感想時，他說這些都是自己一輩子所期待的。這句話似乎與他日常的生活態度不相吻合。他早年似乎並不怎麼關心自己的聲名，不因籍籍無名黯然落寞，不因嶄露頭角沾沾自喜。在他的《環與書》一書出版後，一些批評家的確讓他感到有些惱怒，創作曾一度因此而阻滯。通常而言，無論是好聽或難聽的批評，他都能心平氣和、面不改色地對待。

當然，讀者必然為因白朗寧身上流露的簡樸性情而替他感到慶幸，因為諸如華茲華斯與丁尼生這樣的大詩人都不能倖免於自我意識的虛榮。但若是有人將丁尼生與白朗寧相比較的話，無疑，前者在儀表或是言談舉止所展現的莊重與優雅，會讓他身邊的朋友或同輩人產生敬畏的尊敬與順從感，使他成為所處時代富有名望與最具魅力的人物之一。

但讓人百思不得其解的是，當白朗寧拿起筆創作詩歌的時候，人們對他的印象就完全被顛覆了。撇去其中一些天馬行空的寫作技巧與讓人疑惑的形式主義，讀者仍能從他的詩歌中感覺到他大腦與心靈中讓人嘆為觀止的能量。他的詩歌中微妙與寓意式的思想如洪水到處湧流。更為重要的，是他的詩歌對人類心靈至深處極為細膩的描繪，語言是那麼的優美，目標是那麼的專注，描述方式又是那麼具有大師風範。到底他是如何感知、洞察、安排、挑選素材乃至最後的下筆成文，這一切都讓人難以想像。白朗寧的詩歌流露出深沉的憐憫情感，他細如髮絲的直覺，內容涉及面如此之廣，讓人難以匹及。沉思其中，越發讓人覺得不可思議。因為他能夠感受人類最甜美、最私密與最細膩的情感的每一個休止符。在他筆下，一花、一抹夕陽、一顆星星似乎都染上了極為柔和的美感與精緻。白朗寧還能將高貴的情感激昂起來，如隆隆戰鼓，吹響號角一般，發出讓心靈喜悅的悠揚樂音。在白朗寧神乎其神的文字所營造的美感，讓讀者心緒激揚，深深沉醉於充滿希望與歡樂之中，不知東西。

「人生於我有何焉？
吾之所見皆烈火，
吾之所聽皆樂音，
福至心靈身舒暢。」

　　這樣的詩句如銀鈴縈繞耳畔，讓人頗有一種突然被告知歡喜消息時不知所措的感覺。當得知白朗寧能如此深邃與磐實地洞悉人生，從混沌的迷霧中挖掘珍寶，然後一路艱苦跋涉，忠實地將這些珍寶呈現出來的時候，對他過往的一切看法，都將徹底改變。

　　但是，白朗寧在日常生活中流露出的善意以及被人視為「虛偽」的簡樸性情，只不過說明了他不愛冒險，缺乏愚俠的氣概罷了。人們曾說他是一個能享受最簡單生活的人。散步，談話，聚餐，傾聽音樂這些正常有序的活動，讓他根本沒有時間或心思讓自己激動的機會。同時，他似乎也不

需要遠方的希望或是承諾來支撐或是慰藉自己。所以，人們不禁懷疑，白朗寧這些美妙的情感發端於何處，或是他到底從哪些人生閱歷中獲得如此精妙而又繁雜的感悟？但是，他似乎只是對人生採取了普通人的理智態度，正如常人高度重視普通的集會與習俗。而一旦回到詩歌創作上，他的思想瞬間化為美妙的音符，沉睡的心靈一下子充滿了生氣，激情萬丈，美感叢生，瑰麗的想像四處遊蕩。若能更深了解他的話，有可能捕捉到他內心的呼喚與輕聲絮語間所隱藏的巨大祕密。當人們越了解他平常的舉止與生活習慣，這種祕密似乎就隱藏越深。人們可以感知他在極為短暫的時間裡享受智趣的美妙。但在與其才華相當、天賦稟異的詩人當中，雖然他詩才橫溢，文筆優美，但幾乎無法留下半句格言，這是極為罕見的。白朗寧似乎能安然穩妥地將這兩種生活區別開來：表面上與人談笑風生，八卦連連，舉止從容，內心實則是熾熱的熔爐，情感與興奮在熔爐中肆意洶湧，難以抑制。他似乎沒有沉醉於遙遠的夢境或是難以言喻的浪漫，更別說遠處渺茫不可知的境域中。他所專注的，是生活本身的情景、聲音以及感覺。這些都在他生動描述的不同種類與對難以類別的事物的作品中得到證實。因此，人們再也不能如過往那樣將他單純視為一位充滿樂觀主義情懷的詩人。白朗寧他時常被一些智力平平、富有美德的人視為預言家，因為這些人無法更深地洞察生活，無法解開人生的謎團。他們就會認為白朗寧詩歌的主旨就是歌頌美好的時日就在眼前，幸福的日子即將到來。誠然，白朗寧詩歌中的樂觀主義無疑超脫於環境的局囿，有種人定勝天的感覺。他曾對一位抱怨生活中缺乏具有簡樸性情與希望的人說，生活對他而言並非如此。實際上，他對生活與人生飽含熱情，根本不會讓任何災難使自己麻木抑或感到悲傷。因為他總是覺得，人生還是有很多事情值得去做，很多話要去說的。除了樂觀主義之外，白朗寧身上還有許多內涵。他並不是隨遇而安，碌碌無為，而是勇於出擊，成就斐然。他做出勇敢的選擇絕非

不受生活的限制，而是要超脫於生活。

　　但我卻發現，很難將這兩塊稜角不同的方塊拼湊在一起。也許，在其他讀者眼中，事實不是這樣的吧。在我看來，白朗寧的詩歌流露出的刺眼的光芒，在他的日常生活中極少展現出來。他似乎又不像一個緊守自己靈感祕密的人，而更像一個小有成就的人，只是懷著普通人的興趣與尋常的觀點。之後，當我們翻開他的詩歌，眼前彷彿閃過一陣光芒，耳旁雷聲隆隆，與此同時，我們能窺視到他某種可愛，感受超脫塵世的美麗，拓展了原先狹隘的視野。在這些思緒裡，我的眼前浮現出白朗寧魁梧的身影，他緘默不語，為人隨和率真，口袋裡的錢叮噹作響，並不希求別人豔羨的目光或是與人進行親密的接觸，而只是想成為這個世界上一位普通隨和的公民罷了。

羅勃特・白朗寧（ROBERT BROWNING）

紐曼
（NEWMAN）

最近，我一直在閱讀沃德[020]所著的《紐曼[021]的一生》（*Life of John Henry, Cardianl Newman*）這本書。作者寫得很坦率，文學造詣頗高，顯示出傳記作家高超的水準與不偏不倚的寫作態度。

這是一本滿懷苦楚、甚至是讓人心碎的書！讀者在閱讀此書的時候，就像在感受一位迷途天使的艱辛歷程。讀者看完此書後，會對紐曼簡樸、真摯與磊落的性格而感動。但是，紐曼的一生卻又讓人感到莫名的悲催，他總是畏首畏尾，猶豫不定。讀者會覺得，他時常被人欺壓、否決、阻撓、漠視乃至誤解。紐曼就像一個小孩被那些工於心計的外交家或是教會遊說者玩弄於鼓掌之間。曼寧與塔爾伯特都是行事果斷、精於算計之人，這些人最終都只能歸為二流人物。這兩人在羅馬教會留給人極為不佳的印象。紐曼似乎都被某些愚鈍的趨炎附勢者與富有心計的投機者所操縱。其實，那些人並不知曉當時所面臨的問題，全然失去了某種使徒般的熱情。甚至可以說，他們這班人對基督信仰並不感興趣，他們沒有「蛇的智慧」，卻完全領悟了「蛇的狠毒」。教會那班權力執迷狂是絕對不允許紐曼參與到這場博弈中來的，相反，他們卻完全利用了紐曼所具有的聲望來為自己服務。

我記得有次在哈瓦登的時候，聽到格萊斯頓在談到曼寧時說，此人終將被世人視為一位工於心計的外交家。接著，他著重強調說：「當曼寧面

---

020 沃德（Wilfrid Philip Ward, 1856-1916），英國散文家、傳記作家。代表作：《紐曼的一生》、《牛津運動》（*The Oxford Movement*）、《人與問題》（*Problems and Persons*）、《個性研究》（*Ten Personal Studies*）等。

021 全名約翰・亨利・紐曼（John Henry Newman, 1801-1890），原為聖公會神父，後成為羅馬天主教樞機。

臨政策性的問題時，一切原則都必須為此讓路，無論是柏拉圖、年鑑乃至真理本身！」人們在閱讀《紐曼的一生》一書時，就會發現這並非偏頗的評價。

最後，讀者看完此書，就會因為紐曼從未參與任何關於他子虛烏有的陰謀，而對他倍感敬意。當別人需要利用他的時候，他被人無情地利用；他從未被人深信過，從未有機會獨展拳腳。顯然，紐曼並非一位實幹之人，他幾乎從未將自己的計畫付諸實踐，諸如籌建愛爾蘭的羅馬天主教大學，或是他原本要為劍橋大學設立的學院，這些最終都化為泡影。紐曼做事拖遝成性，有點想蒙混過關的習慣。對於自己將要去做的事情，他從來都不敢確定，也不敢明確說明自己所持的立場。他似乎是故意做出這些計畫，自娛自樂一番，而壓根就沒想過要真正去執行。當他內心滿懷苦楚地回首時，讀者大可明白他的沮喪、無助，深深意識到自己一事無成。

儘管紐曼在實幹事務上顯得很軟弱，但讀者卻可清楚地意識到，他的性情充滿了柔和的力量。直到讀完這本書，我才真正地了解紐曼的為人。現在，我覺得自己開始懂他了。我深信，紐曼首先是一位詩人，一位藝術家。他對道德的美感有很極高的洞察力，但他對羅馬天主教的堅持並非出於宗教議題。羅馬天主教在情感與藝術上都深深引起他的共鳴。羅馬天主教優雅、讓人尊重的傳統，讓人敬畏的歷史，輝煌的建築，壯觀的排場，睿士輩出。英國原先實行自由主義宗教改革的教會已經漸漸墮落沉淪於享樂與物質主義之中，無法帶給紐曼他所需要的。他希求更為古老，更為柔和，更具美感與更加振奮的東西。我覺得紐曼的智趣能力很強，卡萊爾曾粗俗而愚蠢地說過，紐曼有著一顆兔子般的腦袋。但閱讀這本書之後，讀者會理解卡萊爾的真正意思。紐曼並非一位思路清晰或是思想深邃之人，他並不了解哲學，懼怕任何思想上的臆測。他渴求休息、舒適、平和，沉浸於美好的夢想，往昔的回憶，渺遠的情感。他具有邏輯性的思維，但卻深陷於表面上的邏輯。他的心很容易深信某物，然後心智就趨向於此。

但紐曼所真正具有的，是他那無以倫比的語言表達能力。他筆下所寫的文字，盡顯他個人的風格。在這個世紀的所有作家裡，只有他與羅斯金擁有對事物極為細緻的觀察力，然後還能在思想領域產生影響。他的文字就像汨汨流淌的清泉，能以最佳的方式將自身心智與本性中柔和、幽默、勇敢及美好的一面展現出來。無論他的布道演講、信件、備忘錄或是紀錄稿，都是如此，他所創作的談話錄語言流暢，又讓人感覺私密，似乎完全發自他內心的純真之音。這就是他極高天賦、藝術造詣、精妙筆觸，十足獨創性的展現，而且還不留下加工的痕跡，一股純天然的芳香撲面而來。紐曼才華橫溢，他的《自我辯護》（Apologia pro vita Sua）給人深刻的印象。書中那種憂思般的自我拷問，彷彿他正在與讀者面對面交談，說著悄悄話。紐曼能將內心所想的東西完整精確地表達出來，可做到筆隨心動。正如他自己所坦承的，《自我辯護》可說是他含淚之作。讀者可從該書中感受到作者悲傷的心境。

　　在《紐曼的一生》一書裡，還有其他的內容也可證實紐曼的這種觀點。他曾說，唯一讓他得心應手的就是詩歌的創作。從《紐曼的一生》一書中可知，他是多麼熱愛音樂，但卻出於某種自我克制的苦行而壓抑多年。紐曼曾說，只有音樂才能讓他沉靜下來，給予他振奮，讓他重新拾起手中的筆。在他 60 歲的時候，朋友送給他一把小提琴，在呂內爾鄉村的小禮堂裡，四處寂靜，沒人打擾，他津津有味地拉著小提琴，不覺時間的流逝。

　　紐曼對朋友以及自己生活的摯愛之情，在他的文字裡都染上了浪漫的色彩。他曾這樣描述道，他要離開利特莫爾的時候，他親吻了自己睡過的床，房間裡的壁爐臺。當他重返故地時，讀者似乎能看到到當時的他，淚眼婆娑、百感交集的模樣。20 年後，他僅有的一次重返故地，別人對此的引述相當感人。據當時一位目擊者說：「當時，我正經過利特莫爾附近的教堂，我看到一個衣衫破舊的人，倚靠在停柩門前，嚎啕大哭。他似乎

身處困境，他穿著古舊灰色的外套，領結上揚，帽子遮住了臉龐，似乎要掩蓋自己的窘境。」此人正是重返故地的紐曼！這些描述的話語帶有某種莫名的傷感，也證實了紐曼異乎常人的敏感與豐富的情感。讀者更加深入的時候，就會發現縱觀紐曼的一生，他都期望被別人理解、熱愛、欣賞與讚揚。他像一個純真的小孩，時常因臆測別人的猜忌、反對或是叱責而深感恐懼。但是，《自我辯護》一書的成功讓他的幸福感大增，聲名日隆讓他深感滿意，也讓他可以大膽地表達內心一些看似幼稚的想法。世人對他詩歌的認可帶給他帶來深沉的滿足感。讀者會覺得，紐曼似乎過分看重紅衣主教的價值了。對於自身純粹的動機以及奉獻的精神只有自己明瞭的狀況，讓他深感不滿。紐曼想讓別人也能知道這點，希望別人也能對此加以承認或是給予讚許。他渴求榮耀、情感以及認可。他無法忍受在靜寂中默然，他有著藝術家天生的自我主義，他想要訴說自己的故事，闡述自己的思想，表達自己的信念。但在某種意義上，他又害怕這樣做。實際上，他所真正懼怕的，是別人的批評與詆毀。任何看過《自我辯護》的讀者都會有這樣的感想，即作者是懷著喜悅的心情，饒有興致地講述自己的故事。正是紐曼對贊同、自尊與憐憫魂牽夢繞的憂思，讓這本書呈現出這副模樣。

我並沒有否定紐曼是一位情感豐富，洋溢熱情的人。他骨子裡是一位道德主義者，羅斯金、卡萊爾、丁尼生等人皆是如此。我想這才是對紐曼評價的分野之處，區分於其他的哲學家、牧師、宗教政治家等。

當然，紐曼的這種性格讓他受盡苦頭。《紐曼的一生》一書給人的主要印象，是他一直在飽受苦難，雖然偶爾也會有遲來的成功。在他皈依羅馬教會與出版《自我辯護》這段時間裡，讀者能感受到，因為他想要為教會所做的工作大都無疾而終，心情極為低落，覺得生無可戀，越發沉浸於自我懶惰的憂鬱之中，無法自拔。但是，陽光最終還是灑在他的身上，而這段苦悶日子發酵出來的憂思是極具價值的。而他在這本書的描寫也清晰

地說明了這點。因為，過往在聖公會時期相當循規蹈矩與結實的文風，蛻變成充滿憂傷、無助與鬱結的文字，他憔悴的臉上透出無奈，疑病症與失望之情鑴刻出深深的皺紋一目了然。讀者能感知紐曼在悲傷的時日裡，如何思考自己的健康，如何懼怕中風癱瘓，在死亡的陰影下忐忑不安的心境。當他覺得自己聲望日隆與受人尊敬後，所有這些不安的苦惱都一掃而空，這種對比煞是有趣。

　　《紐曼的一生》一書描寫了許多憂鬱的情景，最讓人內心隱隱作痛的，當屬他在 1865 年拜訪基布爾[022] 遇見普西[023] 時讓人傷感的情景。紐曼很想去見基布爾，但他又一點也不想見到普西。但出於某種誤解，他還是去了。而普西可能也是出於同樣的原因。這是他們在過去 20 年裡第一次見面。當紐曼來到門前時，基布爾正站在門廊前。他們甚至都認不出對方了，紐曼竟然還要拿出自己的名片！讓基布爾惱火的是，普西此刻正待在房裡，要基布爾離開，不要打擾他為會議做準備。紐曼進到屋裡，發現普西正在伏案學習，不禁想著躲避，正如他之前腦海所一直想像的。看到普西，他感到很震驚，內心充滿了悲傷的苦楚。普西雙眼盯著他，這讓他渾身到不舒服。普西完全是出於社交應有的禮儀，「俯尊」地說了幾句話。他們聊了一下子，之後三人一起用餐。紐曼後來說，回想當年，三人都是莫逆之交。但在 20 年後的聚會上，因為「沒有了共同追尋的事業，無法把酒言歡，言無不盡，而只能謹小慎微，生怕一不小心，就會惹惱對方」，每每念及此，紐曼的心就很痛苦。紐曼後來回憶說，基布爾當時很高興，雖然他是一個聾子，說話斷斷續續，思維遲鈍。他接著補充說，基布爾在一旁自我憐憫，言談中都只有自己，但卻對普西不予理睬。

　　在我看來，這場聚會就是一個悲劇。之後，他們三人就再也沒有見面

022　基布爾（John Keble, 1792-1866），英國神職人員、牛津運動核心人物之一。牛津大學基布爾學院為紀念他的貢獻，以其名創建。

023　普西（Edward Bouverie Pusey, 1800-1882），英國神職人員、牛津運動核心人物之一。

了。雖然後來基布爾寫信給紐曼說：「當一切繁華喧囂逝去之時，我們三人何時再聚呢？」

　　這的確讓人感到憂鬱。當年無話不談、互為兄弟的三人，追求著一個共同的目標，為重振英國教會的輝煌而不懈努力。紐曼說，當涉及各自的信仰時，基布爾與普西幾乎在每個方面上都極為一致，只是在是否皈依羅馬教會權威這一問題上產生分歧。往日的友情、共同的信念經不起猜疑與敵對，他們三人最終分道揚鑣。讀者不禁覺得，這個過程中必然有某些悲劇因素在作梗。若是往日友情的光芒能再度照耀，輕撫在那個難以彌補的傷口上，若他們能像往時那般散步、微笑或是哭泣，這更顯基督教的寬容與人性，遠勝於現在的互相疑忌。讀者會這樣反問，倘若宣揚兄弟友愛般的《福音書》無法將這三位信者的心聚攏在一起，那麼，《福音書》必然是被他們莫名地誤解了。我們的主確實預見了基督教的分支。但世人覺得，當祂談到要融化敵意、不分彼此時，祂必定是指正統與異端之間的衝突，而非一位狂熱的基督信徒與虔誠的基督信徒之間的不和。

　　這些內容的記述給這本書蒙上了一層陰影。因為這暴露了教派主義，過分強調了分歧，涉及到同一種信仰但遭遇不同解讀時所滋生的仇恨，繼而產生難以逾越的鴻溝等內容。當前的體系、教條乃至教會不斷發展，給人這樣一種感覺：這種發展產生的影響，只能讓基督教的分支陷入更深敵對的泥潭之中，越發遠離耶穌基督宏大的目標與設定。很多人都在以信仰之名，行黨派鬥角、政治傾軋之實，這些人變得更加頑固與自以為是。《福音書》裡被塵封的簡樸與仁愛似乎難以再生。想到這裡，讀者就會與紐曼產生共鳴，因為從他流露出的情感要更為長久，超脫於所有的爭執與扯淡的爭論。而紐曼的心無時無刻不被物質主義、世俗主義以及苟且的教會政治所羈絆，終其一生不得志。每每念及此，不禁掩卷，慨嘆一聲。

凡人無法永恆？
（ARCHIPPUS）

　　我坐在大學小禮堂唱詩班的位置上，聆聽一個小男孩站在鍍金的鷹旗下讀經臺上，以幼稚的童聲誦讀著教義。大堂裡懸掛著深紅色的帷幕，似將空氣都染上顏色；金黃色的風琴管在帷幕上折射著光。陽光穿透飽經歲月的窗櫺玻璃，重重地壓在地上；而精雕的尖頂卻仍是一片黑暗，沒有一絲光線的蹤影。身穿白色袈裟的人一排排坐開，不論是專心致志，或是神遊萬里，都正襟危坐，緘默不語，也許惦掛著身前身後事，回憶著往昔激情的冒險，或是憂傷於所有本該做但卻未做的事情；但我想，他們的這些思緒，無疑會因此處的古色古香而蒙上一層柔美的色彩。

　　這些教義都是如此樸素的箴言！—— 獻給丈夫、妻子、小孩、主人、僕人、精明或善良之人 —— 希望他們勿要好高騖遠，要享受平實；同時也要去追求高尚與美好的事物，很多舉手投足間難以捕捉的偉大，是最易被漠視的。

　　手中捧著《聖經》，雙眼一行一行橫掃而過。我覺得，沒有比《聖經》中那些傳遞給某些「聖人」的私人信箋或是建議更讓人感動與震撼了：而在他們中，大部分人都只是徒有名字而已！當聖・保羅身陷囹圄，處於不安與逼仄之時寫下的信箋，他是如何也想不到這以後會產生什麼驚天動地的影響！在忠實地給予別人建議之後，他的心就會想起朋友們的臉龐，想起那些簡樸之人，於是就將自己的問候與愛語填充於信箋之上。正是這些擁有著平凡名字的男女們以如此溫馨與富有人性的言語將過往的記載傳承下來，然後用如此率真的愛與情感表露出來。

　　他們也如我們一樣接收了這些資訊。倘若他們能想像到如這個小禮堂

的地方，充滿著肅穆與飽滿的氣息，聆聽著他們樸素的名字在教堂裡被大聲地朗誦，以及傳遞給他們的箴言與愛 —— 而且不止在一間教堂，而是在數以千計宏偉的大教堂裡 —— 他們會作何感想呢？可能這一切對他們而言，就像置身於傳說中的天庭，風管樂器奏起的音樂在拱頂上久久迴盪。不朽的名聲？也許吧！他們的一切，我們無從知曉，無從考證，就像荒野上豎起的一塊墓碑，上面鑴刻著名字、生卒年以及一些關於此人美德與優雅的模糊記載 —— 除此之外，其餘的一切都湮沒在茫茫的歷史煙雨間。

　　亞基布！這個名字在《聖經》裡被提到了兩次。從《聖經・新約》的使徒書到腓利門書中，他都是一位「忠誠的戰士」，裡面有一段直接給予他的資訊。「對亞基布說，務必謹慎，盡你從主所受的職分」。這是屬於他的職責所在。但對於他的一生，無論是在此之前或之後，都一無所知。流傳著關於他殉道的故事，也許是真實的吧。但當時的牧師有何具體職責，他又是如何去將這些資訊傳播出去的，我們不得而知。

　　有時，我希望《聖經》燦爛的版本之所以成形，不因其功用與儀式，而是因教徒對此發出由衷的尊敬，從中感受到閃耀智慧與莊重的聲音。當一封長信被翻譯時，裡面諸如「thou」（古，汝）與「ye」（古，你們）的字眼，使內容散發出古典文獻的味道，就好像是一位聲名隆盛的主教出於自身的尊貴地位，寫信給其他的一些高貴人士。當聖・保羅向歌羅西人講述這封信內容的話語在勞迪西亞被複述之時；而當這封信在向勞迪西亞人講述後繼續在歌羅西的教堂裡複述，在一個擠滿崇拜者的雄偉建築裡高聲齊誦羊皮書上的經文，讓人覺得一切都是極為正式莊重的，忘記了現實中這些言論是多麼的樸實無華。這封信的內容曾真實地在一間破舊的房子裡，對著許多普通的人朗誦。一位布道者可能將信的內容寫給他的幾位老友。人們也會逐漸對信的內容失去初時的新意。現在，基督教已然成為世界上一支重要的力量，並與權勢、世俗以及受人尊敬的事物相連繫。人們

早已忘記了基督教在其雛形之時，是多麼讓人覺得新奇、猜疑，覺得不合常規，或是所謂的平等 —— 當時似乎只有一小撮人以全新及不確定的資訊來自我安慰。當時，基督教無足輕重，所以才能從所有的成規與偏見中解脫出來。那些篤信這封信箋言與愛語的人，當時無疑被鄰居們視為走火入魔、滿肚憤懣或是自我幻想的人。因為這些人不安於過往沿襲下來固定模式的生活，而是任由自己的想法趨於狂野、極端，沉浸於躁動不安的意淫之中，這一切竟是皆由一位無足輕重、情感熱烈、脾氣暴躁、四處遊蕩的牧師的布道所致。此人不知從何來，現在終因攪起混亂而被繩之以法，正身陷囹圄。歌羅西這座小鎮當時正逐漸沒落，貿易交往銳減，往日榮光不再。但當時，那些安於現狀的理智公民必然鄙視這些深受新觀念影響的少數狂熱分子，他們必定對這些新思潮的興起無奈地搖著頭，投以深深懷疑的目光。而那些勇於接受新觀念的人必然感覺，自己正在做一件不切實際與不受歡迎的事情，而且沒有任何回報！這是我們必須要考慮到的各個方面。基督教當時還不是一種富有影響、傳統深厚與為人熟知的力量，而是給人新穎、不安與危險的感覺。我敢說，當年在歌羅西傳播基督教的使徒們的日子肯定不好過。他們必然亟需從聖·保羅所給予的愛語與箴言中汲取營養，以保持信念。

　　這不單純是一封具有安慰意味的信箋 —— 聖·保羅對於其中的一些教義是深感憂慮的，具體是哪些內容，他自己也很難分辨出來，只是覺得某些雜質混淆於信念之中了。對此，他是極為認真嚴肅的。大眾對這封信也並非全盤滿意，有些內容是錯誤的。我們很難想像，給予丈夫、妻子、主人、僕人的樸素箴言竟會如此漫不經心地出自聖·保羅之口。他必然是已經聽說了一些錯誤的行為以及別人的誤解，就好比一片雜草叢生的田野，要想獲得豐收，就必須要將雜草連根拔起。但是，醞釀已久的情感最終還是噴湧而出，這也許源於聖·保羅激情的文字的祕密所在吧。他寬廣的心能讓善男信女們樂意去接受，從此再也難以忘懷。聖·保羅對於任何

過錯都難以容忍，他懷著憤怒、悲傷與激昂的心情去寫作。但最後，世人對他的印象，卻是一張張著名經典的臉孔、一個個手勢以及一句句友善的話語。而臨別之言，總是那麼充滿善意純真的愛。

所有這一切都是那麼神奇 —— 超越了想像之域。如斯古老的信箋與祝福，時至今天，仍然充滿著全新的活力，感染著無數的心靈。聖·保羅對亞基布所說的話，也曾對眾人說過。亞基布最後終於找到了一份適合自己的工作。當這份工作的新意與興奮感逐漸褪去的時候，他必然會感到有些厭倦。聖·保羅當時對他也不是百分百地有把握，但還是將如此樸素的箴言告知與他。亞基布的確有這種天賦，但他會好好利用嗎？

我們無需像與官員或是教士交談時，使用那麼專業的詞彙。而對教士而言，這就意味著一種宗教儀式。這也許不是一件很正式的事情：演講的義務，照顧生活貧窮的基督徒，保持教會的團結。無疑，他在別人眼中是具有一定影響力的。他舉止得當，心靈善良，能將內心所想表達出來。也許，他之前也有屬於自己的工作。他可能是一位店員，抑或只是一位普通的工人。但他是無愧於聖·保羅的「忠誠戰士」這一稱號。即便現在成色還不足，但將來等這些信條的力量漸漸彰顯，他終將會得此殊榮的。

漫談了如此之多，亞基布的形象從黯淡的過往暫態耀出一絲光亮。他原先有自己的工作，並且做得很好，雖然有時不很細心，但生活仍在繼續，苦樂有常，人生如常。他就是芸芸眾生中的一員，在自己的小圈子裡做著工作，收穫甚微，一生默默。許多偉大的將領、法官、政治家都早已為世人淡忘，但亞基布卻在這個世界上留下了自己的名聲。而他所依賴的，也許就是被我們稱為「運氣」的東西吧。但試想一下這種「運氣」的微茫吧。聖·保羅在囹圄中寫的一封信，交由一位忠實之人的手中，飄洋過海，穿山越嶺，最終落到了一些老朋友的手上。而這一過程在歷史的過程中，竟然沒有任何文字記載。這些保存下來的信條，讓我今天也能聆聽到的。之前已經歷盡千山萬水，跋涉無數，飄飄然兩千年過去了，仍舊如

故。絕不是僅靠運氣所能解釋的。

我想，當我們在教堂裡聽到《聖經》的朗讀時，心靈中若能更多地感懷一下此般思緒的話，會覺得更加有趣，為這一切非同尋常的本質而感到驚訝與感動。但很多人卻理所當然認為這是自然而然的事情。也許，我們嘗試去安靜地冥想，亞基布這個名字以及他所做的事情，在充滿心機、計畫、希望與興趣交錯的大腦中，蕩起層層漣漪，難以交融，更難說去改變些什麼！毋需多少思想，即可有此番思緒。那些艱苦「取經」的過程，很多書籍都有涉獵。我們只需自問一下，就會彷彿置身於黑暗的過往，基督教的光芒從茫然混沌黑暗的大地上，悄悄冒出來，分布的很疏散，慰藉了成千上萬人的希望，帶給他們生活的真諦，細聲訴說著生命的祕密與永恆。世界轉變的步伐是蹣跚的，生活以及生活的煩憂重重地壓在你我的肩上。就在此時，上帝派來了諸如聖‧保羅這樣的人，告知我們，生命被無形的鏈條緊緊拴住，從我們熟知的朋友與鄰居到那些帶給我們莫名恐懼與希望的素未謀面的人身上，都是如此。接著翻著手中古老的文字記載，呈現出一幅人類在歲月中緩慢前進的冗長歷程，極盡視聽，只為追尋這封信箋中傳遞出的光明與聲音。渺遠的思緒與情感將我們緊緊抓住，朝著黑暗的更深處、更遠處跋涉，在上帝的心房裡找尋最終的歸宿。

凡人無法永恆？（ARCHIPPUS）

詩人的意義
(KEATS)

長途旅行前的幾天，我在一間書店買了一冊濟慈[024]的詩歌集，一口氣讀完。世上還有比這更為出色的文學「演出」嗎？濟慈在長時間飽受疾病的困擾，只活到 26 歲，但卻創造出如此不朽純美的詩歌。這絕對是一個極為獨特罕見的現象！

我這樣狼吞虎嚥地閱讀一位詩人作品的做法，肯定會遭人詬病的。誠然，閱讀詩歌的正確方法，通常就是懷著悠閒的心境慢慢咂，如品茗一樣觀其色、品其味，在腦海中一遍遍地回味，用心去汲取，這樣方能品悟詩中詞句的味道。

而若是對一個詩人已然很熟悉，那麼偶爾快速閱讀也是很有趣味的，讓讀者對詩人有一種全新的感知，就好像坐在飛馳的電動車上，走馬觀花地看著周圍的景色，而之前只能徒步去領略。一天，我乘著電動車觀看從小就很熟悉的鄉村景色。回想當年，我曾與乳母坐在速度緩慢、造工簡樸的篷車上，慢悠悠地經過這裡。此刻的飛馳似讓我有醍醐灌頂之感。記憶中，我們慢慢地走著，經過一些藤蔓花樣，但看不見整個風景的全貌。坐在電車上，我看到景物間原先很多我所不知道的未知的連繫，讓我感覺親近。之前，我一直覺得那是一片廣袤與神祕的地方。兩次漫步後，我發現這個地方原來遍布矮小的灌木叢與一環環的樹帶，分隔著條條道路。以前，我認為分隔的兩個森林，最後竟然合而為一，沿著林地同一條狹小環帶向前延伸。

---

024 濟慈（John Keats, 1795-1821），英國傑出的詩人，也是浪漫派的主要成員。代表作有〈夜鶯頌〉（*Ode to a Nightingale*）、〈希臘古甕頌〉（*Ode on a Grecian Urn*）、〈秋頌〉（*To Autumn*）等，與拜倫、雪萊齊名。

因此，快速地將一位詩人的作品一字不落地看完，就會覺得抒情詩與讚歌乍看不同，實際上只是同一株植物生長出的旁系而已。同時，讀者也不禁會想到，詩人上承下啟之間的連繫，以及天才濟慈的家族系譜。之前，我從未察覺到在〈海柏利昂〉（Hyperion）裡，濟慈竟有幾分米爾頓的影子。我驚訝地發現，濟慈對於後世兩位與他風格迥異的詩人 —— 丁尼生與威廉・莫里斯產生了深遠的影響。也許，其中存在著某些神祕與距離吧，但卻因彼此間的某種聯合感與個性而讓他們都大有收穫。

無論怎樣，濟慈身上厚重的神祕感一如往常。這位在中產階級家庭環境下成長的天才男孩，周圍都是遠遜於他的同齡人，市郊讓人壓抑的氣氛在他日後的信件中時常被展露出來。到底他是如何一飛沖天的呢？難道他遙想著遠古的夢境，神遊於妙不可及的境域之中？更讓人驚嘆的，是他竟能將這些夢境表達出來。這位男孩作詩運字時，嫻熟自若，心情愉悅，沒有腹稿或是訓練的痕跡，看似不需思索、不需苦吟，不需多慮，就能一筆揮就。讀者不禁懷疑，難道真的不存在人類精神某種前世的祕密？濟慈的想像絕非一概氣勢如貫的，〈恩底彌翁〉（Endymion）一詩就顯示了他想像力的某種程度的貧乏，但是濟慈巧匠的技術與本能的藝術感，依然讓人嘆為觀止。

我閱讀的這本小詩集，只不過從詩人恢巨集作品中收集一些碎片或殘屑罷了，其中包括他在書信中隨手而為的打油詩、讓人恐懼的戲作〈奧陀大帝〉，乃至純粹讓人震驚的〈小丑的帽與鈴〉。這些作品無一不將荒誕的臆想與庸俗的幽默混雜起來，讓人頗感心痛。我覺得，這些內容不應該被再版。因為缺乏辨別力的讀者會混淆起來，認為這些內容也同樣具有較高的藝術價值。我時常在想，要是濟慈得知自己寫的這些瑣碎、私密的內容與他的詩歌混在一起出版，必定會在恐懼與羞恥中打滾，無從掙脫。就個人而言，我樂見這些內容的存在，因為這彰顯了濟慈某種自我批判能力。更為重要的是，這些內容的出版讓我們可在一定程度窺探他心靈的全景：他的熱情、歡樂與放任不羈。

但是，濟慈的一生又是在悲劇中度過的。顯然，濟慈因為照顧自己的殘疾兄弟染上了疾病。當時，誰也不知道他兄弟所患的病具有如此之強的傳染性，長時間的旅途造成他身體疲乏，也濟慈又無視飲食與健康的法則，這些都加重了病情。接下來，濟慈狂熱愛上了一個平凡的女人，兩人才華懸殊。坦誠地說，此女是一個輕佻之人。羅馬喧囂廣場附近的高樓是他人生最後的一站，他感到深深的絕望，每天與死神進行著殊死的搏鬥，內心難以抑制的想像與狂熱的愛相互牴觸，深深折磨著他。最後，他淡然地揮揮手，勇敢地走向了永恆的未知。

　　若是過分關注於詩歌的思想及詩句所蘊含的美感，就很容易陷入憂鬱無望的反抗之中，為命運如此無情鞭笞菁華正茂的人生而倍感憂傷。若是人們任著性子去指摘這些悲劇，這必然是對人生意義某種毫無信念的誤解。倘若我們相信永恆，相信人生閱歷與個人需求存在著某種正比例的關係，就會為死亡的尖銳而渾身觳觫。也許，我們能與詹森博士感同身受了，即人躺著死，這是讓人覺得可悲的。但我們必須去相信，在生命狂野、哀傷的前奏曲中，隱含著讓人倍感振奮的祕密。讀者必須做好這樣的思想準備，即濟慈殉難時是幸福歡欣的。當熾熱燃燒的火焰在角落逐漸黯淡，他的心靈獲得了只有死亡才能賜予的快感。

　　但這涉及到信念與希望的領域了。讓我們捫心自問，到底應如何看待濟慈或諸如濟慈這樣的人帶給這個世界的遺產呢。世人賜予一位享年甚短的詩人如此崇高的聲望與無盡的感激，到底意味著什麼？濟慈的詩歌仍在不斷被重印，生平軼事被人一寫再寫，甚至連信件中最為瑣屑的內容都被如獲家珍地加以翻印，很多至為平凡的紀錄也被徹底地搜尋了一番，以便讓世人從過去遺忘的記憶中將他拉回來。若是今日公爵、政治家、軍事家乃至廷臣們等名流，能預測到他們所取得的成就、進展乃至語錄都將被世人遺忘，扔進不起眼的角落，而世人仍急切地想要挖掘那位困頓於馬房、深受疾病困擾的詩人最無聊的八卦時，不知他們會作何感想呢？

　　這不同尋常的事實說明了什麼？為什麼世人想要如此溫柔急切地抓住

詩歌作者的記憶？而當他們恰似晚上冉冉升起的星星之時，卻沒人多看一眼。在這位詩人想獲得世人羨慕與尊重的時候，卻是「門前冷落鞍馬稀」呢？在想像與表達藝術的領域裡，必然存在著某種讓世人覺得可親可愛的特質。人類精神最為關注的，無疑是為在世俗顛沛的人生中備感疲乏的自我找尋一個庇護所。即使自私的物質主義者矮化對美感汲汲的追求，或是在情感與感懷間敷衍了事，然後訕笑而過，也無所謂。因為，世人最終還是站在情感這邊，選擇與拓展我們心靈視野與感覺的人站在一起。讚美詩有言：「讓我轉過身吧，唯恐窺見自己虛榮的影子。」但一位如聖·奧古斯丁[025]一般的詩人，在對光線之美發表了一番精緻的寓言之後，「卸下無盡的偽裝，緩從我身邊經過」。在寓言結尾時，我們只能祈禱自己只是純粹出於誘惑才這樣做。雖然，人無法在形式與顏色的觀感中逗留片刻，但當人們越深入地體會諸如阿西尼城的聖·法蘭西斯這類的道德家，就會越感覺他們並不像嚴苛的暴君那樣自以為掌握了真理，而散發出一股具有力量的美感。一旦為世人所感知，就再也不會失去對美的愛。

我覺得這就是濟慈讓人懷想的祕密所在。靈魂必須穿越看似絢爛且富有魅力的階段，直到愛上真實與純美。最後，人們可以如華茲華斯[026]談論職責時所說的：

「嚴厲的立法者！你的臉上
流露著上帝般最為仁慈的笑容；
世上最公正之物，
難以媲美你臉上的微笑。」

025　聖·奧古斯丁（St. Augustine, 354-430），古羅馬帝國時期基督教思想家，歐洲中世紀基督教神學、教父哲學的重要代表人物。

026　華茲華斯（William Wordsworth, 1770-1850），英國湖畔派詩人的代表，傑出的浪漫主義詩人，代表作有〈孤獨的割麥女〉（*The Solitary Reaper*）等。

小狗羅迪
（RODDY）

羅迪只是一隻狗！是的，牠是我們家中唯一一位從不生病或心存遺憾的成員，總是樂於與人相伴，從不怨恨誰。牠所期盼的，只是主人的愛。倘若牠被懲罰，心中所想的也只是寬容而已。牠從不缺乏耐心，不會感覺受到了傷害或是煩躁。若是被別人不小心踩到了，牠也會覺得別人是無意的，很快就會予以寬容。當牠看到主人離開時，神情憂鬱；當主人歸來時，牠又歡欣雀躍起來。這些都只是牠的真實寫照罷了。

6年前，羅迪來到我們家的時候，一幅柯利牧羊犬的模樣。那時，牠沒受過什麼訓練，一開始也不相信我們會善待牠。牠有著一雙褐色的眼睛，表情豐富，一身銀白與棕色相間的毛髮，喜歡搖曳著尾巴。不到半年，牠就成為這個地方人見人愛的小狗啦。牠學會了許多把戲，就像一個好動的小孩，急著要吸引大人們的注意，想要炫耀一番。牠學會了一兩種能力，我對此始終無法理解。比如，無論怎樣將手指交叉，牠都能分辨出哪根手指是左手的，哪根是右手的。我還從沒見過一隻如此順從的狗。牠與貓、小雞、家禽以及白鴿都成為朋友，甚至與孔雀都打成一片。唯一讓牠感到悲傷的，就是牠的這些夥伴獲得了比牠更多的關注。此時，牠會用嘴扯著主人的外衣，舔著主人的手。當主人給予牠撫慰時，又馬上高興得活蹦亂跳。牠是一隻很敏感的小狗，生性極為羞怯。路旁的一些地方，是牠從來都不敢經過的。因為，牠曾在那裡與一隻陌生狗相遇，牠悄悄地溜走，彎轉了一圈，最後還是與那隻狗一道行走，並為自己長久以來的缺席，深表歉意。牠曾與我一道經過附近一扇農舍大門，牠將頭伸進去，結果卻被裡面的一聲犬吠給迎面喝住了，牠徹底被震住了。牠急忙跑到我跟

前，臉色發青，渾身觳觫，眼神充滿了恐懼，似乎對這個世界還存在如此恐怖的東西感到不可思議。在附近的一座農場裡，牠曾被一隻老母雞追趕，不顧一切地逃命。

有時，牠一出去就是幾天光景。我們想，牠可能只是跑到不遠處的農場，與牠的小狗朋友結伴去玩了，因為牠總是喜歡回訪。我的姐姐用帆布在牠脖子上縫了一條圍巾，上面寫著「寫給那些羅迪光顧過的家」。下次當牠回來時，脖子上多掛著一個叮噹。我們從未想過牠會被獵殺或是捕捉。但牠確實很喜歡到附近的林地閒蕩，很喜歡與住在牲畜棚裡那隻可愛的小混種狗一起玩。當別人知道這點後，混種狗托比就在早上自由外出，此時羅迪則被拴住。之後，當托比被拴住時，羅迪就可以整天自由了。

就這樣，快樂的時光慢慢地溜走了，歲月年復一年地翻過。歡樂與悲傷都曾光顧這個家庭，留下深深的痕跡，唯有羅迪能免於歲月的憂傷。牠傻傻的，不知世間人事變遷。在悲傷不幸的日子裡，看到牠心靈地平線仍升騰起曙光，給人深深的安慰。牠所要求的，只是主人能將餵食的盤子裝滿。牠會對著一扇關閉的門輕聲吠著，希望主人陪牠去散步。曾記得過往我身體羸弱的時候，看著牠蜷縮在我腳下，下顎緊貼在地毯，眼睛半睜，微微向上，注視我的一舉一動，似乎在蓄勢待發，一聽到我的聲音，就準備恢復生氣；或是慵懶地嘆氣一聲，緩緩地沉入夢鄉。

一個月前，牠在黃昏時分不告而別。第二天早上，一位磨坊工人據說還見到牠的身影，當時牠正沿著大路慢悠悠地踱著步。這就是我們得知關於牠的最後消息了。

對於所發生的一切，我不會過分傷感。傷感只是並不悲傷的情感誇張的版本而已，純屬多情。但這並沒有任何多情的成分。只是每當轉過彎角，我都會想起羅迪。有時我出差回來，卻再也不見羅迪蹦蹦跳跳地走過來，歡聲地吠叫的情景了。餵食牠的盤子被收在架子上某個角落，拴住牠的鏈條也在牲口棚裡生鏽了。我每次外出散步時，都會四處張望，嘴唇不

經意呢喃著羅迪的名字。當走到轉角處時，我都要向後回望，看看羅迪是否緊跟在後面。

牠到底出什麼事了？唉！我想牠是出事了。我甚至安慰自己，想著牠是被人拐走了。因為無論牠到哪裡，都會愛別人，受人喜愛。也許，牠的腦海會掠過一絲疑惑，牠原先的老朋友現在到底過得怎樣了？

但在人類的世界裡，遊戲的規則依然如故。此時，雛雞正處於生長的關鍵期，守護者會變得警覺與心狠手辣。我想像著羅迪鑽進了林地裡，一隻兔子從河岸邊羊齒植物下的沙洞裡冒出頭來。於是，牠們兩個就歡悅地玩起了追逐遊戲。羅迪開始在鬆軟的土壤上刨著洞，牠是那麼地專注，根本沒有注意到守護者已悄悄地穿過了歐洲蕨叢，然後緩緩地提起了槍……

唉！我真心希望，若事實真是如此，這一槍直接結果了牠吧。羅迪躺在泥土上，茫然無解，渾身抽搐。也許，鮮血從牠褐色的眼睛汩汩流淌而下，在生命的最後時刻裡，牠必然是充滿疑惑，腦袋天旋地轉般昏眩。

沾滿泥沙的爪子無力地一撅一撅著，就再也不動了。然後，牠被迅速掩埋了。棕色的四肢，一個小時前還那麼具有活力，現在就被整齊地合在一起……由大地復歸大地。羅迪躺在這片牠熱愛的林地裡，明月繞過山崗，來與牠作伴。不久，雨點滴答滴答地灑在大地，捲曲的毛髮與逐漸腐化的骨頭，深深長眠著。

我想，沒人應受到指責，守護者只是遵守命令而已。一隻偷食的狗是可惡的。那時，人類所有的愛與甜美的話語都化成一縷風，正如那些喜歡狩獵者獵殺一兩隻兔子，或是更多，絕不讓自己空手而歸。維繫人類這樣做的體系，必然是出現了某種問題，雖然很難去說個明白。

我想，人還是不要去養狗吧！我們難以向牠們解釋人類在甜言蜜語與輕柔愛撫之外，那難以言喻的殘忍。牠們離去之時，留下深深的隔閡，安靜的可怕，心靈是那麼的受傷！我曾數十次駐足，來回踱步，回憶著羅迪蹦跳地越出高高的草地。我曾多次站在打開的大門旁，停步於敞開花園的

門閂，在花壇邊，在灑滿陽光的草地上，四處張望，傾聽著，希望著，但始終不見羅迪的身影……

死亡的模樣
(THE FACE OF DEATH)

今天，我翻看過往的日記，偶然發現一篇日記記錄著多年前在瑞士的一次經歷，內容主要講自己直面死亡的過程。我所說的是死亡的「必然性」，而非「可能性」。我想，站在親歷者的角度來闡述，也許會讓讀者感興趣吧。我將盡可能詳實地講述這個故事。日記的記載很詳盡，因為是在事故發生的第二天就記錄的。我不想在日記的基礎上增加任何細節。事實上，我還刪除了一些毫無必要的細節。

1896 年 8 月，我與一位名叫赫伯特・塔坦的朋友一道待在貝爾・阿勒普。讓人感到悲傷的是，他後來在阿爾卑斯山丟了性命。我們之前一起爬過很多山，也經過不少登山訓練。我必須提一點，一兩週前，在離飯店不遠的同一個地方，曾發生了一起致命的事故。死者是一位老年人，我想他應該是位律師吧，名字我忘了。他在攀爬陡峭的岩脊時腳底打滑，摔落下去，一命嗚呼。

事故發生在我們即將要離開的時候。那天，我們起得很早，然後就去攀爬離飯店不遠處一個名叫恩特・巴赫・霍恩的岩石峰。攀登的過程並不是很難。天氣晴美，我們一行人都顯得精神飽滿，神采奕奕。我們離開了岩石層，穿越恩特・巴赫・霍恩的冰川。冰川下面有一片茫茫的草坡，望過去冰川似乎很平整，沒有任何明顯的裂縫，只是表面上偶爾拱起的一些冰雪，那裡的坡度有點陡。我們一行人身上都纏著繩索，嚮導克萊門斯・魯彭走在前面，我在中間，塔坦在最後。雪有點鬆軟。我們行進的步伐很穩健，我突然看到冰川左右兩邊的痕跡，發現我們實際上正走在隱蔽的裂縫帶上。在思考的瞬間，腳下的雪突然下陷。我一腳剛要跳開，但另

一隻卻踩空，我就像一個厚重的麻袋暫態懸停在冰層的洞口下。我的第一感覺是有點搞笑，想著自己應該很快就可以被拉上來。當和我一起落下的雪從我身旁飄過時，我才看清楚自己所處的環境。我被懸吊在一個很寬廣的藍色隙縫的頂端，就像懸在大教堂的拱頂上搖擺不定。借著微光，我見到裂縫處延伸得很長，離我左邊也許有 80 碼吧，離我右邊的距離則不是很遠。深溝下面橫跨著許多冰橋，也許離我有 10 英尺的距離吧。我環視左右，卻沒有任何可直接落腳的地方。冰層裂縫的頂部似乎有一股淡綠的顏色，一直延伸到黑漆漆、望不見底的冰溝下面，隱約聽見水流在下面流淌。我掙扎著讓後背緊緊貼著一邊的冰層，腳抵著另一邊。但是裂縫處太寬了，冰層既堅硬又平滑，我的整個身體不斷往下沉。我找不到任何支撐點或是可借力的工具，我嘗試用尖棍往冰層裡插，可冰面實在是太堅硬了。這些動作真的很費力。我被捆在手臂下的繩索懸在半空，感覺自己這樣支撐不了多久。

我的身體空空地懸著，頭離冰層頂端有 4 到 5 英尺的距離，嚮導在離冰層裂處還有一兩尺的地方將我往上拉。不幸的是，我的頭上就是厚厚的冰層，所以他每向上拉一次，我就與冰層來一次「親密接觸」。

嚮導大聲吼著，讓塔坦走到裂縫邊。我聽到他迅速跑來的聲音，抖落的雪花打在我身上。他們齊力向上拉我。不巧的是，我的左臂夾在兩條繩索間，這樣一拉讓左臂頓時失去了知覺，還不時碰撞到上面的冰層。所以，我擔心自己的左臂會斷掉。他們每拉一次，縛在我身上的繩索就縮緊一次。我聽到嚮導一邊拉一邊發出哀怨的聲音。他們不時大聲地對我喊，說很快就會把我拉出來的。

突然，我毫無徵兆地陷入到可怕的昏眩。我之前一直頂著冰層的膝蓋突然滑落，一下子又掉了幾尺。我又被拉上了一些，膝蓋再次頂著冰層，突然又滑落了，又往下掉了幾尺。這樣的情形反覆了四五次左右。

然後，上面似乎就沒有什麼動靜了。接著，塔坦來到離裂縫處更近的

地方，用斧頭將裂處邊緣的冰塊砍去。冰雪落在我上仰的臉龐，有些甚至落入我的口中，讓我一下子又清醒了一些。不知是因為雪花填充了襯衫與外套之間的空隙，還是因為繩索不斷拉緊的關係，我右手也失去了知覺。帽子被抖落了，我看見自己的雙手與我的臉孔處於平行的位置，青筋暴起，一片慘白。尖棍也從我手中滑落了，我僵硬的手無法將其握住。我意識到自己被緊緊勒住了。我大聲呼喊塔坦，告訴他自己的境況。但他似乎聽不清我說的話，或是根本無法讓嚮導明白我的意思，因為繩索還在不斷地拴緊。我之後才知道，當時存在的危險在於他們不敢過於靠近裂縫邊緣，因為那裡的冰層很薄脆，若是他們其中一人不小心掉下去，上面的另一個人是不可能拉起我們兩個人的重量。那樣的話，我們三人都將必然掉落到深淵。

突然，我覺得自己必死無疑。我覺得自己不是被活活絞死，就是會失去意識，鬆開越拉越高的繩索。奇怪的是，我沒有一絲恐懼感，只是對自己如此死去依稀感到莫名不解，想像著掉下去的話是否會直接結果我的性命。沒有任何臨死的善言閃過我的腦際，我也沒有回憶過往的人生或是諸多的失敗。我只是覺得，在相同的地方將會發生第二起致命事故。我的腦海閃過了我的親人，念起了我擔任校長的伊頓公學，想著誰將要入住我的公寓，我的學生聽到我的死訊又會有何感想。我記得自己當時還猜想著死亡的模樣。但很快，我就失去了意識。血管就像榔頭一樣重重地敲打著大腦，耳旁響起了震耳欲聾的呼嚕聲，我迷糊中覺得這可能只是自己氣喘吁吁的呼吸聲。我睜開緊閉的雙眼，發現裂縫處彌漫著我呼吸出來的氣霧。此時，我不知他們在上面做什麼，突然又有一陣冰雪滾下來。接著又是一陣寂靜。我顫抖的雙腳想抵住一邊，但始終無法挪動。然後，我想自己又失去了一陣子知覺。我最後的一個念頭，就是期待一切能馬上結束。

正如之前所說的，我不知道也不關心他們在上面做什麼。我只感覺到自己失敗的人生，然後獨自一人在黑暗的海洋裡潛游。突然，大腦的嗡嗡

聲響之前沒有那麼頻繁了，我知道自己還活著。接著，上面又是一陣緊緊的拉扯。我被拉出了裂縫，看到了冰川與上面的平原，感覺到了太陽的溫暖。我看到他們兩個拚命地拉著繩索。我努力地將雙腳貼在縫隙的邊緣，然後猛地一蹬，整個身子就出來了，僵直地臥在冰面上。嚮導因為過於興奮突然鬆力，失去了平衡，臉頰也貼在冰面上。

接著，就是最為古怪的心靈體驗了。躺在冰面上，我沒有感覺到任何一絲心靈的寬慰與快意。我感覺有一種被痛苦激發出來的復原能量，似乎從沉睡中甦醒了過來。我甚至依稀盼望，自己不要重新回復生命，似乎這就讓死神的工作功敗垂成一樣。我看到他們兩個都是一臉蒼白，他們的處境實際上比我艱難許多！嚮導在哀怨著，留下了欣喜的眼淚，緊緊地抱著我，臉頰貼著我臉，拉著我的手，然後又擁抱了我。我之後才發現他冒著生命危險救了我。他來到裂縫邊緣，用斧頭將阻擋的冰層砍掉。不這樣做的話，我是無論如何都出不來的。要是冰層斷裂或稍有失足，三人必定同歸西天。我全身麻木，瘀傷遍體，雙手也被冰層邊緣刺傷，雙膝青黑。幾個星期後，我的後背上還殘留著繩索留下的痕跡。我想，從我失足到被救起來，大概有 20 分鐘的時間吧。在這段時間裡，我並沒有感到恐懼，只是覺得有點口渴與倦怠，但我一時將嚮導稱為菲利斯，因為我之前的嚮導就是這個名字。5 分鐘後，我們就沿著家的方向，走下冰川。我一點也不覺得那段時間顯得有多漫長。如之前所說的，我並沒有痛苦的感覺，只是有昏眩與不適的感覺，壓根沒有感到恐懼或是閃過死亡的影子。事過之後，我才逐漸感覺自己是多麼幸運。

是夜，我身體發燒，渾身不適，但很快入睡，且不見死神的身影。這次事故並沒有帶給我身體任何傷害或是神經上的損傷。我想，事故發生得如此突然，來不及感受痛苦，以致神經系統並沒有受到特別的傷害。我手上傷口復原的速度超乎想像。有人告訴我，這是因為造成傷口的是純潔的冰雪，沒有受到任何金屬雜質的感染，所以才好得這麼快。我記得，第二

天克萊門斯過來探望我時，說到塔坦前晚一直被噩夢驚醒，之後連續幾夜都心有餘悸，難以安寢，「擔心著我心愛的朋友」。

　　這就是我死裡逃生的故事。奇怪的是，這與我之前對死亡的想像風馬牛不相及。面對死亡，內心的簡靜，尋常的思想，湧上我的心間，不見任何傷感成分，也沒有戲劇化的轉折或是情感的渲染。也許，這本身就是情感的一種展現吧。但我卻覺得，情感時常是在反思之後才生發的。事實上，在歷經人生中最為緊急或是悲傷的時刻，人是根本不會意識到其本身是否緊急或悲傷的。

死亡的模樣（THE FACE OF DEATH）

冬蟲夏草
(THE AWETO)

一天，我與幾位朋友一起共進晚餐。晚餐後，主人說他有樣很讓人驚奇的東西要給我們看。他走出飯廳，一會就帶來了一個藍色的盒子。他小心翼翼地打開盒子，裡面有一條三寸長乾瘦萎縮的毛蟲。毛蟲的頭部伸出了長長的觸角，長度至少有毛蟲體長的兩倍之上。當時，有人說這長長的觸角對毛蟲來說，必然會造成了極大的不便，純屬多餘的附屬物。主人大笑著說，這的確給毛蟲造成了極大的不便，但幸運的是，牠並沒有意識到這種不便的存在。他告訴我們，這種毛蟲是極為罕有的。據說，這是源於紐西蘭，被稱為冬蟲夏草。這種毛蟲在地下生長，習性不詳。關於牠是如何繁衍後代，或是要發育成什麼模樣，沒人知曉。牠是以蠶食地下的種子為生，但有一種特別的種子或是孢子是牠所無法抵抗的，只要一見到，就想要吃。但牠卻難以完全吞食這種種子，也無法加以消化。種子梗在毛蟲咽喉這個極適宜牠生長的位置，很快就會發芽。種子的萌芽會穿透毛蟲的腦殼，而根部則植根於毛蟲的身體之中。冒出來的植物就像細嫩的燈芯草。關於這種植物為何物，人們也是知之甚少。但似乎這類種子被這種毛蟲發現且吞食之後，以毛蟲的身體作為媒介，然後才會冒芽。我說，這讓我想起了《愛麗絲夢遊仙境》（*Alice in Wonderland*）中那隻喜歡食物的蒼蠅，專門以變餿的茶葉、麵包與奶油為生。愛麗絲問叮人小蟲，要是牠找不到任何這類的食物，牠們會怎樣。叮人小蟲回答說牠們會死去。愛麗絲說，這樣的情形必然是時常發生的。叮人小蟲回答說：「時常發生。」冬蟲夏草形成的故事顯得如此「心血來潮」，似乎在說明一個道理，即大自然有時也會開一些不負責任甚至殘忍的幽默玩笑。如此獨特的食物鏈的存

在，似乎很難單靠運氣為繼。但這卻仍頑強地生存在著，雖然讓毛蟲如此不適的「安排」並不值得大自然去做這番創造。但造化依然！「夏草」仍將種子撒播在地下，期盼著某隻「冬蟲」不經意路過，然後做牠該做的事情。而若是那些「幸運」的「冬蟲」在地下生存的過程中，始終沒有遇到這類特別的種子，那麼牠也許就能快樂無憂的過完一生，然後自然地完成應有的轉變。

主人說，他相信牧師曾利用冬蟲夏草形成的過程作為布道的材料，在維多利亞女王面前津津有味地講解。女王對此深感興趣，派人從自然博物館中取出一些樣本來觀察。我發現在這個過程很難扯出什麼人生深意來。站在「冬蟲」的角度，「可憐」的牠必然要繼續生存。要是沒人詳細地告訴牠的話，牠也是很難發覺，原來那種特別的種子有如此讓人討厭的生性。我們也很難想像，即使「冬蟲」發現了這點，牠就會因此離開地洞，然後跑到最近的「醫療處」去尋求「救助」，一如古老故事中那只腳上長出荊棘的獅子向安德魯克里斯[027]求助。另一方面，若是「冬蟲」得知一些種子有催吐的作用，會使痛感得到緩解的話，就會小心翼翼地儲存這類的「藥物」種子，以備緊急時使用。

但我認為，這個例子會被應用到某些人過分沉浸於一些看似無害與自然的錯誤之上。因為，這個例子最根本一點，就是「冬蟲」如很多動物一樣，不知道這類特別的種子不宜去吃。

在我看來，這個例子指出很多好人常犯的一個錯誤，就是喜歡對他人吹毛求疵。乍一看，這是很高尚與很負責任的做法。倘若你深信自己是正確的，確信自己所持立場堅不可摧，洋溢著道德的情操，接著你就開始滿懷真心，言語間充斥著箴言與諄諄教誨，似將深入歧途的人拉上岸，讓他們獲得道德上的感化。這些人時常會說，他們真的不願意這樣做，但只是

027　安德魯克里斯（Androcles），傳為羅馬奴隸，相傳於逃入山中曾為一獅子取出身上之刺，後被置於鬥獸場中，幸遇此獅，得保其身。

受內心所秉持的信念驅使而已。誠然，有時這個世界的確是需要這樣的人站出來，激濁揚清。但吹毛求疵之人最大的毛病，就是從原則出發，然後延伸至個人的喜好上來。自以為是的人一開始會覺得，他們運用時間的方法，所從事的工作，所享受的娛樂乃至喜歡的食物，這些都不是屬於個人喜好的範疇，而是上升到了美德與高尚的高度。若是這些人喜歡喝茶的時候來點果醬，就會說水果完全是有益的；而喜歡果醬的這種口味則是很簡樸與清淡的。若他們不喜歡的話，就會說這純屬浪費，奢侈鋪張，人們不應該吃這些食物影響正常的消化。若這些人喜歡到劇院，就會說觀賞戲劇是一件高雅與激發靈感的事情；若他們不喜歡，就會說這浪費時間，只會產生不良的影響，讓人難以專心，甚至還會導致道德上的墮落。隨著年歲的增長，這些人會變得讓人難以忍受，與他相處的人都會深感拘束，難有自由。在他面前，別人不敢說出內心真實的想法，生怕會招致他的不滿。燈芯草的尖頂逐漸從地面冒出，而根系則扎在「冬蟲」的身體之上！也許，吹毛求疵之人後來結婚了，家庭讓他產生了憐憫之情，性情變得隨和與大度，從原本讓他極為反感的事情中看到了美好的一面，再也不從別人的不悅中暗自偷樂了。

　　而讓人遺憾的是，這些吹毛求疵之人基本上都是善良之人，只是被自我主義情感蓋住了。生活中亟需要做的一件事，就是要區分原則與個人喜好之間的差別。若是堅守某些原則，最好就是以行動來展現出來，要相信「身教」的作用，而不要如狄更斯所說的，「以激烈的言辭，讓別人走上緘默的道路」。

　　那些吹毛求疵之人常說，予人讚賞是無益的，認為在教養小孩的時候，絕對不要對他們表現出來的無私、自制或是堅忍而給予讚美。他們給出的理由是，這樣會讓人的成長過分依賴於別人的讚美。但換個角度，是否可以說一個總是被責備的小孩，從未獲得父母或老師的表揚，就更容易思想呆滯、心灰意冷，以致絕望地放棄自己，因為無論他做什麼，都只有

錯的份。在我擔任校長的 20 年的時間裡，我發現，適宜的讚賞是這個世上最催人振奮與給力的方式之一。而漠視它，則是故意拋棄這一最兼具強韌與具有美感的自然與道德過程。

　　不經意間，話題遠離了「可憐」的「冬蟲」以及無情的「入侵者」。對某事進行過分的引申，頗讓人感到遺憾。我認為，在自然過程與道德過程之間過分自由地進行類比，是錯誤的。自然過程的本質，在於其不可避免性與不移意志為轉移。任何後天的「教育」都不可能讓「冬蟲」在選擇食物時，變得更加明智。而道德過程則是一種選擇的能力，無疑會受到環境與遺傳的限制，但卻扎實地存在著。但這隻「可憐」的「冬蟲」只是一個寓言故事，象徵著日常生活中發生在我們周圍的很多悲傷的事情。但若是我們能轉換一下角度，站在燈芯草的立場來看，就會覺得「冬蟲」屬於那種無私奉獻類型的「人物」了——毫無保留、心甘情願地將「交付」自己的身體，讓種子在此生根發芽，最後冒出青綠的尖，充滿朝氣，在溫煦的陽光與清新的空氣中搖曳著美感。

我家的老保母
(THE OLD FAMILY NURSE)

　　我們都叫她貝絲。貝絲生於西元 1818 年，她至今仍深深銘刻在我們心中。她在聖母學校接受了少許教育，學會了如何寫字與閱讀。稍稍長大了一些，她就開始學習縫紉，大聲地朗讀書本。她時常說，學校那段時光十分快樂。但誰見過貝絲不快樂的時候呢？她身形瘦削，但應對日常的工作還是綽綽有餘的。

　　1834 年，那時她 16 歲，成為了我家的保母。當時外祖父威廉・西季威克擔任斯基普頓語法學校校長。外祖父身體孱弱，很年輕的時候就去世了，留下了曾外祖母以及 6 個小孩，其中兩個孩子夭折了。後來，全家在拉格比這個地方安定下來了。貝絲將剩下的 4 個小孩全部撫養成人 ——他們分別是威廉・西季威克，曾任梅頓的輔導員；亨利・西季威克[028] 是劍橋大學的教授；亞瑟・西季威克[029] 曾任拉格比學校的老師，後來成為牛津大學考帕斯學院的輔導員；還有就是我的母親了。1852 年，父親來到拉格比擔任老師，就與西季威克家族成員住在一起。因為，若按輩分來算，他算是表親。父親在 1859 年結婚，之後就到威靈頓學院出任院長。貝絲是在 1860 年跟隨過來繼續從事保母工作的，帶大了我們幾個兄弟姐妹。後來，她又跟隨我們來到林肯、特魯羅，之後又到了蘭貝斯，繼續履行管家的職責。家父去世後，她就與我母親住在一起，精神依然矍鑠，充滿活力，直到 90 歲高齡仙逝。在她人生最後的 18 個月裡，都只能臥在床上或坐在沙發上。儘管深受疾病困擾，她仍保持著快樂的心態。她喜歡閱讀與

028　亨利・西季威克（Henry Sidgwick, 1838-1900），英國哲學家、經濟學家。亞瑟・本森的舅舅。
029　亞瑟・西季威克（Arthur Sidgwick, 1840-1920），英國學者、博物學家、政治家。代表作：《教學與創作》、《希臘散文講座》（*Introduction to Greek Prose Composition*）等，亞瑟・本森的舅舅。

聊天，笑迎所有訪客。1911 年 5 月 5 日，她咽下了最後一口氣，活像一個疲憊的小孩，沉沉地睡過去了。

所以，她為我們家服務的時間，接近 77 年之久，期間傾注了她所有的心血與愛意。她的房間就像一個畫廊，堆滿了照片與圖畫，展現了她漫長一生不同階段的風采，以及她照顧成人及所愛之人的相片。雖然她與我們沒有任何血緣關係，但彼此間的情感卻是如此深厚，分享著生活中每次閱歷與相處的時光，一道走過悲歡。我們可以向她傾訴任何事情，吐露心中的祕密。所以，她的心靈與記憶裡必然有一座充滿著愛與生活的祕密寶庫。

她是一位身形瘦小卻能幹的約克郡女人，天生良好的體質讓她保持著健康，心中總是為別人著想。她在晚年遭受嚴重的疾病侵擾，但都能戰而勝之，最後康復過來。她的臉龐透出堅毅豐富的內涵，給人一種苛刻的錯覺。我還記得第一次見到她的時候，感覺她一臉嚴屬，日後才發覺，這張臉展現出這個世上最為甜美與亮麗的表情，無言中飽含著默默的深情。她晚年的時候，已無須再擔當任何保母的工作。她對生活中一些讓人驚奇的小事中培養了獲得快樂，甚至還養成了孩童般熱情的習慣。她喜歡與別人開玩笑，拿出一副過往嚴屬的表情，嚇唬大家。與人談話時，她時常能睿智地加以反駁或是道出一些樸素的醒世之言。她為人很有原則，是非曲直絕不混淆。但面對那些所愛的人，她卻不分青紅皂白地傾注全身心的愛。她不會將自己的想法說出來，除非別人徵求她的意見。即便在此時，她也是會舉例說明，而不純粹說教。在當保母的那段日子裡，她也會遇到不愉快的事情。即使真的遇到了，她也只是默默忍受其中的委屈，不與外人訴說。若某人之前所說的話或做過的事讓她覺得十分委屈或不滿，之後也是可以很容易重獲她的好感。她從不責備或干涉我們，甚至很少與我們玩耍。有時，我們懇求她講一些小故事，但她說的基本上也只是生活一些真實的片段而已。她總是為我們著想，時刻準備為我們服務，或是為我們掃

除所有瑣碎的事情。若是我們的喧鬧讓人難以忍受，她也只是說句話讓我們消停而已；只有當我們言語不善或是蠻橫不聽，她才會罕見地發火。她從不跟我們講什麼大道理或是進行道德的說教。她會做很多禮物給我們，喜歡帶給別人歡樂，這似乎能讓她感到最大的快樂。她不會吹噓自己的成就，也不與任何人進行比較。我想，在她眼中，別人的自私、虛假或是不善等行為都是難以想像的。她喜歡自己的工作，似乎永不感到疲倦或是煩惱，總是勤勤懇懇的。她年紀漸漸增大，忙完工作之後，就會在家裡閒晃，整理那些碰巧待在家中她兒時帶大的孩子的衣服。要是有什麼破爛之處，貝絲時常會親手縫好。日子就這樣無聲無息地過去了。幾十年如一日默默忠實的服務，從不祈求別人的感激或是尊敬 —— 只要能照看她所愛的人就很滿足了，全身心地照料他們。他們感到高興，就會讓她感到無比快樂。

她的待人禮節與說話都含有某種不卑不亢的自尊。無論在蘭貝斯或是阿丁頓的大房子抑或之前古樸的老房子裡，她都一樣自如。別人對她也懷著天然的敬意與尊重。她曾接觸過很多著名人物，依然表現出有節有度的簡潔與禮貌。她曾在威靈頓學院的接待室裡受到維多利亞女王的接見，以簡明的語言回答女王友善的提問，尊稱她為「女王陛下」。在她晚年的時光裡，主教或是院長都會來她的小房間來看看，她依然表現出一貫的友善與自然，不卑不亢，視他們為常人。她從不占有別人的時間或希求別人關注的目光。若是家裡有人，她就會過來說句話，看到那些她曾照顧的孩子又回到家，這帶給她無限的滿足。很多年前，當我要離開家到外地工作，最後回眸的情景讓我至今難以忘懷：貝絲在她房間的窗扉前揮舞著手帕，向我道別，然後又懷著愛意重返工作，默默地為我的遠行祝福。家父去世後，有段時間家人都各奔東西了，她也待在約克郡的親戚家裡，忍受著思家之苦，見不到過往熟悉的臉孔，讓她深受折磨。聽到我的弟弟赴任助理牧師時要經過她所在的鎮，她竟獨自一人來到倫敦的終點站，只是為了見

一下弟弟，含淚說著幾句祝福的話語，最後依依不捨地回去。

這一切是多麼的讓人感到驚奇呵！她仙逝時，我內心那種無所依靠的感覺仍然深刻清晰。感懷往日她的愛意與友善的記憶，如波浪般潛入心靈，掀起陣陣漣漪。我不想渲染什麼，只想說出自己內心的真實情感。在我看來，她的一生的確是完美的，滿懷著謙卑、美好、奉獻、責任及無限的愛！她的一生無所求，身形略顯瘦削，人生的價值卻是如此純美與真實。她毫無個人所求的念頭，慷慨大度與全心待人的素養，真是讓人甚為震撼。在我所認識的人之中，她是極少真正意識到奉獻比索取更讓人覺得幸福的人。她只求一輩子能去工作，去愛，去獲得別人的愛而已。

這一切都是如此靜美。她對事物分明的判斷力，對美好事物的熱愛，豐富的情感與淡定的處事方式，無論身處悲傷或是困頓的情景，都是那麼貼心，想著要給別人以安慰，全然沒有一絲病態或是自憐的情緒，不汲汲於自身的利益或需求。她不會自我限定工作的範圍，讓自己忙裡偷閒。她只是從未想過自己罷了。要是有事要做，她就高興地去做；若是有閒置時間，她就想著去逗誰開心。她流露出的簡樸之情，絕非一顆真摯之心戚戚於要獲得別人的讚美，而只是對生活、樸素的職責以及親愛之人的自然而然的感激之情而已。她並非沒有自己的品味或是偏愛，她喜歡旅行，喜歡風景從眼前刷刷而過的感覺。她曾不止一次隨我們到瑞士旅行。第一次看到雪山時，她驚訝地說：「這真是我雙眼所見的嗎？」她也喜歡語言之美，熱愛閱讀詩歌與好書。她晚年的時候，當別人朗讀書籍的時候，她唯一的要求就是不想聽到任何不善或是悲傷的內容。

我不知她抱有怎樣的宗教信仰，她從不談及這個問題。但她知道生命中諸如寬恕、愛、和平這些宏大字眼的意義。她深深沉浸於基督精神之中，根本無暇顧及教條之類的東西。她最不想聽到的，就是那些古老陳舊的讚歌，但還是會跟著讀本輕聲朗誦，直到我的母親對她說：「貝絲，妳已經很累了，還是去睡覺吧。」貝絲一臉倦容地說：「是的，我想睡覺，

忘記所有的事情。」

　　哎，過往的一切都已成風。她勞累疲倦的身體安躺在蘇塞克斯一個小小的教堂墓地裡。我再也見不到她彎著身子，邁著蹣跚的腳步，就如車輪在沙礫石上輾轉而過的身影了，再也見不到她眼含著淚水，向我揮別的情景了。但我始終不認為她離我遠去了。長年累月忠實的工作之後，她還是離去了，但她的心靈與精神，服務他人的願望與愛意，卻仍那般鮮活、那麼強烈。她美麗的雙手因長年的工作而變得粗糙，在人生最後的幾個月裡，卻顯得柔軟與蒼白。她時常以驚訝的神情望著自己的雙手，似乎在感慨它們失去了往日的活力與用途。但是，旁人不禁會感想，有著如她一般美好善良心靈的人，在某個遙遠的天國裡，必然會重新煥發活力，獲得新生。若是貝絲發現別人需要安慰與愛意，她都會想辦法去盡量給予，讓他人獲得慰藉與鼓勵。

　　貝絲的一生，讓凡夫俗子滿懷野心、欲念與蠅營狗苟的一生，顯得那麼的卑微與恥辱！貝絲的一生，展現了快樂幸福人生的模樣：只需簡單地生活，關愛於人，莫索於己，從工作中感受純粹的樂趣，摒棄所有苦惱與單調的念頭，心靈自然清明。貝絲的一生，彰顯了個人的愛意、滿溢的柔情與對他人的奉獻，這才是至為重要的。當所有欲念與野心逝去之時，內心依然璀璨。關於這點，無須贅述。要是所有人都能如貝絲一般享受工作，以愛為生，世界將成為一個更加簡單與純粹的樂園。貝絲從不願忍受悲傷的困擾，也不會因為損失或是煩惱而憂心忡忡。她沒有一味沉浸於自己的幸福之中。若是他人處於痛楚之中，她會傾注自己的愛，癒合他人的傷口，消弭心靈的隔閡。她這樣做絕非出於正直的考量，也不是奉行什麼嚴謹的原則。她簡單的「人生哲理」，絕非用來指正別人或是嚇唬別人用的。她所有信念背後只有一個動機 —— 愛！每個人的氣質都是多向的，但都能感受到貝絲人生的美好。失去她時內心深深的悲傷以及對她無限的感激，讓人可以更接近生活的真諦。

　　她是第一個讓我直接感受到愛意的人。她對我的關懷，穿越了少年與成年時光，讓我銘記一生。在我這一生裡，她是最有愛的保母，也是最親切的朋友。正因有了她的榜樣與人生鼓勵，我立志成為一個更加優秀、更加純粹與簡單的人，懷著必定的希望，盼望有天能重聚。她的精神始終會找到我們的，哪怕是跋山涉水。關於她，我想到了約翰·衛斯理對他朋友懷特菲爾德的評語。當衛斯理似乎在布道錯誤的信條時，一位貧苦的門徒問：「先生，你覺得當我們上到天堂的時候，能見到懷特菲爾德嗎？」，他希求得到一個糟糕的回答。衛斯理，這位年老的福音傳道者只是淡淡地說：「我不覺得我們能見到他。因為他是如此接近寶座，而我們卻離的那麼遠，根本見不到他。」

國教牧師
(THE ANGLICAN CLERGY)

　　我認為將人作為一個整體加以批評，是很有趣的。某天，當看到一篇在上議院發表的演講 —— 我忘記了確切是誰寫的，似乎是溫斯頓・邱吉爾所作的一篇安撫眾人、調停矛盾的演說 —— 邱吉爾認為，對於這些問題唯一感興趣的人群，就只有大學老師，以及那些時常閱讀《旁觀者》的讀者。對此我不以為然。因為我知道，雖然我是一位大學老師，但卻能超脫出這個階層所具有的偏見與癖好。所以，站在一個門外漢的角度來寫牧師，我並不感到擔心。因為我覺得，沒人會覺得這是對他們具體某人的傷害，我也沒有什麼好諷刺揶揄或瞎折騰的。我從小就生活在一個牧師堆裡，而且生活中很多時間都與牧師圈子保持著密切的聯絡。我一些最為要好與親密的朋友都是牧師。因此，公允地說，我還是認識不少風格迥異的牧師。身為校長或是大學老師，我都主要是與牧師之外的人打交道。但人還是難以脫離他所在的階層。今天，當我遇見了一位牧師，心情就像華茲華斯所說的「馬上跳躍起來，甚為歡愉」。我更喜歡將之稱為「牧師商場」，我喜歡談論牧師服飾，教會音樂、傢俱，神學政治及其擢升體系。我也算是一個能深感牧師幽默之妙的人，當然這種幽默是很善意的 —— 如一杯清淡、不甜的飲料，帶有一點倫理說教的味道，夾雜著巧妙的諷刺，揶揄著聖公會的會吏長與鄉村教會的教長，但這都是無傷大雅的。正如肖特豪斯在寫信給聖公會高層裡面所談到的，這些都是需要長時間的薰陶，才能深諳其妙處。只有從這樣的環境成長起來，方能意會到獨特而有趣的幽默。

　　世俗之人對牧師所持的觀點，時常讓我深感意外。牧師給他們的印象

是缺乏男人氣概的，觀點狹隘，官僚氣味重，性情乖僻，癖好甚多。一些人的想法更加偏激，認為偽善已成為牧師的第二天性，覺得牧師們身處一個自己不喜歡的位置上，不得不要去布道，被迫接受一些他們並不真心接受的教義與思想模式。某天，我與一位持這樣觀點的學界朋友發生了爭執。最後，我不得不說，對他所持觀點唯一合理的解釋，就是他完全不了解牧師，就草草做出這樣的看法。外人對某個階層的觀點，幾乎都是滯後與陳舊的。即便在 40 年前，這種觀點也是不憚以最大的惡意去揣測的。誠然，在我所熟悉的三個專業 —— 牧師、校長以及大學教師 —— 情況已經發生了極大的變化。事實上，這三個職業的專業味道比之前都淡化了不少。牧師們再也沒有高高在上的想法或是妄想著去改變世界；大學老師們再也不會去嘲笑別人的無知了；校長們也不再汲汲於向學生灌輸基礎的知識了。在過去 3、40 年裡，牧師這個職業已在很大程度上成為國民生活的一部分了。無論在小說、漫畫報紙或是舞臺上，都會對牧師進行著某種無傷大雅的揶揄。但牧師在生活中出現的頻率無疑在說明一點，即他們已成為社會上真實存在的一股力量。事實上，隨著牧師們影響力及地位的提升，他們肩上也承擔著沉重的壓力。我深信，他們能發揮更加積極的影響，並能以更為謙遜與柔和的方法去實現。外人時常抱怨牧師數量的稀缺，這是因為牧師這個職位對品格與責任感的高標準所必定造成的結果。在擔任伊頓公學的校長時，我常為父母們表示希望自己的子女未來擔任牧師的想法而感到驚訝。但是學生們卻幾乎不願意去選擇牧師這個職業，因為他們覺得沒必要給自己那麼大的壓力。

現在，也有一些專門的牧師培訓機構。在過去 40 年裡，這樣的培訓將過往這個顯得很業餘的職業轉變為一門真正合乎情理的專業。現在的牧師要遠比之前的牧師更加專業，這是毋庸置疑的。

所以，當某個外行人在某地遇上一位牧師，他該有怎樣的期望呢？我將坦誠地說說自己的期待，以及在一般情況下的發現。首先，我覺得他們

是懷抱著真正善意、禮節以及細心的人，這當然是牧師們最為顯著的特點了。我之所以要強調這點，是因為事實正是如此，而且這點很重要。看到牧師們無論在何時何地都展現出極為優雅的禮節，不禁深感震驚。誠然，這些良好的禮節也並非他們獨有的。但普通英國民眾的性情都是很樂天、直率與講理的，所以牧師通常會給人某種孤高的感覺，似乎他們對你的事情並不怎麼關心。但牧師們的善意卻是發自內心與深切的，希望能與人為善，為他人分憂解難。他們並沒有強而為之，以唐突的禮節或是功利的欲念去獲得他人的認同；反之，他們是發自內心的善意，認為幫助與服務他人是自己的職責，並想著要全身心地去做好。在我認識的牧師中，很少存在例外的；即便有，也是少得可以忽略不計。我想，以上的這些特質也許就是牧師們最為顯著的性格特徵吧。不論他人的請求多麼瑣碎或是煩人，牧師總是準備著盡全力去給予幫助。我想，他們這般舉止帶來了另一種特質 —— 常識的美德。之後，我準備舉一個這方面的反例。而一般而言，他們對人事所展現出來準確與寬容的判斷力，乃至對人性的深刻的了解，常常讓我深感敬意。這種認知只能靠人生的閱歷來獲得，這本身就是他們為人類默默與辛勞工作的明證。我甚至覺得，一般而言，牧師們還有一大特色，就是他們後天接受了良好的教養。從與形形色色的人 —— 無論身居高位或是一介布衣 —— 密切的交往中漸漸形成的。牧師們都能保持良好的教養，甚至能給人樸實、毫無造作之感。他們不因他人的社會地位而改變自身的舉止。他們為人真誠、尊重他人，作風簡樸。當然，也有某些牧師未能做到這點的。但我敢肯定一點，任何人要是了解牧師們之後，都會認同我所說的話絕無誇張之嫌。

　　前面說了那麼多發自內心對牧師價值真誠的讚美之後，我想提出一點批判。就我所見，牧師們在兩方面上做的不足。第一點較為複雜，也是相對難做到的，就是他們在探討宗教問題時表現出某種羞怯之情。對一般信眾而言，關於宗教的觀念正越發趨向自由。一個有趣的故事可以論述我的

這個觀點。據說，當人們編纂一些關於《聖經》字典時，編者邀請一位著名的神學家撰寫關於「大洪水」的一篇文章。結果，文章遲遲交不上來。當文章最終送到編者手中，卻發現文章所表達的觀點過分前衛，乃至有點異端意味。所以，為了縮短時間，他在「大洪水」一詞旁邊加上注解「參看水災」，然後匆忙地從其他撰稿者手中徵用另一篇文稿。當編者看到這篇文稿，發現內容的傾向過分自由了。所以，他在「水災」旁邊加上注解「參看諾亞」，然後再慢慢地加以考慮。但當他編到「卻發現了諾亞」這一章時，卻發現輿論的傾向已經發生了變化，關於「大洪水」的原始文稿已經變得相當正統了，也只能按此來加以注譯了。

事實上，牧師們總是過分著急於消弭不同觀點所造成的分歧，總想著不去冒犯那些嚴肅認真的人——當然，這也是他們的職責之一——我想，這會給人一種印象，似乎他們的思想更趨保守，有點跟不上時代的步伐。造成的結果是，牧師們既沒有在宗教思潮裡擔當領航者的角色，未能給予思想者他們所需的指引，而是讓外人覺得，在這些困擾他們的問題上，牧師們是如此的因循守舊，外人也只好緘默不語了。當然，我所談及的，無關基督教的核心教義，而是鑲嵌在核心思想週邊的一些「裝飾」而已。因此，在一個有思想的「俗人」眼中，牧師並不是與之探討宗教問題的合適人選，覺得他們都極容易受刺激，無法從容地面對基督思想向前發展的這個事實。

再者，我相信，牧師們過分重視那些被粗魯的外人稱為「飾物」的東西，也造成了他們難為外人接近的印象。教堂儀式與傳統的發展，就其本身而言是極為美好與具有吸引力的。倘若這在牧師心中占據過分重要的地位，在外人眼中就會覺得很不耐煩。在這點上，牧師們很容易找到自我安慰的理由。因為在每個教區，都有一些人對諸如儀式之類的事情很虔誠與執著，但大多數人對此卻冷然視之。若是牧師過分關注於此，就有可能喪失身為男人應有的忠誠。很多人都願意看到教堂裡的儀式能舉辦的更加莊

重與尊嚴。但普通的英國民眾卻並不怎麼關心其中的象徵意義。家父曾說，在一些英國人眼中，甚至連洗禮這個儀式都顯得華而不實。若是牧師過分彰顯自己對這些方面的關注，就可能遠離那些原本對此很關注的信眾。讓我為之心痛的，就是牧師在布道時的語調。語調本應充滿情感，但卻時常既沒抑揚又沒頓挫，這種情況在教堂裡是普遍存在的，特別是在閱讀《聖經》時，更是如此。某天，當我聆聽《舊約》中最為臭名昭著與殘忍一個段落 —— 耶洗別[030]之死時 —— 這本應是讓人絕望與深感醜惡的悲劇 —— 但牧師在教堂朗誦時，卻好像這只是發生在某位沉思的隱士身上引人發笑的事情而已。這樣的語調給外人一種夾雜荒誕與虛假的感覺。因此，在任何宗教課程裡，都很有必要讓演講者學習語調的起伏頓挫的變化。

我說這些，並非吹毛求疵或是討人討厭。我只是認為這幾點是值得牧師們去深思的。我只會一再論述我認為正確的簡樸事實。聖公會教堂裡的神職人員就其所享受的社會地位、忠誠度以及真正的牧師美德上，都是其他教會的牧師所無法比擬的。即便在伊拉斯特時代古老沉悶與憫憫欲睡的陰影，飽受批判甚至厭惡的情形下，都能獲得英國國民的尊重與情感。牧師們的薪水很低微，難以獲得世俗的聲譽，但他們依然正直、純真與友善生活著。而他們的孩子 —— 從我在伊頓公學及大學的個人經驗來看 —— 基本都是英國同齡人之中最為友善與簡樸的典範。牧師們的服務與辛勞對這個國家產生了無以倫比的價值，對於任何可能損害他們這個階層的能量或效率的法規，我都甚感憂慮。

---

030 耶洗別（Jezebel），《聖經》故事人物，以邪惡淫蕩出名。

國教牧師 (THE ANGLICAN CLERGY)

論必修的希臘語
（COMPULSORY GREEK）

　　最近，《泰晤士報》再次掀起是否應將古希臘語作為必修課的爭論。支持古希臘語作為必修課的一方，以穆雷教授為代表。也許，他如很多精力旺盛的英國人一樣，為解析古希臘精神作了不懈的努力。持反方意見的，則是由著名天文學家唐納教授領銜，著名科學家愛德溫·雷·蘭克斯特[031] 則是適當地給予一些支援。雙方爭論的焦點是：無論劍橋大學或還是牛津大學都要求新生必須懂一些古希臘語，否則就基本上無法申請，其他大學也是如此。關於這麼一點古希臘語對學生所產生的作用，大家的分歧並不大，因為這肯定不夠學生們更深入了解古希臘文學及其思想。有些人為了衝破這樣的限制，想出了很多千奇百怪的方法去應對。我的一位朋友有成為工程師的潛力，想要進入劍橋大學深造，但苦於對古希臘語一無所知，就死記硬背了一出古希臘戲劇的英文版本，以為這樣做就能讓他對古希臘語有一定的了解，然後在考試的時候寫出正確的單字。沒人會否認這樣的要求只是打斷了他真正要做的工作，實在讓人惱怒。但對這種規定持支持態度的人則有以下的理由。他們宣稱，要是古希臘語在一些大學不作為必修課的話，那麼對它的研究就會逐漸消失。因為在一些規模較小的學校裡，志願學習古希臘語的學生很少，難以找到這方面的老師。他們進一步宣稱，大學要想對學生進行更為通識的文學培養，就應竭力保存人類歷史上最為燦爛的文明之花。支持者們繼續給出論據，聲稱若是一個科學專業的學生只是完全沉浸於科學研究，心智就容易失去平衡，變得思想狹隘，形成單向思維。

031　愛德溫·雷·蘭克斯特（Sir Edwin Ray Lankester, 1847-1929），英國動物學家、科學家。

　　我深信，若是完全放棄對古希臘的研究，這將是一個巨大的不幸，但是，單純地將科學領域過分地專業化，這也是很危險的。無疑，學習科學的人很有必要去學習文學知識。但我也深知，在現有的教育體制下，強制性地要求學習古希臘語，只會產生阻礙的作用，而無法更好地推動對這門語言的學習與研究。對科學專業的學生來說，掌握那麼少的古希臘語並不能提升他們的文學素養，純粹是在浪費時間。雖然古希臘語博大精深，但在很多學生心中根本算不上文學。

　　接下來，我們要看看那些普通學生的遭遇。我認為，擁護古希臘語的人基本上都是文學巨匠級的人物，這的確讓人深感遺憾。對於這些擁護者來說，古希臘語從來都不會造成任何智力上的困難，而他們自始至終都能感受這種語言的美感。這些古希臘語的擁護者也是發自真心的。他們只是無法理解，在他們眼中極為宏大與具有美感的古希臘文學，對那些必須強制去學習的人來說，其實是弊大於利。

　　就個人而言，我想從不同的角度來看待這個問題。身為一個從事教育多年的人，我一開始在伊頓公學擔任校長，管理著兩千多名學生，他們年齡各異，天賦迥然。我可以毫不猶豫地說，真正對古希臘文學感興趣的學生，實在是鳳毛麟角。我可以肯定，就目前看來，學生們用於學習古典文學的時間占據了他們很大一部分時間，而這些被白白浪費的時間原本卻可以用來刺激學生的思維，讓他們感受到智慧的樂趣。但比浪費學生時間更嚴重的是，這讓他們厭惡甚至憎恨所有智趣上追求。在學習了一門繁瑣的古典文學課程後，一般的學生依然陷入一無所知的可悲境地，根本沒時間去學習其他方面的知識。今時今日，競爭是如此的激烈，一種無法讓學生日後自食其力的教育，不僅是浪費生命的教育，更是一種恥辱！很多學生都被困在這裡，不上不下。一個學生要是懂法語、德語，還會算術能力，能夠流利地用英文進行表達，寫的一手好文章，就必定能養活自己。學會這些知識與掌握一些基本的科學常識、歷史、地理及宗教方面的教義，都

是需要很多時間的。但現實學習生活裡，學生既沒有時間去學習這些，更沒心思去學習古典文學。更為重要的是，按照現代教育課程進行學習的學生，更能了解當今世界所發生的深刻變化。而宣稱以上那些課程無法帶給學生心靈刺激的論調，純屬扯淡。真正的事實是，古希臘文學的教育根本無法刺激學生的智趣，反而讓他們的學習更加低效。

關鍵的一點是，上文談到我的那位朋友，他絕對不應因為對古典文學的無知而被諸如牛津或劍橋等大學所排斥。父母們都想將自己的孩子送到劍橋或牛津深造，是有很多原因的。這背後既有社會、傳統以及名聲的因素，也因為這兩所學府擁有自身獨特的優秀氣質。我認為，高等學府應該為學生提供盡可能廣泛的課程，鼓勵他們去選擇適合自己的課程，並且提高這些課程的表現標準。就目前而言，必須坦承的是，大學對一般學生智趣所設的標準過低，實在讓人汗顏。但是，為什麼如此之多的時間被浪費，這麼低效的體制仍能繼續存在呢？難道只是因為廢除必修的古希臘課程會損害學生對此的興趣？對此，我真的是無法理解。在我看來，這就是一種壟斷與專制，必須予以堅決的抵制。

某天，一位行政部門的高級官員對我說，他要進行一系列人事任命。他說：「要是可以的話，候選人最好是知名學府的畢業生，因為這類人能力更加全面。我曾花費不少心血去招聘這些員工，也面試過不少候選人，他們都還不錯，但卻不完全符合我的要求。很多面試者都不能寫一手好文章，無法用英文流利地自我介紹，無法進行準確的計算，不懂法文與德文，甚至不懂得一些經典文學。」在我看來，這的確是一種可悲的控訴，但事實就是這樣。讓人遺憾的是，製造出優良產品的機器就擺在那裡，但卻是以錯誤的方式去操控。

那些擁護古希臘語作為必修課的人似乎並沒有意識到，在過去半個世紀裡，情況已經發生了翻天覆地的變化。人與人之間的往來更加頻繁，時空得到了極大的拓展。很多學校都計劃引進新的課程以應對這些挑戰，但

他們的努力卻因試圖保留這些古典文學的課程而效果不佳。當前這樣的狀況實在是一出鬧劇，而且非常危險，絕對不應任其繼續下去。

我很高興看到輿論壓力正在發揮作用。最近，劍橋大學採取了一些措施讓我們免於陷入荒謬的境地。我們將古希臘語當作進入大學的必修課，一旦他進入大學之後，卻對應該如何應用這些知識不予理睬了。也就是說，對於讓學生在高中時期浪費時間去學習古希臘語，進入大學之後就不作要求的情形，我們給予了默認。那麼，有必要讓所有學生都深受其影響的古希臘思想，又結出了什麼果子呢？誠然，很難一下子打破長時間沿襲下來的體制，在學術界都有一種保守的傾向，也存在著某種既得利益的因素。但是，讓這些因素阻擋一次既有意義且有必要的改革，實在不是一個真正公民應有的表現。

在這場爭論中，每當回想起基督教會蓋伊斯福德教長所說的三個好處，我就覺得很有趣。教長曾說，學習古希臘語的第一個好處，就是可以對那些無法掌握此門語言的人投去鄙夷的目光。在我看來，不宜去培養這種精神。而一般人對古希臘語的知識儲備，也根本無法讓他們形成智趣上的驕傲。第二個好處，就是這可以讓人原汁原味地領略我們的救世主原始的口吻。我想，現在的人一般都認為，救世主當時很可能說的是亞蘭語，而不是古希臘語。那些對英文版本的《福音書》不感興趣的人，估計也很難從閱讀古希臘語版本的《舊約》中獲取額外的收穫。當然，在我所談到的任何改革中，人們對宗教學科的興趣都應小心翼翼地予以保護。

第三個好處是最具說服力的，那就是可以讓人獲得一定報酬。對於少數有能力繼續從事古希臘語教學的人來說，這就是最大的動力。我可以肯定地說，對一般人而言，繼續將古希臘語列為必修課不僅無法帶給他們報酬。更糟糕的是，這種在英語教育中占據重要地位的古典文學教育，讓他們在人生的起步階段，就看不到未來的希望。

論賭博
（GAMBLING）

　　某天，我聆聽了一篇語言流暢、情深意切的布道演說，內容是關於反對賭博的。這篇演說隱隱在我心中留下了不好的印象。當然，誰也不會否認賭博在人類歷史上曾造成罄竹難書的禍害。在很多時候，賭博行為都是應該受到譴責的，因為這本身是一種很不良的習慣。但是，人們卻很難在道德層面上提出絕對讓人信服的理由去予以反駁。賭博並不同於盜竊或是殘忍犯罪等行為，後者理應遭受一面倒的譴責與懲罰。任何狡辯術都難以為哪怕盜竊三分錢或是故意傷害最為弱小的昆蟲等行為正名。兩位百萬富翁們為某個無法確定的日期打賭六便士的行為，我想也只有最嚴格的道德家才會予以譴責。很多善良之人在玩惠斯特橋牌時打賭幾分錢，基本上沒人會在道德上對此予以譴責。問題似乎只是出在程度及權宜與否之上，也許還存在某種要樹立榜樣的考量。牧師們曾說，反對賭博最有力的理由，就是因為沒有經過自己誠實勞動而獲取金錢的行為，是不道德的。但是，這個理由是根本不成立的。因為，要是這個說法成立的話，那麼我們就不能去接受任何個人送的禮物或是去繼承遺產，也不能從自身的資金投資裡獲取收益。是否有哪個真正嚴謹的道德家會這樣認為，要是別人從誠實合法的投資裡獲益頗豐，向國家納了稅，支付了公司成本，剩下的錢也應全部用於慈善？再者，我們又該怎樣看待人生保險之類的投資呢？當下，很多人都認為，對年輕人來說，沒有比為自己未來投保險更具美德，更為穩妥，更有規劃的事情了。但是，這種投保行為充其量也只不過是一種賭博。若是你為自己的生命投保，你是拿自己的死亡來打賭。若你英年早逝，你的妻兒就可獲得一筆他們不勞而獲的金錢。當然，金錢是從那些同

樣投保但還沒死的人繳納的。

　　若是某人有打賭的資本，且不超過自身的能力範圍，只是抱著從中取樂的心態，就很難說存在著道德上的錯誤。誰也不會說將金錢投入到娛樂消遣之中就是錯誤的。誰也不會說購買豪華遊艇或是休閒地去狩獵就是錯誤的，只要你有足夠的金錢去支持這樣的行為，只要你認為這樣的娛樂值得你為之花費。從某種意義上看，這的確是浪費金錢的行為，但這純粹是一種高級的社會主義理論在作崇，認為每個人在滿足了基本支出後就不能繼續享受，認為任何人都應該勒緊褲袋過日子。

　　事實上，單純從金錢易手這個過程本身來看，倘若雙方都清楚這點，那就是不存在任何譴責的理由。當然，要是你失去的金錢是自己無力償還的，又或者這些錢本應該用於合理的節約，用於孩子們日後教育上的話，那麼這就是一個巨大的錯誤了。但這樣的邏輯推理可以應用到很廣泛的事情上。很多事情本身可能不存在錯誤，而只是因為其所處的環境而顯得錯誤罷了。我認識一位小有名氣的商人，他瘋狂地沉迷於購買書籍。這種欲望本身是無害的，但他卻沉迷於此，因此減少家庭開支，讓家人過著拮据的生活。平心而論，他這種愛好導致的後果並不遜色於賭博帶來的後果。

　　牧師們會說，所有賭博性質的行為都會讓人精神萎靡、道德淪喪，而事實絕非如此。當然，對那些沉浸於此無法自拔的賭徒來說，的確如此。但我也認識不少有識之士在一週內至少會玩 3 到 4 次惠斯特橋牌遊戲[032]，讓生活更加豐富多彩，這些人沒有因此而流露出任何道德墮落的跡象。某天，我在閱讀一本書的時候，發現一位賭博經紀人用流暢的語言為賭博進行辯護。他說，誰都不應該阻塞這一條唯一給窮人帶來想像與希望的有趣途徑！我認為，這種說法充滿了狡辯術的味道。因為，幾乎所有邪惡的行

032　惠斯特橋牌（whist），盛行於 18-19 世紀的英國，後流行於歐美的一種橋牌遊戲，其主要特點是：通常 4 人分成兩組，互相對抗；將一副 52 張的紙牌發出，每人 13 張牌；每人每次出一張牌，以贏墩為目的。開局前可把一種花色定為王牌。任何一張王牌都可贏過其他花色的任何一張牌。惠斯特遊戲中以最後發出的一張牌的花色為王牌花色。

為都能以類似的理由來予以辯護。也許，我們還可以從實在的利益角度作一番考量。因為，健康與平衡的心態並不需賭博這樣的娛樂。若是某人的心態不健康或失衡的話，那麼，這就是一種相當危險的消遣方式。

　　且不論賭博浪費的大量時間，其實有一個反對賭博十分具有說服力的理由。賭博之後，要是一些愚蠢的人在賭博的時候賺了一點錢，那麼浪費一點時間也許沒什麼大不了，但事實上並非如此。因為金錢在易手的過程中，還必須給那些賭博行業經紀人支付一定的薪水。假設賭博這種行為在道德立場上是成立的，那麼這些所謂的經紀人也是經過誠實與辛勤的勞動來賺錢的。但這樣的行業事實上卻沒有存在的必要。因為賭博根本不從事任何社會生產，賭資也是從社區那裡獲取的。少數人所贏的金錢是以很多人輸錢為代價的。

　　有人提出就是反對賭博行為最為有力與強大的論據。正如我上文所說的，賭博無疑是造成很多慘劇與匱乏、甚至犯罪的重要原因。沉迷於賭博這種惡習讓人難以抗拒。很多人都認為，自己完全可以控制，一切都在掌控範圍之內。我想，這就是賭博議題上，人們所經常談到的話題：即只有當你親自嘗試之後，才會知道自己是否會染上賭癮。若是染上了賭癮，那幾乎是很難戒除的。因此，賭博是社會上任何理智與道德之人都應該打心底裡厭惡的。在不傷害到自己親人情感的前提下，不要給予鼓勵。我已經說過，賭博並不明顯牴觸廣泛意義上的道德倫理，這樣的論據讓原先只是對賭博稍有微詞的人對此大聲叱責，似乎賭博是難以饒恕與讓人極度憎惡的行為。但是，這種想法讓人腦子一時狂熱，讓溫和之人都會加入反對正義事業的隊伍中去。但是，賭博的危害卻又是如此詭異，如此深遠，任其發展就會造成破壞性的影響。因此，必須採取合理的方法，冷靜地去應對。那種過猶不及的「療法」是任何理智之人都會摒棄的。但是，有一點是可以肯定，賭博之樂無論怎樣都不能歸入正常、自然與無害的樂趣之列。國家修訂法律，規定不能唆使未成年參與賭博就展現了一定的責任

感。我想更深入地探討一下。在當今這個民主時代，人們是否應該質疑一下，為什麼公共體育比賽的博彩行為沒有招致反對呢？在英國這樣一個深愛賭博娛樂的國度裡，讓民眾「金盤洗手」，這要畫上一個大大的問號。前幾天，我與一位很嚴肅的政治家談論此事。他認為，給予女性選舉權很重要的一個原因，是出了限制賭博更嚴厲的法規所導致的。他說，女性沒有沉迷於賭博，但卻最深受其害。我覺得，自己不會像他那麼激進。當然，若是大家都能自願戒掉賭博行為，而不是憑藉法律的強制性，這無疑是最好的解決之道。

　　牧師們堅稱，現在我們這個國家流露出種種墮落頹廢以及道德淪喪的跡象。我覺得事實完絕非如此。我深信，就我們國家整體而言，現在所具有的精神風貌要比一個世紀前更為健康、更具活力，更為理性。我覺得，現在參與博彩的人數逐漸增多，這並非墮落頹廢的表現，反而證明了工薪階層收入越來越高，休閒時間越來越多。當然，誰也不希望透過博彩這種行為展現出來。但我還是高興地看到，人們越來越有民主意識，有權利與時間去做自己開心的事情。賭博是不可能憑藉道德說教或是責備，抑或某些發自內心的可怕言語所壓制的。這樣的做法只是一時驅趕了邪惡的念頭，但是滋養這一念頭的土壤依然那麼肥沃。唯一可行的辦法，就是鼓勵人們提高審美品味，從文娛活動中獲得純粹的樂趣，那麼，這種惡習自然會黯然地消失。

讚美詩
（HYMNS）

最近，我在閱讀新編的《牛津讚美詩集》。坦白地說，閱讀過程中感覺更多的只是新奇的興趣，而沒有閱讀後的滿足感。這本書在新編的時候，遵循的原則是盡可能地還原最初的版本。之所以說「盡可能」，是因為我所依據的基數並不廣泛。在我所看到的讚美詩集中，基本上都是對「原著」改編之後所呈現的版本。

這一理論在原則上很容易理解，但在實際的操作中卻是很難的。那些捍衛還原最初版本的人可能會這樣發問：沒有原著者的允許，他人有什麼權利對此進行改編，然後還在原作者後面加上幾個改編者的名字；而且在很多情形下，這種改編占據很大的篇幅，導致意味全變。讀者當然會覺得，人們不能以這樣的方式去對待任何一種文學形式。當然，這種論調乍看是無懈可擊。但除此之外，其實還是有多方面的考量的。倘若讚美詩只是詩歌的一種形式，讚美詩集只是適合個人閱讀的一本「神聖」詩集，那麼對此的改編無疑是難以自圓其說的。但是，讚美詩集所承載的內涵遠不止於此。讚美詩集是禮拜之時的指定用書。也就是說，讚美詩的第一功用，就是在教堂禮拜之時使用的，譜成歌曲讓教徒來歌頌；其二，更為重要的是，禮拜者不僅要學習讚美詩作者的思想以及內涵，而且還要將這些內容作為人生的信條。禮拜者們在唇上默唸這些詩句，與他人一道大聲高唱詩集，以此來表達他們內心的信仰、情感及期望。

以上所說的這些關於讚美詩的功用，會讓我們以全新的視角看待這一問題。我們不僅要考慮原著者的權利，而且還要顧及到使用這些詩集的禮拜者們的感受。誠然，有人說讚美詩就是從原作者手上傳遞出去，成為禮

拜者們的一筆遺產。

　　首先，讓我們舉一個很簡單的例子。若是某個詞語具有一種可怖與浮誇的語義，那麼在詩集上繼續沿用這樣的詞語，讓禮拜者為之痛苦或是發笑，這是很荒唐的。那麼，以一個語義更為溫和的詞語來替代此詞，則是無可厚非的。比如，在 18 世紀的讚美詩中時常出現「bloody」[033] 一詞，就是一個典型的例子。這個詞兼具低俗與褻瀆的寓意。雖讓人頗感遺憾，但事實就是如此。當然，沒人會覺得將此詞替換為「crimson」[034] 是不恰當的。再者，在《歲月岩石》的原始版本裡，曾出現了「當我的眼肌破裂而亡」這般讓人感到不適的句子，給人不寒而慄的現實感。新編的《牛津讚美詩集》就還原了這樣的表述。但在我看來，對那些早已習慣並愛上了「當我的眼瞼緩緩閉上之時，再也睜不開了」這樣簡樸且莊重的改編版本的人而言，這種還原頗有賣弄學問的嫌疑，甚至讓人感到很不滿。我還想再指出一點，即那種期望著教堂裡數以百計的禮拜者們在公開場合唱著如此可怖的字眼的想法，是讓基督徒感到震驚的。

　　讀者朋友們必須要承認一點，《古今讚美詩集》的編纂者們在改編詩集之時更加「極端」，展現出對散發出「陳舊」或是「離經叛道」意味的表達神經質般的恐懼。事實上，《古今讚美詩集》已經為數以千計的禮拜者使用多年了。而改編之後的版本加入了很多神聖與美好意義的詞語。在我看來，單純站在文學校訂本角度出發，故意漠視讚美詩集的實際功用，這是很粗野愚昧的。《古今讚美詩集》最新的修訂版本受到廣泛的批判。對於所有的改編者來說，都是值得借鑑的。在最近的版本裡，禮拜者所喜歡的那些熟悉與朗朗上口的詞調以及那些表達出莊重與深情的段落，都被隨意地刪除了。因為這些詞調與段落沒有達到純粹主義者眼中所應有的音樂高度。在事關情感的議題上，是絕對不能如此獨斷專橫的。遵循個別權威

033　Bloody，「血腥的」的意思。
034　Crimson，「深紅色」。

人士的品味,這嚴重違背了更為重要的大眾審美品味。同樣的原則也適用於善男信女們世代傳承使用的讚美詩集與歌曲。這些詩集的重要性,在於喚起的情感,而非其存在的文學價值。從嚴格意義來上,讚美詩與聖歌都成為了所有國民的財產,就難以對此進行嚴謹的更改了。正如人們也不可能因為威斯敏斯特大教堂前的紀念碑與教堂哥德式的設計風格不符,而將其拆除一樣。

在此,讓我隨機舉幾個例子來說明。查爾斯·金斯萊 [035] 的讚美詩「*Hark! the herald angels sing, Glory to the new-born King*」[036] 的原始版本是這樣的 ——

Hark how all the welkin rings
Glory to the King of Kings[037]

有人會說,雖然「welkin」一詞不再使用了,但也沒有必要對此進行改編。但是,在一首讚美普天同慶節日的詩歌裡,仍舊保留在當代毫無意義的詞語,這讓人很遺憾。更為重要的是,「welkin」[038] 一詞本身的涵義就並不高雅,聲調也不和諧。所以,這種修改是有益無害的,甚至是增添了某種美感。而且這個改編版本是在原始版本面世 14 年後就出現的。若是原始版本是改編版本的話,將「Hark how all the welkin rings」改為「Hark! The herald angels sing」,那麼必將讓人感到憤怒,招致非議。其實,很多代人都是伴著改編版本所傳遞的積極與歡樂的意義成長起來的。因此堅持恢復原始版本,在我看來是百害而無一利,就像將一堵古牆上的攀緣植物斬除一般。人們竟然沒有意識到,任何古老事物的一半魅力,都源於大自然所附加的東西與意義,無論是一首詩上的詩句,或鑴刻在石頭上的詩

---

035 查爾斯·金斯萊(Charles Kingsley, 1819-1875),英國文學家、學者、神學家。他擅長兒童文學創作,代表作:《水孩子》(*The Water Babies*)、《領跑者》等。
036 「聽!傳令天使在歌唱,新生之王無比榮耀!」
037 「聽!蒼穹迴盪著歌聲,萬王之王滿載榮耀!」
038 Welkin,〈英古〉蒼穹

歌，都是如此。

再者，在米爾曼的《禮拜讚歌》裡，有這樣一句「*Ride on, ride on in majesty*」[039]，最初的版本卻是這樣的：「*Thine humble beast pursues his road*」[040]。原句顯得語意貧瘠，品味不高。「Humble beast」暗示著「Humble vehicle」[041]。而對「蠢驢」的意譯，從本質上就是新聞術語。一位改編者很睿智地將其替換為──

O Saviour meek, pursue Thy road, [042]

這實在是無懈可擊的改編，可能之後就會沿襲這個版本了。

在 1565 年出版的古老讚美詩集裡，「O Lord, turn not thy face [away] from me,」[043]，第二句是採用 1708 年修改的版本「who lie in woeful state」[044]──這雖非意義很鮮明的句子，但卻很好地保存了讚美詩古典的味道。但是牛津的編者必須要改編這一原始句子「From him that lieth prostrate」[045]，從音律的角度而言，這個句子讓人厭惡，因為其中包含了「lieth」難聽含糊的音節，以及「prostrate」一詞的重音轉換：此時重讀轉移到了第一個音節。更糟糕的是，原先被明智刪掉的段落裡包含著這樣難以置信的句子──

I am sure Thou canst tell.[046]

這樣的句子竟然冠冕堂皇地重新再現了。無論怎樣做音樂的標記法，重音始終停留在「am」與「Thou」之間，句子顯得不倫不類。

---

039 「前進，無畏地前進」
040 「謙卑的猛獸趕你的路吧！」
041 「簡陋的車輛」
042 「噢，謙恭的救世主，走祢的路吧。」
043 「主啊！不要轉過祢的臉。」
044 「悲傷地躺著」
045 「他直直地躺著」
046 「我肯定你會說的」

還有，這樣一句讚美詩「*As now the sun's declining rays*」[047]，原始的句子是這樣的 ——

Lord, on the cross Thine arms were stretched
To draw us to the sky, [048]

原始句子毫無詩意，顯得不切實際。人不可能憑藉伸長手臂來觸摸天際，而只有彎下來觸摸大地。第一位改編者將之改為「To draw thy people nigh[049]」這樣簡樸而具有美感的語句。但這個改編無論從什麼角度來看都更勝一籌的句子，雖然廣為人知，但卻因為要還原原文，而沒有被加上去。

在肯恩的晚禱讚美詩歌裡，在「教我如何生活」這一詩節裡，原始詩句是這樣的 ——

To die, that this vile body may
Rise glorious on the awful day.[050]

「vile body」在這裡是錯誤的音符，也是過於普通的片語。改編為 ——
「Teach me to die, that so I may」[051]

如此簡單的改動就提升了整句詩的音律平衡度。如此的「妙手生花」之舉，功勞不遜於原著者。還原原始的版本沒有任何價值可言，人們就無法感受到這種變化所帶來的教義或是愉悅了。

讓我再舉一例。在法伯爾文采斐然的讚美詩句中 ——

O come and mourn with me awhile, [052]

047「此刻，陽光逐漸黯淡」
048「主，在十字架下，祢張開雙臂，引領我們走向天際」
049「親近祢的子民」
050「消亡，這副卑微的肉身，就可從糟糕的日子裡，光芒萬丈地升騰」
051「教我死亡的內涵，讓我安然面對」
052「噢，過來與我一道哀痛」

原文的第二句時這樣的 ——

See Mary calls us to His side.[053]

這樣的句子在某些沿襲著固有傳統的教會裡是很讓人反感的，所以改編版本為 ——

O come ye to the Saviour' s side,[054]

這個句子本身顯得更加大氣與具有美感，一點都沒分散中心思想。從各個角度來看，都是上乘的改編。

在相同的一首讚美詩裡，法伯爾寫著「*Jesus， our love is crucified.*」[055]

這一抑揚頓挫的句子雖然本身很具美感，但對於那些不熟悉古老讚美詩的人們來說，也許是難以接受的。他們還會認為這樣的句子有多愁善感的色彩。也許在思想或沉思之時不會有這樣的念頭，但是在公眾的禮拜難免會產生這樣的情感。所以，將其改為「Jesus, our Lord」，並沒有招致任何的反對之音。而現在還原原文是很值得商榷的。而在最後的詩節裡，最先的讚美詩是這樣的 ——

A broken heart Love' s cradle is;
Jesus, our Love, is crucified.[056]

這一美好的思想以優美的詩句表達出來了。但其中的內涵卻並不簡單。這種表達方式更具文學與詩意的味道，更加適合沉思，而非歸咎於個人的對錯。在我看來，以下這樣的改編 ——

053「看到瑪麗讓我們到祂的身邊」
054「走到救世主的身邊吧」
055「主耶穌，我們的愛被釘在十字架上」
056「一顆破碎的心，是愛的濫觴，主耶穌，我們的愛被釘在十字架上。」

Lord Jesus, may we love and weep,
Since Thou for us art crucified,[057]

　　更為簡樸，更為感人。我深信，那些也已熟悉了這些讚美詩歌的人會對重新使用原先的詩句，深為反感。

　　這樣的例子不勝枚舉。但上文所舉的例子足以闡明我所持的原則，即在充滿民主甚至是人人平等的社會主義立場上，當某些東西已成習俗，那麼一些具有特權的人就不能肆意地干涉。對於那些將私人財產充公的例子，無疑會讓我們深感遺憾。但無論我們怎樣去肯定個人權利，也不可能將諸如公用道路等財產視為己有吧。讚美詩不能如一般文學著作那樣對待，而應被視為社會生活的一部分。在這點上，習俗與大眾的運用理應超越文學與藝術上的種種原則。因此，我們必須要意識到，要想從過往汲取教訓，在日後盡力避免去犯錯的話，那我們就必須要接受過往的一切，盡可能地從中獲益。我們必須要意識到，在處理諸如讚美詩歌之時，就彷彿身處傳統與人文千絲萬縷的關係之中，這要比那些文學格言、藝術的恰當性與否這樣的問題更為強大與重要。

---

057 「主耶穌，願我們一道關愛與哭泣吧，為了我們，祢被釘在十字架上。」

牧師的布道
(PREACHERS AND PREACHING)

我記得讀過一篇描述 17 世紀某位著名牧師的文章。這篇文章稱，他的布道一般都要持續一個半小時，而其布道的主要價值在於讓教堂民眾們都始終處於「嘰嘰喳喳」的狀態，或者如我們所說的，總是滿懷著濃郁的興趣繼續期待。我還記得，曾經見過一幅 18 世紀某位著名牧師的漫畫。漫畫中的牧師坐在坐墊上，伸長著脖子，手臂一揮，臺下是一大片滿臉恐懼與喘氣的聽眾。他嘴裡說：「你們這些人都將被殺戮。」這樣的話語。臺下的教徒竊竊私語說：「×× 先生彷彿讓整個教堂裡的教徒都在深不可測的洞坑邊緣上拚命掙扎。」也許當今牧師們的布道不再那麼受歡迎，是因為他們布道的內容過於禮貌、過於可親，根本無法讓聽眾「吱吱喳喳」或是深感恐懼。是否恢復過往那種布道方式，我也不敢肯定。但我感覺，赤裸裸責備惡習的做法是不夠的。我的一位朋友曾對他的老管家談到了他最近剛剛履職，成為煤礦村的一位助理牧師。老管家說：「法蘭克先生因為在布道時反對酗酒而深陷憂傷的煩惱之中。以後再也不要一味執著於教條，那樣是無濟於事的。」也許，當今布道演講存在的一大缺陷，就是缺乏現實的精明，只是專注於不要使任何人受到傷害。畢竟，批評是很容易的，但卻造成重重困難。就宗教禮拜而言，城鎮所面臨的問題仍不算尖銳。因為城鎮地區至少還有一些牧師，教眾的流動性也很強 —— 他們中很多人都是互不認識的 —— 更為重要的是，牧師可以向附近的教堂求助。以上種種有利條件將困難程度減少到最低，儘管獲得充裕的準備時間，這仍是一大難題。在城鎮的教堂裡，布道的時候不會缺乏新意 —— 熟悉感也只是漠漠粗心結出的沉甸果實罷了 —— 更為重要的是，教眾們

也毋需擔心因社交而感到繁雜。但在鄉村教區裡，每個人對彼此都是知根知底，那麼期望牧師在每個週六作兩次布道演講，年復一年地將福音的大義曉之於理，讓鄰里鄉外都能深明其義，這是很難的。對於一個諸如查爾斯·金斯萊這般洋溢熱情、滿懷著對人類的興趣，總能說出充滿力量與生動的語言，讓真理的光芒如此震撼與閃耀的人而言，也許不是難事。但在鄉村教區裡，牧師也沒有什麼演講天賦，對人性的了解也不夠，每年所作的布道演說內容要是印刷起來，足有龐大的一大卷八開本的書籍。在這種情況下，還怎能強求他們去維持演說的新鮮感，給聽眾帶來任何道德或是精神上的觸動呢？要是牧師以強勢的語言直接地反對某些道德錯誤，那麼聽者就會覺得，他是在針對某些人。因為要是他不從自己的人生閱歷得出感悟，那又怎去做布道演說呢？這個事實無疑讓牧師們更加左右為難。唯一可行的辦法，就是演說時既要柔和，又要激昂，不帶個人的憤怒或是苦楚──但這並不容易做到。

　　就如何解決當前所面臨的困難，我想提出幾條實用的建議。對於為什麼不讓牧師從每週六布道兩次的沉重責任中解脫出來，我對此很不理解。布道演說至少也要在上午或是晚上交替一下，很多牧師無疑會深感如釋重負，甚至一些教會也會對此表示歡迎。因為，據我觀察，許多聽眾對一位牧師布道的最高讚美，就是他的演說很簡短。每個週六聽著同一位牧師的布道，要想不讓那些心情浮躁的聽眾感到厭煩或是出言反駁，這確是一大考驗。但我想，若這些改變是不可能的，那麼早晨布道的演說總是一味對《聖經》進行冗長的講解，這實屬一大遺憾。我深信，若是牧師靜靜地朗讀《聖經》，多閱讀，少講解，話不在多，只需讓聽者明瞭，讓他們感到其中的故事或是先知們的明智之處，那麼就會備受教眾的歡迎。我想，第二篇布道演說則應該充滿實用知識──將福音的智慧原則應用到日常生活的瑣碎問題上。牧師應該以清晰淺白的語言談論這些嚴重的錯誤，因為即便是那些善良之人也常容易漠視自身的錯誤，自然而然地將自己劃在錯

誤的圈子之外，似乎將心靈所有的陰翳都抖得一乾二淨。他還可以談論諸如談話、閱讀、守時、秩序、謙恭、幽默、悲傷、疾病、金錢、工作以及構成人生的無盡的奇遇等事情。當然，很難用震撼有力或是橫掃一切的氣勢來談論這些事情，而事實上也沒此必要。關鍵是要從人生閱歷出發，而不是照本宣科。要是牧師們能更多地進行布道演說，那麼這是很好的。無論即興演說多麼的不流暢，或是內容多麼不全面，都具有書面演說所不具有的力量。

我認為，在事關行為舉止這一議題上，讓聽眾深明其義而不覺冒犯的一個辦法，就是使用一些自傳體的資料。但在一些小團體裡，一定要慎用此法。

最近，我在一些偏遠地方聽到不少布道演說。我必須坦承一點，在對所有的困難都進行考量之後，我覺得這些布道演說還是實現了其應有的意義。因為，一般聽眾在此事上的態度無疑是吹毛求疵與嚴苛的。他們心中理所當然地將牧師視為性情溫和、循規蹈矩及具有陰柔氣質的人，並對此深感抱怨。而當牧師變得強勢或是演說振奮人心時，他們也照樣會搖著頭，滿口談論著這位牧師有信仰復興運動的傾向。當然，雙方都有錯誤。但我想，當牧師們花時間與腦汁去為布道演說作準備，只是懷著能讓聽眾明曉他所說的話語這一卑微的念頭，卻看到不止一位聽眾在自己眼前故意打起盹的時候，世上沒有比這個更讓人氣憤與感到羞辱的了。我常想，要是我站在講臺上一定會厲聲叱責如此不恭的行為。但是，我從未聽說過某位「不敬者」為他們不禮貌的行為道歉，即便有，也只是敷衍了事，似乎覺得他們那樣的行為是自然且富有幽默感的。

我的結論是：若某人具有出色的演說藝術，或是擁有獨創力所散發出微妙的魅力，足以讓他以全新及有趣的方式來闡述古老的真理，那麼這一切問題就會迎刃而解。因為，我們必須牢記一點，即警戒與勸寓他人 —— 這並非牧師的全部職責所在 —— 他必須還要具有魅力，引導教

眾，樹立楷模的榜樣。倘若他沒有此般能力，那麼只要能保持真誠與善心，盡自己最大的努力，在吸引聽眾的注意力時能仔細觀察、體會；當他失敗之後去追問原因的話，那麼就播下了真理的種子。也許，最大的安慰是，行動勝於言語，事實勝於雄辯。所以，最後的結果，正如白朗寧說的：「你是一個布道者，雖然你的布道不甚了了。」

　　我讀大學的時候曾聽到這樣的一場布道演說 —— 一位真誠卻緊張的牧師，聲音斷斷續續，結結巴巴。出來之後，我開玩笑地對一個朋友說：「你有沒有感覺好一點？」「沒。」他臉色凝重地看著我說。「我感覺很糟糕。」我為自己的提問深感羞恥，明白了這位牧師並沒有浪費口舌。

藝術與生活
(ART AND LIFE)

　　我的一位老朋友與我一樣都是作家，但我們的創作觀點大相徑庭。我們時常會討論寫作的苦與樂。之所以說苦與樂，要看你是否順著他的意。我們討論的沒怎麼討論寫作的工具或是習慣，無論是鉛筆或是鋼筆，坐在桌子前或是趴在長椅上，這其實都關係不大。我們討論的是寫作的技巧，或者說是寫作的藝術。他總是得出這樣的結論，即我只是一位「工匠」式作家，而他則是一位純粹的藝術家；又或者，我只是一位「業餘者」，而他則是「專業人士」。對於他這樣的結論，我不敢認同。當然，他會告訴我一些貌似讓人震驚的事實。比如，在他寫作之前，腦海中已有了極為詳盡的計畫，他清楚每一頁應該寫什麼內容，甚至細化到了每一行的字數上。當然，我在寫作時也會有一個大概的輪廓，但在下筆之前，我不敢確定某一部分大約會占據多少篇幅。當我說出這樣的想法時，他露出不屑的笑容。他語氣堅決地說，這樣的說法就好比一位雕刻家在雕琢塑像時，說自己不知道塑像手腳的比例該多大，是否一條腿應比另一條長一倍。對此，我的回答與林肯總統的回答是相類似的 —— 當軍隊參謀在討論著一位最優秀士兵的身材比例時，其中一人問：「那他的腳應該多長呢？」林肯總統回答說：「我想，腳的長度至少應該夠他們站立在地面上！」

　　朋友聽我說完之後，笑了。他告訴我，這只是一個關於寫作藝術的討論，準確地估量素材的價值，然後加以利用的問題。語言必須隨作者而動，而不是讓作者受語言擺布。對此，我反駁說無論最終長出什麼花朵，都會自有其形狀與結構的。朋友說我不尊重文學形式。

　　事實上，我是很尊重文學形式的。我認為，世間萬物的好壞曲直，其

實取決於我們所選取的眼光。在作品的意義與寫作風格上，作者是希望這些永恆存在，還是如流星劃過呢？我想，真正能留下來的，也只是個人的寫作風格了。以迷糊的語言或是混淆的思路表達深沉或是偉大的思想，是不會招引讀者的注意。這也根本不能與用華麗的語言、扣人心弦的表達方式包裝下的輕浮或瑣碎的思想相提並論。比如，詩人的思想一般而言都不是充滿新意，也不一定是細膩的，而是我們平時也會說出口的東西。只是當我們看到這些思想用對稱的詩句齊整地表達出來，就會感嘆說：「就是這樣了。我在腦海中已經這些話語思想了不下數百次，但就是難以將其形狀勾畫出來。」作家之所以顯得偉大，在很大程度上取決於讀者是否認可他們的思想。之前，作者很多的言語顯得那麼樸素與尋常，但以詩句的形式表達出來後，瞬間就能讓讀者感受到這種思想的美感。我們看到一張被人讚美的臉蛋或是創新的形式之後，多數人都能感受美感的存在。但是，詩人卻能透過生活的勞累與日常的蒜皮瑣事，找尋最為簡樸的美感。

我想，相比於表達思想時的側重以及平衡感，也許我更看重語言自身的美感。誠然，作品合理的結構與呈現的形式，也是我所願意看到的。若是寫作的形式過於明顯，在我看來就好像一株修剪整齊的紫杉樹。我更願見一棵樹順其自然地生長，而不是被修剪成孔雀或是花瓶的模樣。

我們的「鄰居」法國要比英國人對文學形式有著更為執著的精神。雖然，他們所寫的故事與小說裡不乏對形式的妙用，但我更多感到的，是壓抑而不是興奮。我覺得，他們的文學缺乏生命應有的自由與自然。他們創作的藝術形象的厚度，與人生及人性的品格都不大相符。若是某位作者想在一本書裡真實地描繪生活以及人的性格，那麼，我覺得他就該遵循生活與個人性情的自然發展規律。若是一本書充滿作者「操縱」的痕跡，我會覺得這本書只是一出木偶劇，導演在背後用手牽引著木偶的一舉一動。可能在某種程度上，這也算精彩的演出，讓人覺得有趣，但這並非我所要找尋的樂趣。我所欣賞的，是生命的神祕、斷續與甚至插曲，而不是作者流

暢但不真實的文字。因此，我偏愛內容結構鬆散、描述生動的書，就如托爾斯泰[058]的小說沒有給我糾纏於形式的感覺，而更像生活本身所應展現的畫面。我不想看到世上每樣東西都需要一個解釋，也不願意看到任何事情都排列的整齊有序。我期望更為宏大、不羈與雜亂的東西，一如生活本身所呈現的內涵，這至少讓我感覺到某種宏大與雜亂。

　　我覺得，制定任何文學原則都是毫無意義的。畢竟，這些所謂的原則都只是從一些著名作家的作品中歸納出來的。之後，可能出現了一位新生代作家，他的作品也許將之前的這些原則全部推翻了。那麼，文藝評論家又會忙著制定新的原則。就以羅斯金[059]為例吧。他早年所寫的書充滿了激烈的辯論與工整的段落，不時可見流暢的語言，就像洶湧的波濤映著日光，翻滾而過。羅斯金早期的作品無疑也是很優秀的，但他的這些作品卻根本無法與《手握釘子的命運女神》（Fors Clavigera）以及《前塵往事》這兩本書所具有的魅力相媲美。他後來寫的這兩本書讓讀者根本感受不到形式的存在，內容跌宕起伏，散發出陣陣幽香，隨風飄蕩，彷彿作者的真實思想就在讀者眼前鋪展開來一樣。當然，這時的羅斯金已經是語言大師了。他後期所寫的書都充滿了活力，帶給讀者強烈的現實感。羅斯金在創作《手握釘子的命運女神》一書的時候，必然曾感到深深的絕望。他將闖入腦海的思想記錄下來，隨寫隨停。他坐下來準備創作的時候，不知道這一章的大概布局。我想，他可能自己也不清楚即將要寫些什麼。

　　我想，藝術派作家與自然派作家的真正區別在於以下這點：藝術派作家會考慮書的內容、所具有的魅力以及形式結構等方面。我想，在他們心中必然希望獲得那些資深的書評家給予的讚美。當然，他們必然也要遵循

058　托爾斯泰（Leo Tolstoy, 1828-1910），俄國小說家、哲學家、政治思想家。代表作：《戰爭與和平》、《安娜‧卡列尼娜》、《復活》等。

059　羅斯金（John Ruskin, 1819-1900），英國傑出的作家、批評家、社會活動家。羅斯金在英國被人稱為「美的使者」達50年之久。他的文字也非常優美，色彩絢麗，音調鏗鏘。代表作：《時至今日》、《芝麻與百合》（Sesame and Lilies）、《野橄欖花冠》、《勞動者的力量》和《經濟學釋義》等。

自己的藝術良心。某位著名作家曾犬儒地說，那些認為作家寫作是為了博得讀者喝采的觀點是錯誤的，他們寫作的目的只是為了賺錢，而掌聲唯一存在的價值，只是說明了讀者們可能會去購買這些書。

這就是事實。要是作家總是想著自己的表現，那麼他們就會如鋼琴家、魔術師、舞蹈者這些「專業人士」。對這些「專業人士」來說，取悅他人是最為重要的。他們知道過多的原創是很危險的，因為人們更樂意見到他們所期望看到或是聽到的東西，而不是與他們期望相反的東西。但是，自然派作家則更加關心他想要說的話語，以及這些話語對他人的心靈或是思想所產生的影響。當然，他也必須要研究語言的魅力與感染力。但是，他寫作並非為了讓作品顯得富於魅力或是更具感染力，而是因為他無法抑制內心思想的湧動。也許，他去過一個美麗的地方，希望與別人分享他對美感的定義；抑或某個念頭閃過他的大腦，將他很多瑣碎的思想連接起來，然後他用文字將這些思想表達出來。他希望別人也能分享直覺靈光一閃的快感；又或者，在驀然回想過往人生時，突然發覺一些看似枯燥無聊的格言，原來是經歷時間考驗後的真知灼見，意識到古老的諺語並非沉悶的總結，而是許許多多人憑著無畏的希望去戰勝恐懼所凝固的真理。

我覺得，寫作就是一個與他人分享歡樂與悲傷的過程。當然，倘若某人性情簡樸、為人坦誠，就會與朋友談論一下這些事情，無論在鐵軌旁或是鄉間小路上，只要碰到了，都要聊上幾句。但是，別人可能根本不理解或是不關心。他們可能認為我這樣做是無禮的，甚至是瘋狂的。他們的表情與言語會讓我惶恐不已，乃至於認為自己真的瘋掉了。但是，作者卻可以將這些事情的榮耀、驚奇以及所有的悲傷苦楚都寫到書中，並寄望這本書能落入「正確」的人手中。當然，這本書肯定有落入「錯誤」之人手中的「危險」。也許，一些書評家會說出他們的觀點，正如不少書評家曾告訴我他們所持的不同觀點，雖然表面上帶著一定程度的尊重，但他們的意思就是，我之所以承受痛苦，根源只是因為我是一個傻瓜。有時，我甚

至準備相信他們所說的話了。但這樣的批評並不能讓那些欲「暢盡心中之言」的作家感到半點灰心，因為他們知道自己無法取悅所有人，只能認為這本書是落入了「錯誤」之人手中。我之前寫的一本書也遭遇了類似的情況。某天，《衛報》這一份很有內涵與值得尊敬的報紙刊登了一位書評家對我這本書的評論，題目是「本森先生不為人知的那一部分靈魂」。書評的內容稱，我的那本書充斥著墮落的文字，簡直就是對文學的「犯罪」，這樣的書簡直就是對讀者的一種汙辱。要是那位書評家因為這本書為我感到羞恥，我對此說聲抱歉。要是我知道他名字的話，也很樂意表達我的遺憾之情。但是，他以後只要不讀我所寫的書就可以了，而我也不會假裝宣稱自己日後就不會再寫這些內容了。我真的希望他也能告訴我他靈魂「不為人知」的一面。也許，我會被他說服，說不定還會將他那更為高尚的文學理想奉為圭臬呢。如果是那樣的話，我會覺得他為人通情達理，而不像現在感覺他的做法相當粗野。但正如我一開始所說的，我絕對沒有質疑他擁有批評的權利。要是以他那些語言來寫書的話，估計缺乏教養的人會很喜歡看。

　　但是，我害怕自己以上關於形式的論述是完全錯誤的！也許，我沒有恰當地應用資料，人物也毫無形象可言。我想，就一本書而言，我更為看重書中透出的活力與真實感。我喜歡與其他人心與心交流的感覺，我甚至認為《衛報》上的那篇書評也是具有價值的，因為作者無疑說出他內心真實的想法。當然，誰都希望與自己交流的人都能友好相待。對生活始終保持孩童般好奇與神祕感的人，是我期望與之交流的。雖然，這可能有點壓抑與甚至讓人不解，但是捕捉美感，讓自己以平和的心境去工作，這些才是重要的。我不介意與自我感覺良好的人接觸，雖然這些人將世界視為他們可以肆意沐浴陽光的舞臺，訕笑一些人不敢從軟弱或是醜陋之人手中搶走不屬於他們的東西，然後盡情享受。我本人一生都十分幸運，收入要比自己本應得到的高一些，儘管我希望這些都不是以犧牲別人的利益為前提

的。但在我的人生裡，不止一兩次遭遇到悲傷乃至危險的事情，其中一些事情讓我受益匪淺，但一些遭遇則差點毀掉我的整個人生。對於很多事情，我一直都找不到合理的解釋，只是傻傻地篤信一點，即無論前景多麼黯淡或是讓人恐懼，人生的意義遠不止於此。我也見過不少可怕的悲劇發生在他人身上，這一切顯得那麼無緣無故，讓人無法從中汲取哪怕一絲的希望。我最想看到那些遭遇過苦難並目睹過別人忍受絕望痛苦的人，仍能夠找到對此樂觀與美好的解釋，真希望他們能與我們分享一下這些樂觀美好的感念。

　　我的腦海裡盤旋著這些思想，因此對形式、行文布局乃至很多文學家們所重視的其他方面不予理睬甚至漠然相對，這也就不足為奇了。但是，漠然這樣的一種思緒是無法為自身開脫的。

　　一天，我讀到蘇埃托尼烏斯[060]寫的一段關於古羅馬皇帝尼祿[061]讓人驚訝且有趣的描述。尼祿是一位骨子裡流淌著藝術血液的人。就我們目前所知，他的表達能力很差，患有遺傳精神病。大家都知道，他的一生乃至整個羅馬帝國被他搞的一蹶不振。但這段描述講述了尼祿對發生在高盧的叛亂所做出的反應。尼祿以純藝術眼光看待叛亂這件事。晚餐後，他與他的一些精神不正常朋友舒適地坐在一起。尼祿神態迷離地說，他已下定決心，馬上就前往發生叛亂的高盧行省[062]，當他一到達那裡，就手無寸鐵地站在叛亂軍隊面前，什麼都不做，只是哇哇地哭，這樣的話，叛軍就會深為感動，馬上繳械歸順了。翌日，叛軍都將聚集在一起歡慶感恩節，高唱由他創作的頌歌。他說，自己馬上就去寫頌詞。

　　我不知道尼祿所想的計畫是否實現，頌歌是否寫好。但在我看來，這

060　蘇埃托尼烏斯（Gaius Suetonius Tranquillus, 約西元 69 或 75 年 - 西元 130 年之後）羅馬帝國時期歷史學家，屬於騎士階級。他最重要的現存作品是從凱撒到圖密善的 12 位皇帝的傳記，即《羅馬十二帝王傳》（*De Vita Caesarum*）。其他作品內容包括羅馬日常生活、政治、演講，著名作家（包括詩人、歷史學家、文法家）

061　皇帝尼祿（Emperor Nero, 37-68），古羅馬皇帝，以荒淫無度而著名。

062　高盧行省，現在的法國地區

個例子淋漓盡致地展現出某些人更看重展現出的藝術性，而不那麼重視所取得的結果。這就是藝術家眼中只有藝術性念頭所具有的危險。雖然，我真心喜歡苦心孤詣寫成的著作，也會因一首讚歌而內心雀躍，但我並不認為這就是藝術的終極意義。所有的故事都必須要以美麗的語言、富有感染力的方式傳遞出去，否則一般人不願意去聽的。但是，藝術的意義在於對生活的批判、閱歷的比較以及歡樂的分享。

憐憫的分寸
（SYMPATHY）

男女之間最顯著的區別，在於他們對憐憫所需要的程度以及利用這些情感的方式。對一些人來說，在面臨損傷、災難、失意或是疾病的時候，別人給予的憐憫支撐著他們，讓他們獲得心靈的寬慰，使疼痛的傷口得以痊癒。也有一些不是十分勇敢或是意志堅定的人，但在這些情形下卻不需要或是渴求他人的憐憫。後者在面臨災難之時，本能的反應就是盡可能迅速地將其忘懷。他們抑制悔恨與悲傷的方法，不是去直面，而是選擇讓自己分心，不沉浸其中，將自己拉回正常的生活軌道。就個人而言，當我身陷煩惱之時，最讓人寬心的陪伴並非來自那些在言語或行為上流露出憐憫之情的人。想到自己的煩惱給別人心靈造成的壓力，這只會讓我心中更感悲傷。有些時候，心靈正以其自身的方式自癒，而一些憐憫的話語反而會給我們造成傷害。此時，那些安靜之人才能產生最為持續的影響。若是別人要求給予實用的幫助，他們會立即提供；若是沒有這樣的要求，他們會很有技巧地忽視他人處於憂煩的現實，舉止一如往常，自然從容。因為，對他人最好的鼓舞，就是努力地展現出正常的舉止，給他一種他的痛苦並沒有為別人帶來額外負擔的感覺。當然，有時在悲傷、煩憂或是苦楚之時，坦誠地說出心中所想的話，這也是對他人心靈的一種巨大慰藉。但是，我們要看準時機，審時度勢，而不能給原本正緩慢癒合的傷口上撒上一把鹽。

對憐憫之情所需的差別在身染疾病之時表現的最為強烈。有些人熱衷於過分對病情的了解，希望知道疾病每個症狀的細節，甚至沉浸於病痛帶來的不適感覺。我覺得，他們沒有必要時刻去壓制內心的這種傾向。因為

若是這些人沉默不語，就很容易獨自在憂傷中過分渲染自身所遭受的苦楚。另一方面，有些病人則希望，當他們感覺不適的時候，別人能告訴他氣色很好這樣的鼓勵話語。這些話語發揮暗示的作用，能夠重新恢復他們抵抗疾病的希望與能量。

當然，有時在面臨喪親之痛的時候，無論男女都會面臨一個危險，那就是要面對失去親人所帶來的絕望與孤寂感。這種悲傷激發出的愛意，就如流水潺潺地湧向心靈的荒漠地帶，使之重新恢復生氣，這是毋庸置疑的。在承受喪親之痛那段悲傷苦楚的日子裡，清晨醒來，天色灰蒙，突然間就要面臨這個世界可怕的孤獨與沉默，要是沒有他人言語或行動上展現出憐憫之情，是很難熬過去的。但是，這些憐憫之情也只能當作是一劑藥，而不能成為一種依賴。因為，活於世上，人必須獨自肩負一些重擔。這些負擔是無法讓他人頂替的，而要自己勇敢地擔當。事已至此，只能節哀順變。朋友的責任並非去消弭這些悲傷，而是要讓飽受痛苦的人明白一點，人生的意義並非就此終結，還有很多的東西值得我們繼續活下去，還有很多責任與追求支撐著我們，未來的人生充滿著希望與歡樂，這些都是當下悲傷的情感所不能抹殺的。

誠然，對痛苦的承受者或是那些知道如何去幫助他的朋友而言，不好掌握的一點，就是如何界定這種沉浸悲傷的情緒開始質變為病態了。要求那些剛經歷重大災難或是忍受悲傷苦楚之人拋開過往，重新回復到正常的生活，繼續承擔之前責任的做法，就像在尚未癒合的心靈傷口上撒一把鹽。正如堅持讓尚未康復的雙腳飛快跑步。我時常想起安德魯·巴頓爵士所寫的一首古老歌謠：

「讓血流一會吧，我只想躺一下，
然後，我就會站起來，重新戰鬥。」

即便是最好的朋友，所能做的也只是給予他一些積極的暗示，並鼓勵他恢復正常的生活狀態。朋友必須知道從何時起就不該繼續給予這些鼓勵

了。在一些微妙的關節點上，本能是最好的指引。睿智的醫生或是富有洞察力的朋友一定要察覺到，這種自然的悲傷何時質變為病態的沉浸。

　　我認為，在這方面，男人要比女人更聰明一些，更清楚什麼時候應該恢復到正常的生活中去了。也許，這是因為男人的憐憫心是很有限的吧。女人的心更為感性，會本能地去注意那些讓人悲傷或苦楚的事情。男人一般會對此很不以為然，遠離任何讓他感到破碎或是痛苦的事情。要是他人需要實際的幫助，他們也會慷慨地給予，但是他們卻沒有如女人那種感性本能。痛苦的畫面通常給男人一種無助的不幸感，所以他們希望擺脫打亂他平靜生活氛圍，不想受此感染。很多男人在工作的時候，都懷著某種程度的幽默心情。存在於悲傷影子下的幽默，顯得那般醜惡與犬儒。但是女人們：

以直覺編織花環，
以苦痛的事作鑲嵌。

　　但女人的心卻時常惦記著悲傷，時時泛起惻隱之心，心軟的無可救藥，所以她們竟然找不到一絲讓自己歡樂的理由。事實上，無論男女都需要別人的憐憫，讓自己堅強起來。存在的分歧，就是我們何時該停止悲傷，站起來重新戰鬥。

　　基督科學蘊含的一個偉大真理，就是不要蠻橫地將悲傷與苦楚視為不真實的現象。這些現象真正所彰顯的高尚真理，就是勝利、希望與歡樂永遠存在。人的心智必須以自身的武器來抵抗痛苦，將所有心智慧量都調動起來。即便在脆弱與失敗的時候，很多人都比想像中能夠承受更多。

　　對於大多數人而言，大度真誠地分享他人的歡樂、幸福與成功，是更為困難的。我們總覺得，快樂既然如此歡喜，就不需要他人的共鳴與分享了。因此，我們往往不經意地恭維幾聲讚美之語，轉而去談論更加適宜的事情，時常糟蹋了我們朋友的勝利感與歡樂。在一個精力充沛、興致高昂

的人面前，裝作高興的樣子，特別是此人還要求你專心致志地聆聽他的話語，這是一種很大的壓力。即便別人沒這麼要求，分享別人的快樂，這對自律的培養很有必要。閱讀名人傳記時，我發現沒有比對他人的成功給予大度真誠的讚美更加稀缺的特質了。我想，每個人心中都希冀獲得某種程度上的影響力與力量。讓人驚訝的是，我們實現這個目標的途徑竟是如此婉轉！很多人以為，對他人取得的成就進行嚴厲與尖銳的批評，就會讓聽者感受到自身某種優越感。對別人表現的否定與貶低，只能帶給自己失落與不滿的情緒。而哪怕是出於最不真誠動機，給予別人掌聲都能讓他們更加迅速地前進。當然，我不是說人應該養成口是心非的習慣，違背自己的良心去說些虛假的話語。但就批評而言，關於吹毛求疵，其實也沒什麼好說的。無論在什麼行業，粗製濫造的作品，速度必然是快得驚人。但是，我們必須隨時準備去對任何金子般的事物給予客觀真誠的讚許。

但真正讓人進退維谷的東西，卻隱藏的更深，一如精神層面上所有事物。若是某人犯了錯誤與或是失敗之後，發現自己本性冷漠與思想狹隘的話，那麼他該怎麼辦呢？在此等基礎上加入偽善，是否會變得更糟呢？那他是否應該每天都表現出其自身所不具有的慷慨精神呢？是否要讓他對真心反感的東西給予偽善的讚美呢？

要是某人能一一回答這些問題，那麼，他就掌握了人生的祕密。人所能說的最大言不慚的話，就是聲稱了解並洞察自身的缺陷，然後憎恨這些缺陷，為之嘆息。所以，我們依然在緩慢地前進。更為美好的是，還有一樣被我們稱為「上帝的優雅」的古老東西。若是我們為之努力，就可將之進駐自身狹隘的心胸，一如湖水注入狹小乾枯的小溪流道。我們要盡力而為，就不會感覺我們無所依靠。正是認知到這一樸素的祕密，讓過往許多心靈軟弱的人成長為人生英勇的戰士。

論嫉妒
（JEALOUSY）

「嫉妒」一詞在過去 300 年間改變了其原本的詞義，被染上了一種灰暗的色彩，特別是在情感方面上。例如，我們稱一隻狗很有嫉妒心理，意思就是這隻狗對於主人給予其他狗的注視感到怨恨，甚至是當主人對別人表現出關注也會感到悶悶不樂。要是說某人很有嫉妒心理，就是指此人希望他或她所處圈子裡的人都只關心他。這個詞無疑隱含著卑鄙、罪惡與讓人厭惡的內涵。有時我不禁會為此詞竟然出現在《聖經》裡，用來形容上帝感到不解。例如，在《十誡》裡的第二誡中，「你的主，我，就是一個有嫉妒心的上帝」。此處，此詞用來表達上帝對偶像崇拜的憤怒。而當以利亞[063]使用此詞反對太陽神崇拜時，並沒有包含任何個人憤懣之情。時至今天，「嫉妒」一詞仍可表示這種特殊的情感。當某人對他人比自己更加成功表示「眼紅」之時，即是表達這層意義。但是，當人們對他人使用此詞時，無一不蘊涵著對他人可憎可悲的道德軟弱的叱責之情。這個詞竟然使用到形容上帝身上，實在讓人遺憾。誠然，要想表達某種神性的意義，卻又不借助指代人類情感的手法，這是很難實現的。有人會說，在這個特例裡，人們只需一個簡單的解釋即可。但是，對某個表達方法熟悉的人並不總會為對此感到陌生的人提供一個解釋。事實上，人們默認了這個詞在《聖經》中形容上帝。而此詞在形容人的時候，幾乎都帶有一種讓某人感到恥辱的內涵。

嫉妒之心與智趣及理智所衍生出的缺陷，只是人類動物本性的殘餘。諸如虛假、偽善、不敬、犬儒等缺陷，皆因錯誤使用理智及想像所致的。

063　以利亞（Elijah），《聖經》中的希伯來先知

但嫉妒就如野獸般的缺陷，是一種自私與怨恨的念頭，不忍見別人獲得自身所無法享受的東西。有時，這種嫉妒之心不止於此。當深陷妒忌的泥潭之中，就不願見任何人感到快樂，即便自己感到快樂。也有某些人在給予他人幫助之時，附加的條件讓本應的優雅蕩然無存。更糟的是，有些人會向別人的歡樂潑冷水，貶低或是淡化他人的成功。一個最為著名的可笑例子，當屬白朗寧夫人[064]的父親——巴雷特先生了。巴雷特是一位深愛著子女的人，他希望能得到子女們的愛，以至於不願看到他們去關心別人。他拒絕女兒的婚姻，理由是女兒會離他而去，而這樣做是缺乏感恩之心的。當白朗寧夫人知道父親是不可能同意她與那位詩人的婚姻時，就與白朗寧私奔，跑到義大利去結婚，希望父親有朝一日會原諒自己。但是，巴雷特從來都沒拆封過她寄來的信件，拒絕見她，冥頑地守著自己執迷的信念。這造成了白朗寧夫人極大的傷害，但她卻始終能以積極的心態去看待這一切，篤信任何人都沒有阻擋他人獲取幸福的權利，或是否決他人擁有婚姻之愛的至高權力。在這個例子裡，巴雷特先生的嫉妒之心可說達到了偏執狂的程度。也許，時至今日，我們還是不可能以某些心理或道德扭曲的緣由，而去原諒某人在性情上如此不顧一切地沉浸於有害的習慣之中，儘管此人其他方面表現的很理智與健康。若是某人一直以來都以某種偽裝的舉止行事，不僅違背原則，還與自身更高的目標與願望背道而馳，但人們可能還會原諒這樣的人。但就巴雷特這個例子而言，他似乎從不覺得自己的行為是毫無意義且蠻不講理的，也沒從覺得應該要以倫理或宗教等原則來約束自身的行為舉止。

　　當看到嫉妒在低等動物身上彰顯之時，那種景象有某種近乎悲哀的美麗之感。我的一些朋友都豢養了極有感情與忠誠的柯利牧羊犬。其中一隻小狗的女兒「結婚」了。當牠的第一個小孩出生後，牠帶著自己的小孩返

064　白朗寧夫人（Elizabeth Barrett Browning, 1806-1861），英國著名女詩人，白朗寧之妻，代表作有《葡語十四行詩集》（*Sonnets from the Portuguese*）等。

回娘家來「省親」。但是可憐的羅沃無法了解眼前所發生的一切。一隻讓人討厭的小傢伙，一點都不像狗樣，只會吃喝拉撒，無法與牠一起玩耍，與牠一起散步，或是為牠扔棍子，但卻吸引著眾人的目光，讓家裡人都圍著牠團團轉，打破了原先家庭的和諧氣氛。在嘗試獲得他人關注目光的努力無果，連續幾個小時遠離那群興奮的人群之後，牠就搖擺著尾巴，嘴裡叼著棍子與信封，擠出可愛的表情希望能喚醒他人的漠視。直到最後那個「低能兒」被放到沙發裡，牠跑過去輕輕地咬了一下「低能兒」的手臂，但這足以證明了別人不應該忽視牠的存在。慶幸的是，我的朋友意識到他們不應該顧此失彼。他們不僅沒有揍羅沃一頓，或是讓牠滾開，而是給予牠足夠的關心。羅沃的壽命很長，成為了一隻寵物狗，也與當年那隻曾讓牠厭惡的小狗成為了友好的夥伴。

但當與這類似的嫉妒心理被理智之人放縱與鼓勵之後，讓周圍的人都感到自己不良的脾性，這無疑是一個窮凶極惡的缺陷。最糟糕的是，這一缺陷通常在一開始的時候源於一種敏感與深情的本性；其二，這種嫉妒之心是朋友或是親人們都應注意的，避免傷害到別人。原因很簡單，倘若他們內心的這一「嫉妒惡魔」沒有被喚醒的話，嫉妒之人一般而言都是極富魅力的。而倘若他們的猜忌之心一旦被啟動，會讓周圍所有的人都變得不安、沮喪，急著想要找逃開的路，或是悶悶不樂緘默著。

對於他人比自身更為不幸的遭遇，我們志得意滿的冷漠甚至暗暗竊喜的心態，是極為陰暗乃至邪惡的因數。某天，我沿著劍橋郊區的道路散步。在我前面的一個人騎腳踏車時發生了意外，摔到在地。他的衣服被撕扯爛了，車子變形了，顯得很古怪。更甚的是，他天生長著一副憂鬱與悶騷的面容。他扶著腳踏車，慢慢地向城裡走去，我在後面緊緊地跟著他。在接下來半公里的路程裡，幾乎每個看到他此般情形的人都難掩臉上的微笑，有人甚至大聲發笑。雖然，我肯定那些見到此情形的人都是善意且幽默的。若是此人真的傷勢嚴重，他們必定會上前給予幫忙的。他們見他只

是有點形容不整、舉止窘迫而已，他有可能受了一點輕傷，可能時間有所延遲甚至需要一些花費。路上的旁觀者都清楚，他們肯定不願意自己身處那般被路人嘲笑的尷尬的處境。但是，嫉妒心的本能，雜糅著活躍想像力的缺失，是那麼的強烈，所以這樣的情景必然會帶給他們愉悅的心情。

　　無疑，這個事實可解釋日常生活很多嫉妒心發作的現象。大多數人心中恐懼與羞恥的一面，都讓他們不忍見別人的好運氣，或是為他人的災難而暗自悲傷。當然，對於與我們最為親密的圈子裡的人而言，這一事實並不能成立。因為與我們親近的人，即便是那些我們並不怎麼愛的人所身處的悲傷，都重重地壓在我們的心頭，或至少讓我們心情不暢。若是一場「金雨」散落在他們身上，至少也會有一些濺射到我們身上。我還記得，在我還是個小孩的時候，有人對我說，我的一個弟弟獲得一筆小額的遺產，因為這筆有爭議的遺產是屬於他與其他幾個兄弟的，雖然最後並非如此。但我仍記得當時我的第一個反應 —— 我現在必須要說，我為此感到恥辱 —— 那種心理狀態讓人難以感到快樂。當時，我的那顆尚未開化的心靈閃過的第一個念頭就是：「為什麼是他，而不是我？」我並沒有以最大的惡意來揣度人性，宣稱大多數人都以聽到身邊的人發生不幸為樂，但當時所勾起的情感卻並非純粹的悲傷。即便是最為善良的人，當聽到災難並沒有降臨到自己身上的時候，都會油然而生一股飆升的安全感，或至少是某種感恩的情感。但是，真心為熟悉之人的成功或是好運而感到高興，這彰顯了一種真正的大度與善良的品格。我們多數人在這方面都是需要自律的。深思之時，倘若感覺對於別人的成功悶悶不樂，對於他人的災難不見憂傷，就很有必要去培養一種羞恥感與自我鄙視感。與人同歡，與人同悲這一使徒般的戒律絕非陳腔濫調，而是一個基督徒行為舉止真正與亟需的箴言。

　　當然，所有這些在很大程度上都只是性情的問題。總是拿「我就是這

樣子的啦！」這句話來自我解脫是很危險的。關鍵的是，要知道如何去破除「舊我」，如何去做出改變！

我的一位朋友告訴我他到一位名人家拜訪的經歷。他在客廳裡看到了主人的妻子以及和她住在一起的未婚妹妹。她們兩個都是很有天賦、富有成就與性情開朗的女性。他們三人進行了很有趣的對話。突然，樓下的前門被打開，又被「轟」的一聲猛然關閉了。這兩位女士沉默了一會。小姨子馬上找個藉口，走出了房間。過了一陣子，她回來了，臉上帶著很勉強的微笑，低聲地對主人的妻子呢喃著什麼「他說他沒有茶了，也許妳到樓下去看看吧。」妻子就下去樓下，出去了幾分鐘。她回來之後，瞄了幾眼自己的妹妹。小姨子再次藉故走出了房間。所以，大家都變得毫無心思，對話也斷斷續續的。我的朋友覺得最好還是儘早離開為好，就說聲道別，深覺自己的離開是一種解脫。他對我說，回想起相似的情形不斷地重複，內心備感壓抑。那位妻子的丈夫無疑是一位情緒之人、有點嫉妒、有點惱怒、有點自我以為是，他的不滿就像一片烏雲，沉沉地壓在性情愉悅的妻子頭上。倘若事情不如他所預期的，就會變得惱怒。與此同時，若是別人注意到他情緒的變化，或是覺得別人笑話自己、擺布自己的時候，他會變得很煩惱。在這些例子裡，最讓人感到不安的，是在一個原本可以創造和諧氣氛的環境下，這種性情愚蠢地浪費著我們的幸福感與平和的心態。但是，這種情形並不少見，原因只是缺乏一種自律罷了。

對於擁有這種性情的人而言，唯一的希望，就是他們必須要在人生早年就意識到這種性情所能造成的不幸，並下定決心，無論內心有什麼感覺，都要表現出禮節、正當與善意。但是，實現這個目標的一大障礙，就是生活中最為瑣碎的事情常常不斷激發出內心不安分的猜疑。就嫉妒之人而言，他們心中有一股強烈的自滿之感，覺得能夠對周圍的人產生影響或是思想上的震撼。但是，這種所謂的影響力是很卑鄙與自私的。最糟糕

的，是人們對他人身上所展現出這般舉止表現出的鄙視與譴責，但是對自己做同樣的事情卻覺得「出師有名」，同時，還對自身超級敏感的驕傲性情沒有一點的鄙夷之情，這才是最要命的。

忠言逆耳
（HOME TRUTHS）

　　坦誠地告訴一個朋友的缺陷，這是一種特權還是懲罰呢，這個真的很難說。每個人或多或少都會有一兩個相當明顯的缺點，也許這些缺點本身並不嚴重，可能只是脾氣、禮儀、舉止等方面的缺點，也可能是讓人惱怒的小把戲、錯誤的辦事方式，厭倦的吝嗇等等。但是，這些缺點卻會招致人與人之間的摩擦與不快。讓人難以想像的是，背後的動機竟然如此之無害。比如，我認識一位富人，他為了不付車費錢與飯店費用而絞盡腦汁。我猜想，這種行為根源於一種習慣性吝嗇的欲望。他可能沒有察覺別人會對此有所觀察，或是說三道四。若是他意識到朋友對他這些行為所表示的不滿言語，那麼，他就會狠下功夫去加以改正。生活中還有很多小習慣，比如使用某種牌子的香水，身體洗不乾淨，使用過的牙籤到處扔，清嗓時無所顧忌等，這些習慣在旁人看來可能是極度反感的。在公共場合下，很多社交失禮的情形，比如魯莽、言語唐突、自相矛盾、脾氣暴躁、吹毛求疵，將自己的愛好強加於別人等。這些失禮形成的部分原因，是因為當事者缺乏觀察，有些則純粹是個人自私所致。也許，這些缺點本身都並不是很嚴重的，但要是能剷除這些缺點的話，將給身邊的人增添更多的愉悅。還有諸如勢利、好管閒事、不守信、侵犯隱私、八卦、炫耀、吹毛求疵等毛病，雖然無損美德或是榮譽，但卻讓他人感到不拘謹，這些都是應該改正的。

　　問題在於，若當事者是你的朋友，你是否該將這些事實說出來，讓他有所領悟呢？很多情況下，當事人都是毫不察覺自身的這些缺點，因為這些都是從很小的行為慢慢演變出來的。若他生性不敏感，缺乏觀察力，也

就難以察覺這些缺點所產生的巨大負面影響。

容我舉一個簡單的例子說明在這種情形所發生的事情。我認識的一個朋友養成了在打呼嚕發出奇怪聲音的習慣，他說話的時候也不時夾雜著這種聲音，讓他人瞬間陷入沉默，顯得很荒謬，讓人很反感。他的家人都在討論這個問題，最後決定讓一位近親告訴他這個事實。這個親戚也這樣做了。當事者得知後感到很惱怒，口中喃喃不停，堅決否認，並聲明自己將會改變這個習慣。他在很短的一段時間裡做到了這點，不久就故態復萌，甚至變本加厲了。此時，他深信自己已經完全改變了這個習慣。此後，他再也沒有原諒那位親口告訴他這一缺點的親戚。

我的一位朋友想到一個應對這個問題的妙計。他認為告訴朋友他們的缺點這個任務是很迫切的，但又不能讓他的朋友這樣做。所以，他覺得必須要設立一個小型機構，聘請一些「說真話」的檢查者搜集一些反應上來的資料。當報告的內容得到了足夠的證據支援，那麼這個機構就會考慮對當事人給予回饋，當然這需要一定的費用。「說真話」的檢查者拋棄偏見與成見，若是可能的話，最好站在公正與客觀的立場跟當事人談心，告知當事人這些缺點。我的朋友肯定地說，這個機構必然要比立法工作更能給家庭帶來和睦。

撇除玩笑的成分，解決這個問題真的很棘手。有時，運氣好的時候才會碰到一個直接的機會。要是某個朋友直接這樣問，那麼解決之道是很明確的。我的某個朋友曾問我如何擺脫所處的困境，因為他之前在私人場合說的一些話讓他與別人的關係弄得很僵。他讓我坦誠地說是否錯在他身上。這個例子裡，他的錯誤存在於言語不當，因為他在表達自己的時候，經常過分誇張，對事情因果毫無節制的評論。我坦誠地告訴了他需要改正的地方，他對此非常感激。此事之後，我們之間的友誼更加牢固。而他最後也成功地克服了這種習慣。

在怒髮衝冠的時候，我們會獲得一個說出事實的機會，無論是否有

理。某位著名法官有這樣一個習慣：每次玩完惠斯特橋牌遊戲，他總是不留情面地批評與他一起玩牌的人。「要是你出『王后』這張牌，那你就贏定了。你竟然不這樣出牌，毀掉了這手好牌，真是讓人難以置信！唉，最後我們都輸了！」那位犯錯的玩牌者並不擅長玩牌，也是一個性情暴躁之人。這位法官語氣激烈說完之後，他說：「先生，你似乎還想當然地以為，我們還在你那個讓人噁心且過時的治安法庭裡！」

此人的回答充滿赤裸裸的憤怒，很難說這種憤怒是無禮的。我必須要說，這是一種極為有效的反駁方式。

當然，這涉及到社交方面的問題了。一旦涉及倫理範疇，事情會變得更加棘手。有些人給他人留下了錯誤的印象，引起別人的誤解或反感，影響辦事效率。有時，身為他的朋友似乎有義務給他一點提醒。但是，我們必須要記住這樣一個事實，記住把別人當人看。倘若真覺得有必要說出自己的想法，就要冒別人不領情的風險，這點是必須要考慮的。更為嚴重的是，我們還可能失去這個朋友的友誼與信任。當然，我們應對那些勇於說出朋友缺點的人增添幾分深情與尊敬。因為人心都是肉做的。在一個知道自己缺點的人面前，的確很難完全處於放鬆自在的狀態，因為人心都是肉做的。

因此，涉及到的關鍵問題，就是我們是否應該為了幫助朋友提升道德層次而冒失去友情的風險呢。倘若我們翻看《福音書》這一章節，就會發現很多篇幅都關於愛他人，急人所急，而幾乎沒有任何關於挑他人的錯誤，給予說教或是提升他人的內容。心靈純和者與和諧製造者都將得福；而責罵者與叱責者難有福祉。在〈浪子回頭〉這則寓言故事裡，父親無疑是故事的主角。這個寓言被人稱為浪子回頭，故事本身讓人感到遺憾。因為「浪子」的性情並不張揚，坦白地說，他悔恨的話語讓人感到可悲。但是，父親對兒子並沒有一聲的責罵。這個可憐的「浪子」接受的懲罰已經足夠多了，父親不想繼續給他增添痛苦。父親沒有以過往的經歷進行沉

重的道德說教，也沒有表達希望兒子改過自新的話語。沒有責罵、沒有質疑、沒有規勸，他只是將原本已經心靈憔悴的兒子融入到自己的心靈中，讓那些吟遊詩人詠唱一曲，寬慰這個浪子的心。唯一表達出合理憤怒的人就是「浪子」的哥哥。父親對這位毫無感恩之心、讓人鄙視的哥哥，也沒有絲毫的抱怨，只是希望他能摒除陰暗的思想，讓內心充盈著自然與友善的快樂。這個寓言故事的內涵，就是無論身處患難或富貴，都要一如既往地去愛別人，這才是人生獲得勝利的真正途徑。真正富有價值的提升與改過自新，都只能由此獲得。正如史蒂文森所說的，人生閱歷所交的學費，往往是很沉重的，但這是難以避免的！要是人類不願聆聽摩西或是先知的箴言，那他們也必然不願傾聽一位死而復生之人的話語。懊恨與遺憾都只是罪惡投下的陰影，沒有任何癒合心靈的力量。唯一可重塑人生的力量，只能是不顧一切的愛所帶來的美感與幸福。即便將邪惡全部驅趕，所留的空白仍是一無所用，除非能以更為美好強大的力量來填充。也許，這不是清教徒的信條，但這是基督徒信條 —— 萬物皆不能阻擋愛的腳步。唯一讓耶穌基督發出嚴厲譴責的，就是冷漠無情的自以為是。毋庸置疑，毫無保留與不顧一切的愛要比所有不根植於愛的道德標準 —— 無論多麼高尚 —— 都要更為高遠與更為神性。任何事情都不能僅憑單純的否定來實現。但是，對每個人充滿希望、期望或是信念的愛意，最終都將演變成濃濃的愛意，充滿價值，最終取得勝利。這都需要我們為之努力，為之奮鬥。在自我提升之時，純化心靈，實現其原先的本意。

論迷信
（SUPERSTITION）

　　我還記得小時候坐在一列「勤奮」號的火車上，沿著諾曼第一條地勢較高的鐵軌行駛的情景，那一年應該是 1879 年吧。我看到一片開闊的鄉村景色：蒼綠的田野，樹木環繞的農場，一幢幢白色房子組成的村落錯落有致。坐在我旁邊的是威斯科特，時任劍橋大學教授，他與我們一起在暑期度假。他身穿黑色的衣服，略顯粗糙，頭髮有點灰白，戴著柔軟的帽子，看上去精神矍鑠，肩上披著從不更換的灰色方格的方形披巾，手裡拿著普通的寫生畫紙。他靜靜地坐在位置上，身體微彎，雙唇緊閉，雙眉緊蹙，雙眼炯炯地望著窗外飛馳的風景。他不時脫帽，似乎在向什麼東西致敬。我觀察了他很久，最後問他為什麼要頻繁地脫帽子。他震驚了一下，露出疲倦的笑容，接著他紅著臉說：「向那些喜鵲致敬！」的確，在鄉村一帶真的能看到不少喜鵲。有時，兩三隻喜鵲身子穩穩地站立，表情自若，倏忽飛到附近雜木林的巢穴裡，長長的尾巴在空中愉快地舒展。沉默了一下，威斯科特接著說：「我還是孩子的時候，就養成了這個愚蠢的習慣。每當看到喜鵲，就忍不住致敬，那裡還有一隻！」說著，他又脫下了帽子。

　　我時常回想起過往一些美好的情景。其實，很多像威斯科特教授所說的天真「羞愧感」的情感，都可以歸類為某種迷信的敬意。對此，威斯科特無法給出合理的解釋，也始終無法改掉這個習慣。事實上，每當我看到喜鵲的時候，都會吟唱一首古老的歌謠：

> 「一隻喜鵲，孤零零，
> 兩隻喜鵲，喜洋洋，
> 三隻喜鵲，必有一傷，
> 四隻喜鵲，喜生貴子，
> 五隻喜鵲，其樂融融。」

最後一句有種神祕的喜樂感。但是，我更願看到兩隻或四隻喜鵲在一起，不想見到牠們出現「孤零零」或「必有一傷」的情況。

讓人不解的是，多數人都會有兩到三個屬於自己的「小迷信」。一般來說，這些「迷信」的出現的情景通常能喚醒短暫、愉悅的興奮感。人們很難去解析這種情感的出現。我們是將這一現象視為災難即將降臨的原因，抑或只是我們無力避免的不幸所發出的預警信號呢？一些迷信是有辦法可以解決的。若是不小心將鹽灑到地上 065，那麼就要站得筆直，抬起右手，在高於左肩膀的位置，灑下一些與此相剋東西。每當遇到這種情形，我總是這樣做的！我猜想，人們可能覺得善良的天使與邪惡的天使不時會出現的 —— 善良的天使在右手，而邪惡的天使在左邊。將鹽灑在地上，暫態啟動了邪惡的力量，而將右手越過左肩膀，就可在邪惡的眼皮底下將其趕走。一般而言，大多數的迷信都很難在現實生活中找到實在的解決之道。在打破一面鏡子，或是看到初升的月光照在玻璃杯上的時候，很多人都只能「坐以待斃」，內心顫抖，生怕恐怖的災難會在某刻突然降臨。還有一些迷信的心理，比如在梯子下行走是不吉利的。但是，我卻總是有意識地這樣做。我想，這種迷信心理產生的根源只是「以防萬一」的心理作怪罷了。難道是因為害怕被掉下的瓷磚砸到嗎？可以肯定的是，由來已久的恐懼存在的根源，可以追溯到那個荒蠻的時代，那時人類認為這個世界充斥著無形的邪惡精神，會對任何犯錯的人都給予狠狠的報復。但讓人不解的是，這些所謂的「錯誤」都是那麼瑣碎與無害！要是某人故意犯下罪

---

065 在西方文化裡，鹽灑在地上被視為一種不祥的徵兆。

惡，「迷信」給此人相應的懲罰，這似乎更為明智一些。但是，招致不可思議的惡意力量進行攻擊的現象，幾乎都完全是偶然的，而且報復的機率是極為隨機的，讓人難以琢磨。

深陷迷信中的人絕非一概是心靈脆弱或愚鈍的。在很多精力旺盛與具有理智之人身上，也能感受到他們的迷信習慣。我的一個親戚身體素養極好且神智正常，但卻是一個迷信的「痴迷者」。某個冬夜，他跑到我的房間。當時房間裡點著三根蠟燭，我正在伏案寫作。他跑到案檯邊，小心翼翼地將其中一根掐滅，我對此表示不解。「要是你點上四根蠟燭的話，我不介意，」他說，「但是三根的話，這是最不吉利的。」

更加怪異的是，迷信之人從來都不對此進行深入的探究。倘若他們違反了一個迷信的原則，他們就記錄下來所發生的結果，無論是否會出現所謂的後果。那麼，他們就可確認或是摒棄這一迷信的理論。但是，他們就是不這樣做。我曾對一位認為用餐時人數為「13」就很吉利的人說，這個數字其實只是一個百分比而已。要是「13」是吉利的話，那麼「14」、「15」這樣的數字也一樣吉利啊。她是一位充滿活力與智慧的女人，她回答說：「哦！你們這些男人怎麼都有理智這個讓人『討厭』的習慣呢！『14』是不對的，我每次與教堂牧師聚餐的時候，都要求人數一定要剛好達到『13』，結果什麼不祥的事情都沒發生。這已經被證實了很多次了。」

在歷史上，關於迷信最為有趣的兩個例子，莫過於莫德大主教與詹森博士了。大家都記得莫德所做過的夢，其中有一個夢是這樣的：夢中，他的牙齒全掉了，只剩下一顆，而他「用雙手費力地固定著這顆牙齒」，祈禱這一切都不是災難的前兆。顯然，這是一個將事情原因與表現方式混淆的典型例子。即便這個夢境會觸發一些災難，他也是無能為力的，只能坐等所謂的後果。否則的話，這對他而言，只是一個善意與及時的告誡而已。但是，祈禱著一切不要是災難的預兆，這彰顯了心智混沌時有趣的一面。莫德總是從聖詩與教義中搜索一些勘寓或是預示的內容，雖然他精力

充沛、為人果斷，我行我素，對他人的情感也不怎麼體諒，但他的這方面舉止還是顯示出他緊張的神經，內心的焦慮。詹森博士則沒有那麼古怪。在他睿智的幽默與敏銳的思維背後，他其實患有不為人知的憂鬱症。誰能忘記他的「迷信」舉止：走出大門時，總是小心翼翼地先邁出右腳，接觸到支柱後，嘴裡呢喃著禱詞，或是毫無徵兆地大喊一聲的情景呢？

在所有古老的迷信故事裡，我想西塞羅講述的一個故事應該是最為有趣的。因為，這個故事不僅說明了這種習慣心態的本質，而且還讓人對拉丁字母的發音增添幾分好奇心理。當時，西塞羅在布魯迪辛烏姆，即將乘船前往希臘。一個賣主來到碼頭，叫賣著「柯尼安無花果」[066]。（"Cauneas! Cauneas!"）西塞羅說，那時他決定不能馬上動身，接著改變了相應的行程。事實上，「Cauneas」這個拉丁詞語是正常的發音，與「Cave ne eas」（不若歸去）一詞發音相近。叫人疑惑的是，西塞羅並沒有想要勸告與他同行的人不要登船，他只是覺得自己很幸運可以破解這個徵兆，這也是人們在這些事情上所持的一般態度。我們認為，所謂的天意並不只是負責分配好運或是徽運，讓人無法扭轉災難降臨的命運，但是，冥定的天意會以某種渺茫的方式讓少數為命運所青睞的人得知禍福將至的前兆。正是這種心態讓整件事充滿著某種墮落的味道，因為這暗示背後暗藏著變化莫測的惡意精神，這種精神以讓人感到失望或是惱怒為樂，會與人們開一些難堪、尷尬的玩笑，就像天衛十七星的卡利班[067]。

「休要愛，休要恨，只要選擇即可。」

我認為，教育的普及會將這些迷信掃蕩乾淨。但是，這些古老的情感會在偏遠的地方或是鄉村不為人知的角落裡殘存更久，這是必須要默認

---

066 柯尼安無花果（Caunean figs），據古羅馬前三巨頭克拉蘇（Marcus Licinius Crassus Dives, 西元前115- 西元前53）在乘船去敘利亞作戰時，聽到有人叫賣柯尼安無花果，但執意出發，最後戰死。因此「柯尼安無花果」被視為是凶兆。

067 卡利班（Caliban），莎士比亞的戲劇《暴風雨》（The Tempest）中的一個人物，一個野蠻而殘忍的奴隸。他時常夢遊到天衛十七星上沉思，因為他相信殘忍的上帝就在那裡。

的。多塞特郡塞恩・阿巴斯有一尊長達兩百英尺的人物塑像，雕像豎立在白堊的草皮地上，塑像名稱是塞恩的男人。這尊塑像代表著一位巨人，手中緊握著破舊的球棒。塑像成型的日期不詳，但可以肯定是在羅馬帝國征服英國前就已經雕好了。從凱撒生平的紀錄可知，有些俘虜被柳條緊緊地縛著，最終在可怕的儀式中被活活燒死。僧侶試圖將此改名為聖・奧古斯丁，宣稱雕塑手中所握的棍棒代表著魚類，說明他曾越過海洋，以此增添濃厚莊嚴的宗教意味。在這片盛產鮊魚的海域，這尊雕塑的寓意讓人費解。毋庸置疑的是，這尊雕塑曾招引了很多醜陋與邪惡的迷信。直到近代，這裡才停止了一些最為野蠻的宗教儀式。在偏遠鄉村的角落裡，之前存在著很多這種古老黑暗的儀式，我想現在想必應該都絕跡了吧。坊間流傳著一個很逼真的故事，說一個插滿別針的蠟像在一個難以置信的地方被發現了，這只是是發生在幾年前的事情。人們該如何徹底摒棄這些陰沉的傳統呢？畢竟，這些傳統是很難完全被連根拔起的。篤信世代遺傳下的這些習俗的本能信念，是任何理智的爭辯都無法徹底根除的。

在飽受教育的族群裡，又會出現完全不同的情況。這些人大多抱著真誠的心態去面對迷信的行為與思想，他們也模糊地意識到，這些思想與行為的背後或許真的具有一些內涵，所以最好還是「寧可信其有，不可信其無」。我覺得，若是厄運的徵兆無法避免（倘若徵兆出現後真的降臨災難），這對於心靈脆弱之人是很壞的消息。飽受教育之人相信，一件事徵兆的靈驗要比一百件都不靈驗的事情都更為可信。透過轉變思想，人們就可以心照不宣地遠離「迷信虛榮的魔爪」。

智慧要一點點成長，高山要一步步攀登，不必一蹴而就。很多善意明智之人在清楚事實真相之後，在告知他人這個真相的過程中，若他人頑固地不予接受，就會變得煩躁起來。這是直覺與理智源遠流長的抗爭，勝利的進程是緩慢的。正如曾經代表專制反動的龐大勢力的建築，現在都早已轟然倒塌，成為一片充滿詩意的廢墟。每當夏季來臨，這些廢墟都會吸引

很多遊客前來遊玩。所以，這些古老的力量似乎只是轉變成一些美好的習俗而已。這些習俗很有趣，毫無負面意義，但人們卻經常被它們所左右，這真的很難去解釋。這個世界上，總有神祕與可怕的事情讓人疑惑不解。但是，任由臆想的恐懼增添肩上的負重，折磨自己的思想，然後妄想以一些古怪或是毫無意義的儀式來獲得解脫，這些都是毫無必要的。

寫信有用嗎？
(LETTER-WRITING)

　　我想，在 100 年前，坎特伯雷大主教每天大約要寫 6 封信，儘管數目可能會在此有所浮動。現在，大主教的信件需要一個專職祕書來負責，每天大約要處理 40 到 50 封信，常年都是這樣。通信的便利有利有弊。正如我父親曾說的：「按時回信是我們必須要遵循的一個『法則』，這是以上帝的名義進行的。」結果，人與人之間信件的往來如雪球一般越滾越大，加諸人們的流動性越來越強，會進行更多的拜訪，更頻繁地看見彼此。所以，過往那種休閒的寫信方式，在很大程度上已經消失不見了。讀者諸君可從當代的自傳窺見一斑。往來的信件越來越趨於商業化，功用更加明晰。在那個書信往來成本高昂的時代，人與人相互間的書信往來不多，信件一般都是思想或是見聞的友好交流，內容涵蓋很多現在人們所談及的事情。當巴爾斯頓博士擔任伊頓校長的時候，曾對那些想要請假回家的學生說，要想得到批准就必須要寫一封信或是親自說明，他補充道：「電報太快了。」追求速度，已儼然成為了這個時代最為顯著的特徵。要是某人閱讀諸如史丹利所寫的《阿諾德生平》，就會發現史丹利與阿諾德一樣，都是一個大忙人，手頭有學校的工作，有一大堆書要去讀，還要想辦法在閒暇時間回覆比現在一個公眾人物收到更多的信件。當然，也會有一些休閒之人在一個寂靜的角落裡，體會著語言表達的樂趣，以古式幽默與娛樂手法去回信，充溢著文學的興味。但當人們閱讀諸如蘭姆 [068]、拜倫 [069]、菲茨

---

068 蘭姆（Charles Lamb, 1775-1834），英國散文家，代表作《莎士比亞戲劇故事集》（*Tales from Shakespeare*）、《伊利亞隨筆》（*Essays of Elia*）、《尤利西斯歷險記》（*The Adventures of Ulysses*）等。

069 拜倫（George Gordon Byron, 1788-1824），英國 19 世紀初期偉大的浪漫主義詩人。代表作品有《恰爾德·哈羅德遊記》（*Childe Harold's Pilgrimage*）、《唐璜》（*Don Juan*）等。

傑拉德[070]或是羅斯金等人的信件，就會深深感覺到，往時信箋中散發出的藝術美感早已被當代的繁忙的生活所扼殺了。逝去的不止語言的品味，更不見了那種為了出版而小心斟酌的念頭。現在，很少還會有人如 J.A. 西蒙德斯[071]那樣，在寫一封意味深長的信件時，將信件的每個字都複製到筆記本上，然後細細擴充，注意字裡行間的語調！毋庸置疑，對一個忙人而言，寫信的確是一件很煩的事情。一位很有威望的教會權貴收到的信件實在太多了。所以每當他乘船旅行的時候，都會捎上一部分信件。有時候存放信件的旅行皮箱會丟失，有些人言語間懷疑他是故意的。有人曾說目睹過他雙手扶著汽船的護欄，將信件扔進大海。之後，報紙上登出一則通告，聲稱此人不幸丟掉了那個裝載信件的包，要是那些還沒有收到回覆的人們能夠與他再度聯絡的話，他將非常樂意。此人的臉上會掛著幽默的笑容，說：「到那時，很多丟失的信件都會自然得到回答。」

關於寫信與回信，我有自己的一點見解。不知怎地，我時常有很多信件需要回覆。我與 3、4 間機構有聯絡，彼此間存在著不少工作上的連繫。我還會收到來自親人、朋友、教過的學生等寄過來的很多信件。最後還有一點，我還有一大信源 —— 數量多少我也是可以統計的 —— 幾乎都是來自不同地方的讀者寄來的，內容都是探討我所寫的書。所以，我每天大部分時間都消耗在寫信上，想要擠出一些時間去休閒自在地寫一封信，對我而言是極為奢侈的。我並非厭惡寫信，事實恰好與此相反。但是，每天都看著一大堆的信件，內心茫然，根本沒時間靜下心去回覆。我本人深信一點：有信必回，而且還要做到有禮有節。也許，這句話說的過於高尚了。倘若某位陌生人在飯店或在鐵路站上很有禮貌地跟我說話，或是他們只是遞給我一封信，轉身就走，不予回應，我都將一視同仁。陌生人寄來

---

070 菲茨傑拉德（Edward FitzGerald, 1809-1883），英國作家，詩人，是第一個將《魯拜集》英譯的人，也是最為著名的。

071 約翰‧阿丁頓‧西蒙德斯（John Addington Symonds, 1840-1893），英國詩人、文藝評論家。代表作：《雪萊評傳》（*Shelley*）、《華特‧惠特曼評傳》（*Walt Whitman. A Study*）等。

的信件總是充滿著很有趣的、善意與美好的內容，有時極為感人乃至悲情。一些作家告訴我他們經歷的有趣的事情，通常讓我對生活與人生的思索敞開另一扇充滿驚喜的大門。抑或他們提出一個問題，然後希望得到合理的解釋。有時，我會收到一些充滿爭議與嚴厲批評的信件，偶爾也還會有很無禮粗野的信件，雖然寄信者都是從善意的動機出發的。還有一些讀者也很有趣，不少寄信者要求送一些書的影本。作家不會為了一件外套或是一雙靴子而去找裁縫或是鞋匠吧，因為你只是碰巧喜歡他們所做商品的風格與表面印象而已。我感覺很多人想當然以為，作者就能免費擁有不少自己所寫的書，樂見作者手中的書「流通」一下！也會有很多懇求的信件。現在我一般都會狠下心，不再回覆這些信件了。原因很簡單：當我深入探究這些事實，發現信件中所說的很多內容並不屬實，很多事實都被掩蓋起來了。而很多時候，從事文字的作者們都是憑著一個個碼下的字來賺錢的，收入微薄。

愛德華·菲茨傑拉德曾秉持一點，即所有的信件都應根據來信的長度給予回覆，而且每行字都應與來信相對應。對此，我不敢苟同。任何人都不應為此執行起來的困難而迷惑。很多長信只需短回答，反之亦然。但我實際上幾乎是有問必答，雖然我覺得自己沒有這樣做的權利。但我只是出於一種簡單的禮節而已。倘若這占據很多時間，也大可不必。

但以上這些情況造成的結果是，原本最想寫給朋友們悠閒自如的信件，卻都一一被堆在角落裡了。有時，我不得不要請一位速記員，口授回信內容。而若是信件的內容純屬個人性質的話，我會很仔細地事先不寫名字，讓人分辨不出收信人，待信件完成之後，再補充完整。就信件而言，我個人沒有任何隱私感可言。就個人來說，我不介意別人閱讀我收到或是所回覆的任何信件。

我認為，評價一封好信的標準是簡單的。若是收信人在看信時，彷彿覺得是在聆聽對方在說話一般，那麼這就是一封好信。當然，一封好信也

還有很多其他好的原因，因為寫信的筆總不比大腦轉的快。但若是一封信能讓人感覺寫信者的品格，這就是最重要的標準之一。有些人心智很活躍，言語很辛辣，但卻寫出很沒趣的信件，反之亦然。我所讀過的最為有趣的信件出自一位年老的蘇格蘭法警之手。他時常將最為有趣的幽默點鑲嵌在他所寫的任何事情之中。但在談話的時候，他卻顯得很靦腆與拘謹。也有一些人擅長以最為簡潔的語言抓住最為顯著的特點。

我覺得，一般人在寫信的時候字跡都能夠辨認的清楚，雖然過往那種優雅的書寫方式已經不多見了。但最讓人迷惑不解的，是很多正文內容書寫清晰的人在寫位址的時候，就開始變得潦草。而在簽名的時候更是潦草糊塗的像一個難以破譯的象形文字。我只能退而求其次，在信封上一筆一劃地有樣學樣。有時，我甚至希望將這個簽名剪下來，然後直接黏在信封上，但這樣做似乎很沒禮貌。曾有某君擔任一個重要機構的祕書。我從未見過兩個人能對其簽名做出相類似的解釋，更讓人驚訝的是，所有「破譯者」都遠未接近正確的答案。還有就是，有次我收到一位陌生女人的來信。她在信封上的簽名只有教名與姓氏，信件中沒有任何資訊得知她結婚與否，但是她們卻時常回信埋怨我未能正確地稱呼她們。有人告訴我，以後遇到這些情況，最好的辦法就是在稱謂前面加上「Mrs」[072]，而不要用「Miss」。

我認識一些從來不回覆陌生人來信的作家。在我看來，這是很不人道的。對於一個描寫人性的作家而言，還有什麼比得知來自遠方的讀者對自己的作品產生興趣，從中獲得樂趣或是感動更讓人心滿意足的呢？我覺得，當我內心被某本書深深觸動，覺得有必要寫封信給著者，無論是熟知或是素昧平生的，以表達自己的感激之情。我幾乎總能收到友善的回覆。在這個充滿迷惑與神祕的世界裡，不少的角落仍堆滿黑暗與悲傷的陰翳。

---

072 「Mrs」指已婚女性，而「Miss」指未婚女性。

在我看來，不以微笑回應微笑，不以善言回應善言，不去握住那伸出的友善之手，而只是將雙手默默地放在後背上，這是內心難以忍受的煎熬。將陌生人的來信視為侵擾或認為是無禮的做法，在我看來就就好比一個遭遇海難的人不肯接受另一個乘客拋過來的救生圈，只是因為他們彼此還不認識。當然，若是某個作家認為回覆難以盡數的無聊信件而影響工作的話，他完全可以不予理會。因為，他會覺得這樣更有助於專心寫作，可影響更多的人，他對追問者的回答都注入到所寫的書籍了。要是我深受這樣的困擾，那麼我必定會印刷出很多份聲明回覆給讀者，倘若這不太耗費的話。但我認為，盎格魯 —— 薩克遜民族是不大可能在情感流露方面上「出錯」的。要是收到一位陌生人的來信，那麼來信者必然是出於一個很認真的目的，絕不會純粹是出於表達自身情感的。我曾記得一位很有名望的作家時常對那些想要索要他簽名的讀者感到厭煩。我猶記與一位著名公眾人物共處的情形。晚餐過後，他的祕書進來了，臉上掛著微笑，說簽名已經派發完了，拿出一大包半開的紙張。他臉上露出了疲憊的笑容，連聲抱歉，拿出尖頭自來水筆，一遍遍地簽下自己的名字。他對我說：「你看到簽名都在每張紙的最上面，那麼什麼字都不能寫在這個名字上面了，只有當人們貼著郵票，回信給我的時候才能用到。」我必須坦誠一點，他這樣的做法讓我迷惑不解。在我看來，這似乎將人們的尊敬降格為最原始的形式，跌落到最不起眼的複製品而已。

　　對於寫信回信這些事，我的感覺是，人們本能地以為這很重要，花費也很昂貴，但這其實遠遠超出了其原先的範疇。很多人幾乎從不寫信給老朋友或兄弟，因為他們覺得要是寫信的話，那必須要寫得很長。但這是一種很錯誤的看法。正是因為這種懶惰造成了人與人之間的沉默無言，很多友好的紐帶漸漸被打斷了。真正關鍵的是信件內容本身，而不是其長度或

是文學價值。一想到一年當中只需往來 3、4 封信件，即便內容是寥寥幾筆，也能維繫很多友情的時候，但卻因不去滋養而使友情逐漸枯萎，的確讓人深感遺憾。

庸俗就俗嗎？
（VULGARITY）

　　有時，我會暗自思忖，這個世上到底有沒有哪個人真的會認為自己是庸俗之人呢。我認為事實是這樣的：諸如「庸俗」這些語義模糊的詞語，每個人都有一套屬於自己的定義，總之必然會將自己排除在設置的那個定義範圍之外。我覺得，事實上，也只有那些心理病態之人才會坦承自己歸屬於這個詞語不良的意義之內。一般人都不會認為自己是「有罪」之人，也不喜歡別人細數自身的缺點。一個心懷惡意之人內心時常會想：他所認識的多數人內心都是道德低下，動機不純的。粗野之人會因自己的「正直敢言」而深感自豪。酒鬼會覺得一定量的酒是不錯的，對身體是無害的，而他是可以隨時決定什麼時候停止喝酒的。但是，諸位請想像一下這個可恥可悲的時刻：某人獨處一室，突然雙手猛拍前額，然後說：「我是一個庸俗小人，一個俗不可耐的庸俗小人！」無疑，多數人寧願在道德上被視為犯下重大的錯誤，也不願被公認為一個庸俗之人。榮譽感的準則，無論其源頭濫觴於何處，都要比基督教義的準則更深入人心，更加直覺性地展現出來。我猜想，很多人都覺得榮譽感的準則是屬於個人的事務，而讓人感到不快的道德失誤，說的坦白點，也只是屬於上帝管轄的事情而已。一個被他人視為庸俗或是自大的人，是不會以「自己天生就是這樣」的藉口來解脫的，儘管這個安慰的藉口時常會應用到更為嚴重的錯誤之上。

　　正如上文所說，「庸俗」一詞是很難定義的。因為它既可以應用到一些「膚淺」層面的意義上，諸如教養、教育，舉止、衣著或是說話發音等方面上。而另一方面，此詞又的確表達一些程度嚴重與讓人不快的缺點，也沒幾個人能心平氣和坦誠自身的這些錯誤。一般意義上，「庸俗」一詞

事關人與人之間比較的高下，沒人會希望別人將這個詞形容到自己身上。因為，人們內心中總會想到那些社會地位比自己還低的人，以此獲得內心的安慰。此時，這個詞更能展現其真正的意義。比如，這個詞通常應用到一些事關表面的社會儀式或是禮節之上。我想，在當今這個民主時代，我們的寫作或是說話都不應該殘存著社會等級這些觀念。我與別人都一樣優秀，但事實上，我還是覺得自己稍稍拔萃一點。但「庸俗」既可用於那些比自身擁有更多財富或是地位更高的人身上，也可以用於比自身更多劣勢的人身上。就前者而言，此詞意味著自命不凡；而在後者，則有某種普通尋常的意味。我還記得，某位從事慈善工作的女士跟我說的一個故事。她說，在她拜訪的一些家庭裡，盛行著很不一樣的用餐禮儀，甚為有趣。某個家庭在喝茶的時候，湯匙必須要放在茶杯上，用食指緊緊地貼著茶杯的一邊，而尾指則必須不能觸摸茶杯，要伸展在空中，有種「超然」的感覺；而在另一個家庭，當你飲茶的時候，就必須要先將茶杯倒放在茶托上。這兩個家庭幾乎處於相同的社會階層，但這位女士發現，喜歡將湯匙放在茶杯的人覺得將茶杯倒置的做法是庸俗的，而喜歡倒置茶杯的人則將前者的做法視為自命不凡。有趣的是，當我們全然不覺在使用刀叉的時候，其實也是如此。那麼，人們必然會被他們這樣的行為逗樂，覺得他們的做法都是很荒唐的。我反而覺得，一個人用刀叉大口大口地吞食豌豆，無論多麼方便，都是很沒教養的展現。我想，在相同的情形下，那些習慣使用刀叉的人會覺得，使用餐叉慢吞吞地消磨時間的做法，很是做作。

庸俗（倘若能這樣稱謂的話）要是應用到社會禮節的儀式上，則是膚淺但卻無害的。引用一個宗教上的術語，不過是一個不同使用方式的問題罷了，正如塞勒姆儀式[073]或是班戈儀式[074]的不同之處，這只是不同傳統的一個象徵罷了，彰顯了財富與社會地位。

---

073 塞勒姆儀式（Sarum Use），從古羅馬的宗教儀式衍變過來的。
074 班戈儀式（Bangor Use），威爾士教會的一種儀式，從古羅馬宗教衍變過來。

但是，「庸俗」也可蘊涵與此很不一樣的意味，指代一種等級與心靈中根深蒂固的東西。這種庸俗且醜陋的自大，只為了不斷去彰顯自身的優越。即便在此等意義上，也有兩種截然不同的自大之分。一個小孩收到客人給的金幣作為小費，就跟家裡每個人宣稱自己的財富一下子得到了迅速的成長。沒人會認為小孩這樣做是庸俗的。他的做法也許是不高雅的，但卻不一定是庸俗的。當某人因自身的好運、家庭、妻子、男女僕人、馴養的公牛或是毛驢感到開心，無法抑制內心的喜悅，以歡樂與愉悅的方式表達出來，向別人炫耀。這可能會讓人感到很煩惱，因為這要求別人不斷地去讚美一些事情，特別當他們還真的不怎麼欣賞的時候。真正的陰暗面在於，擁有這些美好事物的人之所以高興，並不是因為自己感到很滿足，而是看到了別人不及自己這般幸運。我所認識的一些骨子流淌著庸俗血液的人，都有著無可非議的禮貌與良好的舉止。但是，人們慢慢就會發現他們所持的價值觀是完全錯誤的，他們將錯誤的價值觀強加於別人身上，他們喜歡別人，不是因為別人很有趣或是性情可愛，而是要透過他們看到自身的重要性。一個對伯爵夫人彬彬有禮，但對農夫妻子卻冷漠相待的人，是很難值得別人去尊敬的。人們也沒必要想著從一個階層攀升到另一個階層。若是某人一出生就是伯爵頭銜，那麼他與伯爵身分的人往來也是無礙的。但他卻不能漠視伯爵粗野的舉止，仍然強堆笑容，而對一位毫無冒犯的農夫粗言相對。有一個關於公爵的有趣故事。話說這位公爵乘坐火車旅行，與另一位公爵及出差的旅者同處在隔間。他語氣和藹地與另外兩人交談著。當他離開的時候，那位出差的旅者看到剛才那位陌生者受到了隆重的待遇，甚為震撼。於是，他問一位看門人剛才那人是什麼身分。在得知事實之後，他語氣平和地對另一位公爵說：「我想，那就是被我稱為紳士的人！想像著一位如他這般身分的人，語氣和藹地與兩個像我們這樣自命不凡的人交談。」真希望知道當他看到另一位同伴離開的時候，發現他的身分之後，內心會作怎樣的反思。

　　庸俗似乎並不在於某些具體行動上，而在乎潛藏於於行為背後的動機，不在於你所做或所說，而在於你如何去做與說。若是你有一個富於名氣與聲望的親戚，你講他的故事只是為了吹噓自己，這種心態就是庸俗的。而若是你只是陳述某些事實，並且你的朋友也對此頗感興趣，這就算不上是庸俗。我曾見過這兩種情況。我可以說一個親身經歷過的有趣故事嗎？多年前，在一家飯館的桌菜前，我身邊坐著一位陌生人，此人一刻不停地在談論著自己與某位著名的教會人士的交情。他對蘭貝斯這個地方做出了錯誤的論述，似乎想著要去批評最近搬到那裡住的人。我想，他可能會為自己這些言論感到慚愧吧。他轉身望著我，很唐突地說：「我想知道你是否聽過蘭貝斯這個地方？」我說：「是的，我知道。我在那裡居住了好多年了。」聽到我的回答之後，他驟然間對我彬彬有禮起來。正是他之後的這種變化讓我覺得他很庸俗。當然，也許他會覺得，我肆意地講述自己閱歷的做法是庸俗不堪的。

　　庸俗至為惡劣的一點，就是這種缺陷是隱伏的。我覺得，一個人越是能察覺別人身上的庸俗味道，那麼他就越深陷庸俗之苦，這是毋庸置疑的。庸俗心理產生的根源是一種錯誤的自尊感與志得意滿的驕傲感。如上文所說的，有時這種自滿的心態是如此強烈，如此深厚，自己根本不會有庸俗的感覺。因為，庸俗者過分沉醉於自身的優越感之中，甚至覺得沒有去證實的必要。之前《笨拙》[075]雜誌刊有一副很有趣的漫畫，漫畫中兩位身材瘦小、愚蠢且膽小的貴族站在一起，場景是一間寬敞的房間舉行著招待會，畫面的背景模糊，隱約勾勒出丁尼生的巨型畫像。其中一人對另一人說：「順便說一下，我聽說某某某，就是當年那位樵夫詩人，即將會成為我們中的一員。」當自滿達到了這般境界，就可以用「無敵」來形容了。雖然丁尼生之所以能成為貴族中的一員，大眾都認為這等同於對他文

---

075 《笨拙》（*Punch Magazine*），英國著名的政治諷刺雜誌。

學作品的認同，而不是為貴族這個頭銜增添光彩。

　　如同所有深藏的缺陷，庸俗是很難去察覺的。但是，倘若某人總是喜歡以己之長比他人之短，總將功勞歸功於自己，而不帶絲毫感激之情的話，那麼此人很有可能就是深陷庸俗的「重點嫌疑對象」。拜倫是庸俗的，拿破崙是庸俗的，這些都難以去否認。另一方面，納爾遜[076]與華茲華斯這兩人都充分意識到自身的稟賦，卻不帶絲毫庸俗之氣。他們兩個是驕傲的，但拜倫與拿破崙則是虛榮的。虛榮幾乎肯定會在庸俗中有所流露。庸俗的本質，不在於自身真正的成功，而在於別人眼中的成功，不在於自己真正要比別人優秀多少，而在於看上去要比別人優秀，並非要獲得真正的偉大，而想著讓別人羨慕嫉妒自己那名不副實的偉大光環。但我們也可以說，那些更專注於工作本身，而不是虛名的人，可以排除在庸俗之外；而那些只希望工作能給自己帶來名聲的人，幾乎都難逃庸俗之列。

076　納爾遜（Horatio Nelson, 1758-1805），英國帆船時代最著名的海軍將領，軍事家。

庸俗就俗嗎？（VULGARITY）

真誠就真嗎？
（SINCERITY）

　　真誠是一種美德。每當我們遇見真誠的時候，都禁不住要讚美一番。但真誠這種美德是很難故意為之的。原因很簡單，一旦我們意識到自己真誠的時候，那麼真誠就如謙卑一樣，立即消失無形了。《塊肉餘生路》（*David Copperfield*）[077] 一書中，烏利亞．希普 [078] 總是不斷肯定自身的謙卑的品格，就是一個典型的例子。當某人一旦為自身的謙卑感到驕傲的時候，那麼，謙卑也離他遠去了。類似的是，一個人要是時刻想著自己為人真誠，那麼他正走在通往虛偽的路上，因為他表現出來的真誠只是一種姿態。真誠的本義是簡樸，而自我意識到的簡樸則變成這個世上最為複雜的東西。對真誠一詞的古老定義是「sine cera」，意即「褪去蜂蠟」，這無疑是一個隱喻，說明蜂蜜是從蜂房裡濾出純淨、半透明的液體，這算是一個美好、充滿想像的語源。但是，真誠一詞的內涵卻是真實存在的，象徵著心靈中豐富多彩、可靠真摯，晶瑩剔透與充滿芳香的東西，不含任何陰鬱或是阻塞的混合物。要是所有的心靈都能這樣的話，這個世界將簡單澄明許多！

　　但是，問題在於大多數人都痛苦意識到自身的雙重性或是多元性，糅雜著許多不同的要素，充斥著各種相互對立的元素，在腦海裡不斷衝撞，就像雜物堆放室裡存放已久的物品。那我們到底該怎麼做呢？我們都想獲得真誠 —— 這一世人都讚美的品格，或是多數人都嚮往的美德 —— 這是否意味著我們必須要將內心的想法全盤托出呢？若是我們生性惱怒、卑

077　《塊肉餘生路》，英國小說家查爾斯．狄更斯的代表作。
078　烏利亞．希普（Uriah Heep），此人是《塊肉餘生路》一書的人物，是陰險狡詐、卑鄙無恥的小人形象。

鄙、嫉妒、自私，那麼，在任何情形都不去努力掩蓋，而是充分展現出來的行為，這算是真誠的做法嗎？難道我們必須要像《巴倫特雷的少爺》[079]這本書那樣，借助小說人物的口吻說出最為真誠的坦承：「其實，我是一個壞蛋」嗎？努力掩蓋我們的缺點，這算是虛偽嗎？有時，偽善是擺脫這些缺點最為有效的方法。要是某人感到惱怒，那我們能將此人隱忍不發的做法稱為虛偽嗎？抑或他意識到自身嫉妒的天性，為了表裡如一，就必須要對此予以贊同或是對他人的嫉妒行為鼓掌？這顯然是很荒謬的。英國人性情中有一點很有趣：他們更傾向於在美德層面上顯得偽善，而不是去改正自身的缺陷。我認識一些人，他們羞於表現出慷慨與柔情的一面。我們真是一個天生多愁善感的民族，但卻非常害怕顯露出來。我們喜歡多愁善感的書籍、戲劇以及布道演說，卻不願在交談的時候出現情感氾濫的情況。我們喜歡讓我們哭泣的要勝於讓我們發笑的事物。典型的英國人就是一幅腳踏長筒靴，身穿寬大背心，心地善良的老人形象，但他們卻會打心底否認這樣的描述。我們鄙視其他國家的禮節與及喧囂的吵鬧，認為他們彰顯出來的情感是虛偽與造作的。但是，我們卻是裝腔作勢這一根深蒂固壞習慣的受害者。我們假裝虛張聲勢，說些粗魯的話，實際上我們只是有點羞怯，本質上還是和藹可親的。我的一位老朋友曾將這種性情演繹到讓人錯愕的地步。他是一位友好善良的人，但他早年認定一個事實，言語粗魯就是男人氣概的展現。他走進房間的時候，總能聽到他那雙寬大的長筒靴踩腳的聲音，他也會說一些隨時閃過腦際的話語。實際上他說的那些話語，只是適合習慣了他這樣性格的人。有次，我與他一起拜訪一位享有盛名的女士。他顯得極為羞怯，背身坐著，彎著脊梁，雙膝一動不動，後背彎曲著，神色焦躁，他似乎正在努力馴服一匹脫韁的野馬，而口中卻振振有詞地批判著上層社會。他希望給人一種自然、灑脫的印象，但這一切都是

---

079 《巴倫特雷的少爺》（*Master of Ballantrae*），英國小說家 R.L. 史蒂文森的作品。

白搭，因為他的表情、舉止無疑是神經緊張的表現。畢竟，在適宜的時機與場合表現的大方得體絕非道德怯弱的表現。

我們英國人所處的最糟糕境況是：我們通常覺得粗野中包含著真誠，冒犯的舉止中蘊涵著坦率。事實上，真誠的本質，就是我們所說的話要真，而不是要說出內心所想的一切。有一個關於丁尼生的故事是這樣的。當時，他坐在茶几旁，他的妻子與某位著名的女作家在一旁交談著一些毫無意義但無傷大雅的恭維之語。丁尼生盯了她們一會，在她們說話的間隙，他以讓人震驚的語調說：「妳們女人都是騙子來的！」這就不是真誠了，更像赤裸裸野蠻的東西。畢竟，人穿衣服包裹赤條條的身子不能算是不真誠，那麼隱藏與包裹自己的思想更算不上是虛偽了。

「虛偽」一詞的使用似乎完全被限定在談話方面上。為有趣的是，我們幾乎都將此詞運用到只說些愉快或歡喜事情的人身上。若是某人說了一些難以接受的真相，那麼我們會說此人很坦誠；若是他說了一個讓開心的真相，我們就會說他只是在恭維別人。我認識的一位老朋友將謙恭與直率完美地結合起來。他邀請一位女士共進晚餐，詢問了很多關於她及其親屬的問題，顯示他對這位女士及其家族的傳統有著深入的了解。這位女士最後微笑地問：「嗯，發現自己如此受人關注還真是頗為意外啊！你是怎麼知道的，×× 先生？」此時，一個不真誠的人可能會彎一下腰，口中嘮叨說某些人就是屬於公共人物諸如此類的話語。但是，我的這位朋友雙眼有神地回答說：「我問別人的。」

但是，在某段時間裡不去談論心中所想的話語，誰也不會認為這是不真誠的做法。真正的難處在於，很多性情溫和或是憐憫之心強烈的人總是會因一時興奮，說些言過其實的話語。有些人完全出於自然的本能與讓他們感覺自在的人相處，他們自我意識展現的形式沒有流露在談論自己上，而在於希望別人能感受到自己的存在並欣賞自己，願意與他們碰巧認識的人建立起私人的友情。有些人認識初充滿了憐憫之心，但他們的興趣可能

只是持續一陣子，但在那個時刻無疑是極為真誠的。之後，當他們發現忘記了別人，不想再去延續過往建立起來的快樂友情，失望就降臨了。就個人而言，我願意看到任何對他人彬彬有禮、充滿興趣或是憐憫的做法，但我不會無限渴求他人給予的這些恩惠。我們應該滿足於別人所奉獻的，而不應該去索取更多。而對深受膚淺情感所累的人來說，這是很難分辨清楚的。很難建議人們去培養一種冷漠、不帶憐憫之心的態度。因為，我們必須要為奉獻與給予的歡樂付出代價。我們必須要準備應對他人更多的要求，倘若無法滿足的話，就會被視為不真誠。對於使用過分美好詞彙渲染情感的女士，某位蘇格蘭看門人說：「這些話語太甜美了，不可能是真實的。」但是，這些言語真誠與否，完全視乎背後隱含的動機。若是內心充溢著善意，懷著讓他快樂的本意，那麼別人是不會有什麼負面的評論的。我認識一些公眾人物，他們天生有一種訣竅，讓身邊一些最不起眼的人覺得他們是極為真誠且充滿活力的。人們無法責備這些名人未能給予別人長時間的關注，就如人們無法因為陽光沒有照射到煤坑的底層而有所抱怨。太陽一直都在那裡，在適宜的季節，適當的地方，照耀著大地。但是，有些被人貼上不真誠標籤的人，他們的本意並非為他人的幸福著想，而只是想著自己，他們流露出情感讓人留下憐憫與深刻的印象，滿足了他們的虛榮心。這些人是最難以啟蒙的，因為他們根本不覺得自己缺乏什麼，也不覺得自己的行為是根植於自私之心的。即便他們真的意識到，也很難再做出改變，因為要想改變自私，只能憑藉情感的衝動，而不能透過說理爭論來實現。我們可以憑藉自律去改正某個缺點，但是，多麼強大的自律都無法造就一種慷慨的美德。

　　有時，世人會對那些表面頗有名望的人私下表現出的不當舉止感到吃驚。當然，若這些不當的舉止是故意的，那麼，表面上的美德裝飾就相當於一個面具，只是顯得更美觀一些。除此之外，別無可說，這就是偽善者的虛偽之處！若是我們因為軟弱而向邪惡屈服，這不一定必然陷入罪惡，

誰也不希望自己變成這樣。若是某人做錯事後，意識到自身罪孽的苦楚之處，他就可能是處於正確的一邊，甚至比他人更加確定這一點。為人真誠並不要求人們公開坦承一切，或是認為所有人都不應該去鼓吹自身無法踐行的美德。若是我們降低對更高美德的追求，退化到個人現實生活中的行為，這無疑是鼓勵與催生邪惡之氣。當然，真正的真誠，就是要改正自身的錯誤，不是宣揚任何自身無法切實履行的東西。即便在最糟糕的情形，這也是一種安慰。正如某位作家所說的，畢竟，虛偽只是惡習向美德致敬的方式而已。

真正的區分之處，就是對目標根深蒂固與有意識的專注。每個人可能會有一些明顯的缺點，他可能表裡不一，甚至在某些場合上表現的大失水準，倘若不試圖雙線作戰的話，他可能還是極為真誠的。失敗無足輕重，背後的心意最終會顯露出去。那些在邪惡中從容獲取樂趣，宣稱篤信美好的事物卻只是為了一己之私的人，是不可能懷有一顆真誠之心的。

因此，正如上文所說的，真誠是一種很難去培養的美德，只需播下健康的種子，它就會想一朵花那樣順其自然地成長。

真誠就真嗎？（SINCERITY）

論決心
（RESOLUTIONS）

1781年，詹森博士[080]只還有3年壽命可活的時候，他在一本備忘錄裡寫道：

「8月9日。下午3時。斯特里薩姆的夏日別墅。

內心無數次狠下決心，卻不斷地漠視了。我隱居在這裡，計劃著日後更為勤勉的生活，希望自己能於世更為有用，每天更好地提升自己。在造物主與審判主無限的仁慈前，我謙卑地懇求他們的幫助與支持。

我的目標就是每天投入8個小時到更有意義的工作。

說了以上的願望之後，我希望花6週時間學習義大利語，作為固定的學習任務。」

我總是覺得，這段紀錄飽含著英勇與冒險的成分。這位烈士暮年的「雄獅」即將走到人生的終點，忍受著失調併發症帶來的痛苦。死亡的陰翳總是懸在頭上，讓他深感恐懼，遮蔽著陽光的氣息。但是，這位老人還是決定站起來，為自己的人生作一個全面可行的規劃，包括每天投入8個小時參與工作，以及用6週的時間來學習義大利語！至於這些計畫是否一一落實，我們不得而知。在此之後，詹森博士沒有再寫後續，只是在備忘錄中駁斥了奧西恩風格詩歌的真實性，人們也沒理由就認為他喜歡但丁式的風格。事實上，詹森早年因為身體孱弱，極度厭惡所有正式的工作。所以，他的這段文字洋溢著希望、坦率與謙卑。誰也不像詹森這樣違背那麼多的承諾，但卻沒人會懷疑他發自內心的真誠，他對完美孜孜不倦的追求。沒人像他在上帝面前那麼謙卑，那樣激烈地鞭笞著自己的缺點，如此

---

080 詹森博士（Samuel Johnson, 1709-1784），英國著名的詩人、散文家、書評家、傳記作家和文化名人。《詹森字典》（*A Dictionary of the English Languuage*）的編撰者。

嚴厲地對待自己的作品。他的虔誠之心不摻雜任何多愁善感的情懷。在別人面前，他從不卑躬屈膝或是巧言令色。對於別人的缺點或是毛病，他一點都不寬容。他不願意寬恕別人，一如既往激烈地與人爭論，蠻橫地讓他人緘默不語，驕傲自大地立下規則，似乎從來不知道有懺悔這回事。他與可憐而虔誠的柯勒律治形成多麼鮮明的對比啊！後者手裡持著一杯冰冷的茶，站在海格特墓地，失聲痛哭：「現在的一切都遠勝於我應得的！」重要的是，我們要像男人那樣去面對懲罰，而不要總是去抱怨。若是能從懲罰中看到曦微的榮光，不斷提升自己感知溫順與耐心的能力，懲罰也就變得更有趣味了。誰能忘記《巴倫特雷的少爺》中那位自以為是的老僕人呢？他病倒在床上，像一位飽經苦難的聖人默默忍受著。睿智的麥凱勒說：「恕我愚見，他所犯疾病的根源，在於酗酒。」

另一方面，我們必須要反對就個人行為舉止進行毫無止盡的檢查行為。很多不足掛齒的缺點之所以危險，是因為當事者很容易漠視它。很多缺點其實都是美德背後黑暗的一面。脾氣壞的人可能覺得自己只是虛張聲勢或是直言不諱，做事不圓滑的人可能覺得自己很坦誠與正直，吝嗇之人覺得自己只是在極力節省金錢罷了，而精神萎靡之人覺得自己只是在耐心等待，與世無爭。直言不諱的朋友或是讓人反感的對手脫口而出的話語時常讓我讓我反思，從中獲益。在這一個不為人知的過程中，自己是判官、陪審團、辯護者、罪犯與執行者。這個心理過程時常讓人越辯越有理，逃脫自己的「罪名」。

有人會說，心裡下定的許多小決心，最後不可避免要違背不少，這是一個既沒成果也無教益的過程。這個說法很有道理。之所以說是無益，因為這暗示著心靈堆積著許多亟待清理的垃圾。還有，很多人都會談到「超越行為」這一古老而神祕的教條，其內涵就是很實用地縮短懺悔時間。這個觀念的大概意義，就是讓故意為之的自卑感過分延長，這並非一個鼓舞人心的過程。人們道德層面的失敗最好能即時掩埋。事實上，詹森博士是

一位很敏捷與理智的先驗主義者。可以肯定的是，倘若他之前知道這一充滿技術與學院派味道名字，必然會加以反抗的。正如之前所說的，下定決心與違背決心的過程並非一個收穫的過程，只會不斷弱化心靈的「纖維」，讓下次兌現決心的希望更加渺茫。這種行為多少有點讓人窒息，亟需多一點的空氣流通，需要更多一點粗莽的開誠布公。我們不會對未能遵守立下的諾言感到羞愧，只會感覺到，若能實現的話那就會更好。一位朋友很理智地談論這個問題：「不，我不需要下什麼決心，要是我有能力去做自己想要做的事情，我就不需要這樣的決心。要是我們沒有能力實現這個目標，那麼無法兌現這個心願只會讓事情變得更糟。」

在這個議題上，我的觀點是，若某事的確很重要，並且清楚意識到不能完全相信自己做出改變的能力，那麼，唯一的解決辦法就是將這份決心告知一些睿智、友善的朋友，並向他們做出承諾，在未來某個固定日期之前，事情的發展進度。這可能會給予我們真正的幫助，因為這引入了一些外在的因素，讓懷著良好出發點但卻軟弱之人獲得他們所需的幫助。無論在哪種情形下，這種行為都該懷著莊嚴、認真的態度去做，而且不能很頻繁。毋庸置疑，偶然間捫心自問是很明智的做法，人無法在一個星期內改正缺點，然後在一個月的時間裡繼續保持美德。要是我們能靜心觀察一段時間，就能發現自己是進步或是倒退了。

一如在個人所有的事情上，這很大程度上都取決於個人的性情與氣質。若是下決心這樣的行為可以幫助別人，那麼也就沒有任何理由去干預了。即便如此，我們可能過分糾纏於細節的得失，將微不足道的事情擴展為全部，而不是沿著大的方向前進。有個古老的諺語，說是要看好口袋的小錢，大錢隨便花。我對此一直不敢苟同。在我看來，這必然會給人們造成極大的困境，難有積蓄。但是，巨大的財富都是從著眼於大錢開始的，而不是糾纏於區區幾分錢。

討論許久，關鍵還是要有屬於自己的目標，為人要厚道，滿懷希望，

勇於向前，而不要總是謹小慎微地自我指責或沉浸於病態的沮喪之中。請牢記：若通往地獄的道路是由果敢之決心鋪就的，那天國就是以這般決心為穹蓋的。

只為向兒女吹牛
（BIOGRAPHY）

　　如何去寫傳記文學，或是怎樣在謹慎與魯莽之間找到嚴謹的界線，這對傳記作家而言是一個很有趣的話題。首要的問題是，光談某人的事實，這是很容易的，但這種事實性的描述卻可能給讀者一個完全錯誤的概念。若是傳記在當事者死去不久就開始撰寫，那麼，赤裸裸地闡述事實，必然很難安撫逝者的家屬與親人。另一方面，在某位名人逝去不久就開始撰寫傳記，這似乎是不可避免的做法。倘若有所推遲，就可能永遠延遲了。在這個速度成為社會主流特徵的年代，我們的記憶週期是很短暫的。社會百態如萬花筒一般旋轉，今日的名人轉眼間就成為明日黃花了。那麼，傳記作家該怎麼辦呢？他應該讓所寫的傳記吸引對傳記主角一無所知的讀者嗎？若是這樣，那他是否必然要遵從他所有諮詢的人的偏見呢？而這又引出了另一個更深層次的問題，即一個在社會上扮演了如此重要角色的人，必然會有一些爭議內容的篇章適合大眾的口味，儘管大眾的興趣也不會持續很長的時間。那麼，傳記作家該在多大程度上著力描述這些事情呢？可以肯定的是，必然會有很多讀者期望這些爭議的內容能越詳盡越好。倘若關於這些內容的篇幅不夠詳盡，那麼讀者必然會抱怨這書寫的不夠完整。但若是作者更加注重傳記人物的性格刻劃，而不是生平一些細節的話，那麼在大眾讀者心中就會留下沉悶無聊的印象。這些專用術語是否要向技術派的學生傳授呢？或是這些內容只是為了迎合大眾讀者而進行的總結，然後使之流行呢？這些都是傳記作家面臨的相同難題。

　　最大的障礙，在於那些有反對權利的人們。一般而言，他們往往會反對書中正確的事情。比如，傳記主角一生中所遇到的一些傳奇或是富有冒

險的閱歷，可能都不會出現在傳記的內容裡。這些內容可能十分有趣，但是它們所激發起的興趣並非源於人物本身的魅力，而是因為這些事情讓他們對另一些有趣的人物有所了解。所以，這些內容自然就被刪掉。但是，傳記主角的親屬們最反對的，就是不著邊際的描述，顯得極為傳奇。因為他們覺得，這樣的描述讓人物顯得不夠尊嚴、缺乏耐心、情感展露的過於激烈，不夠全面。在死亡面前，人往往會失去所有的幽默感。不幸的是，人物展現出愈加本色與輕率的一面，那麼這些內容就愈可能出現在傳記之中。但在重重的壓力之下，出版的傳記必然會充溢著對逝者家屬的過分尊敬，正如喬伊特所說的，有一股強烈被遺忘的感覺。讀者會覺得傳記中描述的人物畫像很莊重、輪廓很美，顯得正派，宛如聖人。但對傳記主角的親密朋友而言，這只不過是一幅讓人噁心的諷刺漫畫，就像一個人在面對湯勺時所呈現出來的鏡像。

　　我想，必須承認，博斯韋爾[081]所寫的詹森博士傳記也許是目前最為優秀的。但是，有不少顯著的優勢簡化了這本傳記的成功因素。詹森博士是一位鰥夫，寫作時沒必要去順從親屬或是周圍朋友的意願。還有，雖然詹森博士在一些場合上沒有表現出身為紳士應有的禮節或是基督徒的寬容之心，但在更多的情形下，他展現了高尚的慷慨之情、無畏的勇氣以及真摯虔誠的心。所以，透過博斯韋爾所著的這本傳記，我們可以直抵詹森博士的心靈深處。因此，可以很公允地說，若一本人物傳記想要吸引後世者的眼光，那麼深思熟慮的謹慎不僅是應該的，而且是必須的，意義不止於此。博斯韋爾身為傳記作家所具有的巨大價值，在於他深諳一點，即傳記中那些通常被視為瑣屑被刪除的內容，其實就是人們心靈中最感興趣的。某個地方流傳著一則老婦人閱讀人物傳記的有趣故事。她們閱讀傳記時的方法是很簡單的，當看到諸如「政策」或「進展」等字眼時，就匆匆地一

081　博斯韋爾（James Boswell, 1740-1795），英國著名律師、日記作家、傳記作家。代表作：《詹森傳》（*The Life of Samuel Johnson*）、《赫布里底群島之旅》等。

掃而過；而當她們看到諸如「天花」或是「馬駒」等字眼時，就會一字不漏地細細揣摩。傳記作家要牢記這點，必須直覺地意識到什麼才是最讓自己感興趣的，而不是要去追隨那些飽受教育薰陶之人的審美情趣，後者的思想在現實中是曲高和寡的，有時甚至是讓人難以容忍的。

讓我以最近出版的一些人物傳記為例，談一下這些傳記成功或失敗的因素。喬治·泰瑞維廉[082] 所著的《麥考利爵士的一生》，是上世紀最好的一本人物傳記。這本書既沒有過多的技術派因素，也沒有過分糾纏於細節。但是，麥考利是一位極為可親、果斷且富有魅力的人，他充滿了人情味，性情溫和。所以，在為他作傳記的時候，他人也基本上沒有任何冒犯之語，這留給一位忠於事實的傳記作家廣闊的創作空間。

當代的丁尼生爵士所著的《父親丁尼生的一生》，集中了許多關於丁尼生極為有趣與生動的資料。丁尼生是一個具有強烈個人魅力的人，他的詩人生涯值得人們崇敬。但也有其他一些方面值得我們注意。雖然他天賦稟異，極富人情味，但卻難逃虛榮的困擾。他還會表現一種直率、坦誠卻又真摯的情感，而且時常不顧一切後果展露出來。也許，他的這一面沒有向兒子展現出來吧。傳記也缺乏這方面的紀錄，讓人物形象不夠豐滿。毋庸置疑，丁尼生是富有尊嚴的，但他的尊嚴並非如傳記所傳達的那般純粹與堅固。因為這些人物性格的衝突在傳記中鮮有提及，倘若有所涉獵，也許會讓這本傳記顯得更為宏大與美好。

馬卡伊教授所著的《威廉·莫里斯[083] 的一生》以及伯恩·鐘斯女士所著的《伯恩·瓊斯的一生》的這兩本書，都是值得讚賞的優秀傳記。因為，這兩本書都揭示了這兩人內在的精神層面。在形式上，我覺得《威

---

082 喬治·泰瑞維廉（George Macaulay Trevelyan, 1876-1962），英國歷史學家。代表作：《英格蘭史》（*History of England*）、《英格蘭革命史》（*The English Revolution*）等。

083 威廉·莫里斯（William Morris, 1834-1896），英國詩人、作家，紡織設計師。代表作：《烏有鄉消息》（*News from Nowhere*）、《世俗的天堂》（*The Earthly Paradise*）、《世界盡頭的井》（*The Well at the World's End*）等。

廉‧莫里斯的一生》一書是很難被超越的。作者對內容的側重點的掌控上頗見功力，在闡述故事之時，筆法嫻熟，銜接的天衣無縫，內容的轉乘更是行雲流水。《伯恩‧瓊斯的一生》一書則是以人物極具魅力的簡樸的語言讓人印象深刻，讀者似乎可以直接地與人物進行對話。我聽說這兩本書出版之後，都受到這兩人生前好友的批評。我聽他們說，莫里斯本人固執的性格，對工作排除一切雜念的聚精會神，這些都未能在傳記中得到充分的展現。而在《伯恩‧瓊斯的一生》一書中，也沒有介紹人物性情上的某些乖僻、喜怒無常的情感。我無從判斷這些批評的真實程度。但可以肯定的是，像威廉‧莫里斯這樣精力充沛與意志堅強的人，在追求某個明確目標的時候，必然會與一些性情相左的人產生衝突，這是很自然的。而伯恩‧瓊斯的性情則更容易沉浸於沮喪之中，一幅憔悴的樣子，這必然在他的人生中產生一定的影響。

　　再看看不同類型的傳記吧。在我看來，《倫道夫‧邱吉爾的一生》這本書中的人物形象得到了客觀與忠實的記錄。作者溫斯頓‧邱吉爾[084]展現出罕見的天賦，他不讓自己對人物的讚美與憐憫之情壓制批判的情感，努力做到了不帶絲毫個人情感，保留人物客觀原貌。所以，這本書彰顯了人物的力量與慷慨大度，同時也揭露了對性格、事業的穩定以及個人發展產生致命影響的情感衝動。這本書寫的很真誠，人物形象的刻劃極為生動，立場客觀，在當代人物傳記領域享有很高的地位。

　　因為最近一直在進行傳記文學的研究，所以也還想提一下《父與子》這本書。該書在吸引讀者心理興趣層面上做到了極致。這本書因為在記錄微妙情感、哀婉與幽默上的與眾不同，受到廣大讀者的追捧。讀者之所以能從該書中感受到更多的美感，除了因為該書作者嫻熟的文字掌控能力之

084　溫斯頓‧邱吉爾（Winston Churchill, 1874-1965），英國政治家、演講家、軍事家和作家。曾兩度擔任英國首相，二戰 三巨頭」之一，也是諾貝爾文學獎獲得者。倫道夫‧邱吉爾是其父親。代表作：《第二次世界大戰回憶錄》等。

外，還有就是作者從沒想過在自己不熟知的方面進行過分渲染，放任自己的思緒。因此，該書可說是批判性觀察與真摯情感的完美結合。但也有一些人認為，這樣做違背了家庭的虔誠觀念與倫理道德。我們不能將這些批判的觀點一概視為保守與愚蠢的。無疑，在這些批判聲音之中，存在著某些積極的因素。只要人性尚存，就總會存在敬畏與坦率、情感與藝術之間的衝突。

　　這個不可調和的矛盾永遠都難以解決。一方面，若是傳記作家缺乏深入的了解，那他必然難以生動地描繪人物形象。倘若他有所了解之後，就不敢那麼直率。倘若作者實話實話，就會被人視為一種不敬。再者，每個人都有自己的性格缺陷。就英國作家而言，他們過分看重作品的嚴肅性，很容易在欣賞藝術作品時摻入道德觀念。部分讀者有一種傾向，就是要求一本書必須有教化的意味，所以對此的妥協似乎不可避免。要是讓所有關於人物傳記的書籍都必須有教化意味的話，其實也不是很難，也就不會再有人去指責聖·奧古斯丁的莽撞無禮了。而唯一的規則，就是傳記作家不能遺漏或刪掉一些關乎人物性格至關重要的片段。然後，他必須還要相信，這樣寫作的最後效果也必然是鼓舞人心與具有教化意義的。一位懷有理想主義情懷的傳記作家真正的缺陷在於：認為大多數人都是脆弱的，覺得讀者們在閱讀偉人生平事蹟的時候，看到他們為自己的失敗遺憾，抵抗誘惑，克服人性的軟弱這些內容時更有鼓舞意義，而感覺偉人們只是在有條不紊地前進，一點點地累積能量，揚帆起航，沿著風平浪靜的大海，駛向安靜而又光榮的天國的這些內容，顯得平淡如水。

只為向兒女吹牛（BIOGRAPHY）

八卦怎麼了？
（GOSSIP）

　　據一位對維多利亞女王[085]有所了解的人稱，女王陛下所喜歡的談話，是那些雖親密但卻不帶八卦色彩的對話。女王陛下在生活中擁有著區分兩者的直覺，做出正確的選擇，此人的話語就是一個明證。只有那些將健全的心智與正常的常識完美的結合的人方能做到這點。在談話這一問題上，關於如何區分八卦的界線，甚是模糊。這並非一個簡單的聽到什麼與說了什麼的問題，而是聽誰說與對誰說的問題。制定一個整體的原則，規定我們不能去談論別人，自以為比他人道德高尚，這是很荒謬的。若是人類對彼此的行為與話語都不感興趣，那麼很難定奪他們所將要說的話語。認為每個人都不應在朋友背後進行討論，或是不能說一些在朋友前不敢說的話，而給出的道理卻是：無論真相讓人愉悅或是苦澀，都最好讓他們知道。這樣的說法同樣是毫無道理的。這個問題最大的難處在於，所有人都會去做或去說一些本不應該去做或去說的事情，抑或一些讓自己之後感到羞恥的事情，一些我們不希望他人就此形成不良印象的事情。另一個很實在的問題，就是很多事情可以大方地說，而很多則不該一味地重複。因為有些聽者天生就容易嘴漏。這些人可能聽到一些原本私密的事情，雖然他們沒有勢必要講出來的欲望。但是每個人都喜歡說些讓他人震驚或是驚奇的事情，他們很快就會忘記這是不可對他人說的，然後很自然地跟他人說起這些事。

　　我們都過著一種社會化的生活，這是每個人都所共用的，每個人都是

---

085 維多利亞女王（Alexandrina Victoria, 1819-1901），英國歷史上在位最長的君主，在位時間達 64 年。在她統治期間，英國達到了最強盛的所謂「日不落帝國」時期。這個時期在英國歷史上被稱為維多利亞時代。

有權利去討論的。而至於一些私人生活的事情，我們則會與一些親密的朋友來分享。但要說我們沒有權利將一些私密公布出來，這是不對的。一些人給他人的印象很不錯，但是在朋友眼中則是很糟糕。若是朋友們不努力去改變或是提升這種印象，那麼，他們之間友誼的意義不大。我聽一些名人說過，若是每個人都只談論他人好的一面，這不僅沉悶，而且顯得不真誠。有時，若是逐漸了解一位涉世未深的人，發現他身上有不少缺點，那麼給他一點勸告，這似乎是我們義不容辭的責任。除此之外，我們每個人都有屬於自己的缺點與瑕疵，即便不是很嚴重，但也還是會被朋友或是反對者津津樂道，視為談資。也許，不論是出於惡意或是無心，假定所說的都是事實，這樣做都會讓被談論者要比他們顯得可憎與荒唐。倘若以為當一位因虛榮或粗野而臭名昭著的人被談及，人們就絕不該列舉他們虛榮或粗野的典型例子，這一想法是不符合人性的。而一個天性善良之人在此時，就會舉出一些例子，說明這些特點更為溫和的一面，以免糾纏於此。而最難以原諒的，是在當事者面前，告訴他批判者與反對者所曾說過的話語。當然，這樣做可能是出於良好的動機，或是某位好事者自覺是出於良好的動機。但上天都不准我們這樣去想！我知道這些事情經常出現，而且這只能帶來痛苦、猜忌與屈辱。就個人而言，只要我不知道他們所說的批評話語，那我就不怎麼關心所有人，不論是朋友或是反對者在我背後所說的話。我深知自己的缺點，也急切希望去加以改變。但是知道自己的缺點被別人說三道四，只能平添恥辱。相反，若是毫無察覺別人的想法，或是感覺到別人有寬容的眼光，反而會鼓勵我做的更好。當然，世上肯定會有一些性情早已灰暗的人，但這並非他們的過錯。有時，健康不佳是原因；有時，則是因為沉悶與無聊的環境；有時，則是因為缺乏與他人親密的人際關係或是正常的社交活動。無疑，在此等狀況下，八卦只會逐漸蛻變為一個具有腐蝕與充滿惡意的過程。某天，我坐在一間飯店的椅子上，旁邊是三位年長的女士與姐妹的聚會。我想，她們也許是身在旅途之上，似在

搜尋著談資。但在那個特別的晚上，她們卻赤裸裸地將一些八卦抖露出來。在朋友背後，說了一些毫無保留與極為瑣碎的八卦。她們的談話展現了人性很醜惡的一面。當我看到這些女士們，想起一位詩人所說的：「真不希望這發生在自己身上。」

　　但說了這麼多，這更多還是一個直覺與風度的問題，而非原則與努力的問題。一位心地善良與寬容的人可能不帶任何冒犯語氣說了一些事情，但在一個心懷惡意的人看來，就像是下了一陣泥雨。總而言之，所謂八卦，不過是自己對他人產生興趣之後的自然過程。我們還是最好對彼此產生興趣，即使有時要抵擋一些尖銳的批判。有一句很不錯的格言可以概括這個議題。在本章行將結束之際，請允許我引用這段話，雖然我不知道其出處——

> 「最壞之中存最善，
> 最好之中存最惡。
> 人非聖賢誰無過？
> 泯然一笑是非消。」

　　這段話思想很宏大，要比馬洛克[086]所著的《新式共和國》中一個人物所說的那句漂亮犬儒話語更有力量。後者為八卦醜聞正名的理由是：這樣做是基於最為神聖的真理出發，然後以最具美感的想像構建而成。

086　馬洛克（W.H.Mallock, 1849-1923），英國小說家、經濟學作家，代表作：《新式共和國》（*The New Republic*）、《人人都是自己的詩》（*Every Man his Own Poet*）、《論平等》（*Social Equality*）、《論繁榮與進步》（*Property and Progress*）、《社會主義》（*Socialism*）等。

圓滑不易
（TACTFULNESS）

　　這只是一場沒有結論的談話，一如《柏拉圖對話集》裡的人物對話。在一場聚會上，不知誰談起「圓滑」這一話題。某人說：「你們覺得誰是最圓滑的人呢？」人群中一陣沉默。然後提問者興高采烈地說：「能不能說一下你們中哪個人是最圓滑的？」甲君的名字被提出來了。「哦，不！」另一人說。「甲君為人並不圓滑，他只是謹小慎微而已。他一味談論事情、問題與事實，從不提及他人，不敢冒任何風險。讓自己遠離『風暴的漩渦』，這並非圓滑的做法。關鍵是如何讓別人成功『抽身而出』。」眾人領首贊同。接著，乙君的名字被提及。「哦，天啊！」還是之前那位反對者出聲了。「此君所謂的圓滑，是因為他過分洋溢著這種氣息，彷彿他在展現這種伎倆，過甚了！他總是讓我想起一個關於已逝的三一學院院長的故事。某人在他面前談到一位很受歡迎的牧師說：『我喜歡這位牧師的布道演說，他的演說真是充滿太多的味道了。』『是的，』院長說。『但這是難聞的味道』。」這位嚴肅之人的話還是為眾人所接受。丙君的名字被提及，而批判者說：「不，他不能算是最佳人選。真正圓滑之人應能夠收放自如，丙君只是一味地『收』，而忘了『放』，他只會平息爭論，而沒有刺激心智。」

　　聚會中某人語氣柔和地說：「嗯，我們都進行了坦誠的交談。我自認為是一個圓滑之人。」眾人一片沉默。就在沉默之際，之前那位好批判的人思慮片刻說：「詹森博士也曾說，他認為自己是一個很有禮貌的人。」眾人爆發一片笑聲，我們也就知趣地放棄了發現圓滑之人的談話。

　　之後，對話更趨綜合與概括，也沒有得出任何結論。我們在談話中進

行著簡短與抽象的概括。我想總結一下談話的主要內容。

　　誠然，圓滑就如謙卑，這種美德都是存在於自身並不察覺的基礎之上的。當某人意識到自身這些優點，抑或別人對此有所感知，這些美德就不復存在了，甚至還變得讓人反感。因此，圓滑這一美德的存在，必須像沙拉中的洋蔥那樣不為人所察覺。若是被人察覺，那就過猶不及了。很難說圓滑是由什麼組成的，就如所有微妙的特質一樣，這是一種本能的天賦。倘若具有這般潛能，是可以去提升的，但卻很難去習得。圓滑之人有某種神祕的風度，能在心中將很多事情進行有序的安排，然後加以應用。他心中不會想：「這一話題不能談及，因為甲君不喜歡。」也不會說「這一話題會引起大家的興趣，能讓乙君有所發揮，所以我將引出這個話題。」圓滑之人並不想去冒犯別人，也不想讓某些人出風頭，或是平息他們之間的爭論。他只是表現出一貫完美自然與善意的形象，他沒有要取悅誰的念頭，只是希望大家都能覺得舒適自在罷了。在圓滑之人所舉辦的聚會上，當客人們離開的時候，口中不會說：「我們的主人將對話引導的多好啊！」，內心只是感覺到他們都展現出了自己最好的一面。因此，圓滑之人並不總能獲得別人的讚賞與感激之情，卻能增強他人的幸福感。很多人都察覺不到這點，因為圓滑之人總能讓你發自內心地感到自在。他們不會在沉默一下之後，向一位性情羞怯的專家提出一個在其研究領域中艱深的問題。當他人提出一個較為「危險」的話題，他不會去打斷，而是不經意地將談話引向更加安全的地帶。因此可以說，圓滑之人能調整樂器上的鍵盤，不會使其奏出不和諧的曲調。

　　圓滑絕不意味著在談話中製造一種「黃昏效應」，似讓金色的陽光普照萬物。倘若圓滑之人知道爭論雙方都能心情愉悅地對事不對人，通常會提出一個爭論，甚至鼓勵大家進行熱烈的討論。他希望看到人們進行公平的較量，既能控制雙方辯論時間又能充當裁判。他能敏銳地感知到眾人是想要傾聽或是說話的傾向，能夠以綜述的語言，毫不唐突地去談論。關鍵

的一點，就是他絕不能引起談話者的嫉妒與猜疑，覺得談話是他一手操控的，哪怕是最輕微的操控。因此，圓滑之人很難滿懷熱情，因為熱情本身就意味著某種「侵略性」。但是，他必須有欣賞他人的熱情之心。更為重要的，是他還要闡釋熱情的內涵，使之和諧，讓一切都顯得自然可親，而不給人高高在上或是狂熱的感覺。圓滑之人之所以極為稀缺，是因為圓滑集合了很多優秀的特質：對他人聲調、面部表情乃至小動作的迅速洞察，良好的記憶力，真心的憐憫，幽默的氣質，行事敏捷，為人公正。圓滑是對智趣的考驗，因為這需要對當前社會的很多方面都有所涉獵。而具有如此綜合素養的人，實屬罕見。

以上就是我們談話的主要內容，真的很有趣，讓人不覺一絲的疲憊。我們都能從中獲得一些發人深省的思想。離別之際，我們都立下誓言：以後要像第歐根尼[087]那樣去找尋圓滑之人。在我們真正找到之後，則要小心翼翼地不去將他說出來。

---

087 第歐根尼（Diogenes, 西元前 412- 西元前 323），古希臘犬儒學派哲學家。他創立了犬儒學派，該學派強調禁慾主義的自我滿足。

圓滑不易（TACTFULNESS）

真我的風采
（ON FINDING ONE'S LEVEL）

聽到某人不假思索就對他人下結論，總讓我懷疑此人對這個世界的洞察力。某人曾說，孩子總是第一眼就知道哪些人愛他們，哪些人討厭他們；而所有的男孩則是慷慨大度的；所有的年輕人則滿懷自信；所有的女人都是無私的。我並不期望從此人的談話中有所獲益。對人性了解愈深，就愈感其中的神祕與莫名不解。但我想，當很多人在結束接受正規教育之後，在踏上社會之時，許多人都會有相同的一種感覺。彼時，在接受嚴格的考試之後，我們都很清楚自己的智力處於何種程度，很清楚自己的運動天賦。對於自己的外在風度也不再存任何幻想，只是殘存著一個模糊的想法，即在某個特定的角度或是柔和的光線之下，我們還是很有魅力的。但幾乎每個人都深信，我們都有屬於自己的有趣與高效一面。我們時常會想，要是能將內心的觀點與想法表達出來，就會顯得很合理，具有某種魅力。很多人都深信，要是在順境下能提供適當的物質，就必定能實現真正的高效。每個人都不想過快地刺破他人的幻想，因為幻想會在心靈中投下一縷陽光；若是沒有了這點陽光的存在，快樂之心境與心滿意足的工作就不大可能。但甚為有趣的是，真正自滿與自大的人，一般來說都不會是那些真正有才華的人。也許，這些有才華的人聰明地意識到，他們最優秀的一面其實也還是不夠的，相反還看到了自身很多的缺陷與不足。自滿並不是依附於讚美與掌聲之中：自滿是一種心理狀態，在一般情況下都是不受所有結果與相互比較影響的。但即便我們並不自滿，很多人在從事工作之時，都對成功懷著渺茫的預想。原因很簡單：就是成功絕不只屬於那些才華橫溢之人，一般人也是可以染指的，只要能將堅忍與圓滑結合在一起就

能實現。世上很多工作都並不要求多數人擁有異乎常人的稟賦或是天賦，所需的只是良好的性情、耐心、勤奮與忍受苦楚的能力。

我們肩負起自身所要承擔的重任，踏上這個世界的旅途，篩選蛻變的過程馬上就展開了。少數人從一開始就遇上好運氣，擁有良好的開端，獲得了他們本不該得到的任命。這些人認識一些有影響的人，命運從一開始就顯得一馬平川。但多數人只能身處普通與尋常的位置上，只是賺著一份薪水，有個地方可以落腳而已。也許，幾年之後，我們會對此有所不滿，覺得自己沒有得到一個公平的機會。但接著，我們突然發覺，要想將自己這份簡單的工作做得讓人滿意，也是需要盡自己全力的。我們開始覺得，不能再去奢望什麼顯赫的名聲，好運也是不能倚盼的。接著，時間似箭般飛馳而逝。我們安心於自己的工作，結婚了，薪水可能有所上升，小孩也要接受教育。之前，我們一直將自己視為年輕人，感覺前路上充滿著無限的可能性。突然一覺醒來，已經進入不惑之年了。關節已比年輕時稍微僵硬一些，雙鬢上染上了一絲銀髮，也許還有禿頂的可能。然後，我們會驚訝地意識到，之前對人生與財運的所有美好預想，早已破滅。我們只不過是平凡之人，默默無聞。我們所處的地位，所獲的薪水與能力都為身邊的人熟知，心中不再僥倖地抱著想要成為其他人的特別願望了。

我想，正是在萌生了這種念頭之後，人生的真正重擔才開始落在每個人的肩上。他可能再也沒有之前那些有趣與浪漫的想法了，之前一息尚存的欲望也被扼殺了。再也沒有什麼所謂的「江山」要去征服了；即便還有的話，他也不知道怎麼去征服了。他處於左右為難、進退維谷之中。他甚至無法說服自己，即在自己所做的這份工作中，自己是十分擅長的。也許，他能認真與忠誠地完成工作，但他卻不再抱有「一覽眾山小」的豪邁氣概了。

我想，此時，正是該做出人生真正選擇的時候了。倘若某人明智、性情幽默與心地善良，他會聳聳肩，臉上露出一絲微笑，心想，雖然自己沒

有什麼豐功偉績，但在人生沿途中也找到了許多美好東西。也許，他有一個賢慧的妻子，還有一堆身體健康與舉止適宜的小孩；他擁有各種社會關係，與朋友、同事或是僕人之間都有良好的關係；他有一個舒適與自在的家，還有一兩個很有趣的業餘愛好。自己的生活並沒有什麼受人仰望或是特別的禮遇，也沒有累積很多財富或是成為名人；但他卻處在一個完全適合自己的位置上，身前身後都有一些需要兢兢業業去做的工作。也許，這沒有什麼值得吹噓，但也不至於過分悲鬱。誠然，他有屬於的煩惱、悲傷與焦躁。也許，這一切教會了他不能期望好運的眷戀。要是他發覺有必要超越眼前的視野，找尋遠方曦微的曙光，覺得應該去證明信仰的價值，那麼他會生活的更加幸福。若是他睿智的話，就會默認生活中一些不可避免的煩憂，笑對責任，與人為善。對身邊的小圈子更加更興趣，而不想一味認識新鮮的面孔。他會意識到，那些一開始迷亂他雙眼的閃光與明亮，懷揣著美妙成功與重大驚喜的念頭，事實上並非他所要去找尋的。最終，他心平氣和地找到了真正的自我。

但有時，這樣的一個找尋真我的過程會讓人走上另一條道路。他開始會覺得，自己缺乏運氣，對那些取得重要成就的同齡人感到羨慕嫉妒恨。懷著滿心的苦澀，他開始將自己蜷縮起來，將那位擔任大教堂教士的朋友稱為饒舌之人，而將那位成為議員的熟人視為趨炎附勢者。慢慢地，他覺得是因為自身的正直與不加修飾的真誠讓自己命運多舛，寸步難行；而這個世界只是獎賞那些「江湖郎中」與投機者。沉浸於如此不健康的想法之中，他失去了對生活的所有熱情與興味，更加注重自身的舒適，而對家人更加專制。他成為一個為悲苦之心控制的人。當別人因為他無聊而疏遠之時，他反倒將別人視為高傲自大，認為這個世界與他作對，而事實卻正好與之相反。

此時，浮現出的問題是，如何才能避免讓人感到如此憂鬱的局面出現呢？而要想給出回答是很難的。難道對諸如失望者、收入微薄者、孤獨而

又青春已逝的女人、猜疑心重之人、命運多舛以及身處逆境之人來說，這個世界就真的是一個如此沉悶無聊的地方？走向沉悶單調的途徑是很詭詐的。其中，很重要的一個原因是健康不佳、缺乏鍛鍊與沒有從事自己喜歡的職業。最糟糕的，就是沒有了希望。當人陷入到這般境地，就很難將他拉出來。要說有治癒的妙方，那就必須要在出現苗頭之時就要開始了。首先，這種痛苦始於一種低等的欲望，希求物質的成功與個人的舒適。其二，這種痛苦源於憑著衝動而生活，而非靠自律來維繫，只是一味地隨心所欲，而不是以自身所知的規範去做。若是某人找到醫治中年人憤懣不滿的妙方，這必將是這個世界上最偉大的發現！有些人從宗教中找到依託。倘若以宗教一詞最為廣泛與高尚的語義來闡述的話，那也只有從宗教之中找到妙方。若是善男信女篤信所有凡人的生命與靈魂在上帝眼中都是親切的；若是能看到只有在誠心皈依本身這一美妙的事實中，方能找到真正的力量；那麼在融合了破碎的希望與殘存的宏圖的人生裡，平和的心境會慢慢潛入。我們所唯一能做的，就是要意識到，我們存在於世上，就是要認知與欣賞某些事情。平和只能存在於這種心境 —— 而不在所累積的財富或是贏得的名聲。否則，一旦遭遇讓人絕望的悲傷，就會發覺根本沒有讓自己轉移悲傷或是支撐自身的一丁點力量。而在誠心的皈依裡，則有不足為外人道的喜樂。心靈展開疲憊的雙翅，等待著過往迷失的真理重現。自那之後，生命中每一個至為細小的時刻與瑣事都開始慢慢變得重要。當心靈中所有的抱怨都沉寂無聲之後，這一資訊迅速閃過心中。不論我們身處哪個位置，工作多麼卑微，都不重要。因為我們開始領略到的是上帝的禮物，而不是人們的讚美。這條小小的溪流，流經岩石嶙峋之處與狹隘的航道，悄悄流入了湖的中央深處，潺潺的水聲與翻湧的泡沫再也不聽不見，見不著了。終於，它找尋到了真正的自我。

內在的生活
(THE INNER LIFE)

今日,春天倏忽一躍,步進了鄉村深處,向我們走來。這裡經過了一個漫長與沉寂的冬季,天氣陰鬱。雨紛紛而下,大地如海綿般盡力吮吸。漫步田野上,碎步小道裡,涓涓細流與破浪堤的身影,這是之前從未見過的。花朵肆然展耀,而灌木叢與樹籬仍蕭索一派,不見一片青葉。昨日在一片樺樹林叢中偶見幾處紫色的樹丫,隱隱待發;背後就是一片曠野的森林,透出一股復甦的活力,生命的力量在回歸。昨日,從西南方向吹來的風呼嘯撲哧,此時也已不見蹤影了。今天,陽光燦爛,萬物似因生命而歡欣。但對我這樣與北極熊喜歡相同氣候的人而言,並不覺得怎樣雀躍。春天的慵懶是某種疑惑的樂趣。在吉布林所著的《基督年鑑》一書中,這位內斂作家唯一難消的抱怨就是春天。他寫道:──

我喟然長嘆,真希望春天這倦態能馬上死去。

我並不認同他的這一思想。若是人們手頭上沒有緊要工作,春天自有其美妙的味道。但我深深專注於自己的工作,我甚至埋怨那些不需要工作的日子。但若是人們出外踏青,就會深諳荷馬所說的「人的雙膝與心靈都會自然鬆散」這句話的內涵所在了。人的思想鏈條會鬆懈下來,不再那麼果敢,意識漸趨模糊,不再勞神專注於某點。我不喜歡 3 攝氏度時那種憫憫欲睡的慵懶 ── 濟慈曾將這稱之為春之「奢華」。當所做的只是需要心靈強烈的專注或是發揮自身的優勢,我喜歡偶爾地「冷凍」一下自己的思緒。當然,這只是我個人私下的感想而已。

今天,當我漫步在鄉村小路,沿途是莽莽的灌木叢,內心深深意識

到，某些美好與奇妙的事情正在生發。鳥兒甜蜜地啁哳，櫻草花似星星一般從灌叢中爬滿苔絲的鬚根中悄悄探出頭，而可愛的淡紫色的杜鵑花在小溪旁綻放出清新的花朵。一年一度的奇蹟正在上演。天啊！這一切是如此迅疾與美好！萬物皆因生命而歡喜。樹木舒展綠色的嫩芽，花朵迎著陽光張開花瓣。我看見一些小孩手中拿著一簇簇鮮豔的花朵。我想，隨著自己的年紀慢慢增長，我越來越不願看到這種情形。我不禁想到，花朵本身都有屬於自己模糊的意識，而自然舒展花蕾必然洋溢著歡欣的興奮。我猜想，原本自然的發展過程被打斷，健全的四肢被撕扯破碎，這必然是很疼痛的事情。即便被扯斷的根莖並不感到疼痛，但自此之後無法面朝陽光，之前所有獲得陽光的快樂念頭都被那雙小小的手指熾熱地扭斷了，這必然是一個深深的失望。我不願看到林間角落裡布滿枯萎的花朵，心血來潮拾起一片，它們都曾呼吸著甜美，之後就凋落，枯萎了。

我邊走邊想。年年如此，歲歲如今。春天一個轉一個地飛馳，就像火車倏忽駛離一個個電報站！童年的時光是多麼的漫長啊！而現在，一年下來，似乎一事無成。我深愛著生活，眼見著美好的時光如此飛馳奔跑，內心甚是惶恐。去年的復活節，我與兩位樂天的年輕朋友待在科特伍德。那段日子從頭到尾都是極為美好的，每天都充滿著歡樂與愉悅。但是，這些日子一去不返了。當一個人到了知天命的歲數，發現一年年下來，自己的腳步愈為沉重，步伐愈加緩慢；歲數慢慢地疊加之時，就會感知，那些遠離日常生活軌跡的美好時光確實是值得備加珍惜的。讓我一直百思不解的是：為什麼在這些美好的時光裡，人們似乎總是一味被催逼與驅趕，琢磨著如何盡快地打發過去。萬物似乎都在急促地追趕著什麼，追尋著渺渺無期的夢想？人有一點很奇怪的，就是他們有一種想像的能力，可將某些事情視為永恆與持續不變的。身子沐浴在溫煦的陽光下，野薔薇叢中拂來一陣清香的微風，與朋友懶散地斑駁了幾句，雙方都深知彼此的記憶、計劃與人事關係等；小貓咪鑽在月桂樹叢裡，既惶恐又喜悅，來回跑動，偶爾

會跑到人們身邊，需要別人的一點安慰。蒼頭燕雀在布滿常春藤的牆垣上啁哳，不時咯咯幾聲，宛轉一段流暢的歌聲。但這一切可能會駐入永恆嗎？一輛馬車呼呼而過，人跡穿過草地，人必須要起身出發，與那些話不投機的拜訪者恭維幾句。郵遞員拿來一些信件，需要回覆一堆信件。難道事情總是這樣嗎？難道人就真的沒有日思夜想的平和時間？

唉！我也不知道啊！這樣的一天。我在清幽的村落裡漫步，意識到兩種怪異的自然本性在心靈活動著。表面上，這是一顆運轉不停的大腦，充滿了思緒、計畫與工作，思慮著一些小問題，想著如何去回答一些惱人的問題，念著別人的事情，總有做不完的事情要去做，努力地將思想轉化為現實。雖然大腦所想的很多事情都是沒有特別的價值，這點是必須要坦承的。大腦裡堆積著太多的雜念，就像一個國家在遇到問題的時候，就不斷地增加軍備，但卻希望永遠都不要真正去使用。倘若人們能將腦海中那些毫無必要的念頭都清除掉，滿足於簡樸的住宅，耐穿的衣服，粗茶淡飯與幾本好書，那麼，就能擠出時間來真正去生活。在某個突然自我的時分，在腦際反思之時，就會意識到在表面忙碌的大腦下面，隱藏著更為深刻的東西：一個安靜而緩慢按照自己路線前進的自我，在祕密在做著一些很古老、簡樸而又坦率的事情，傾聽著每個人煩躁的計畫與狂妄的欲望，正如我們聆聽著小孩喋喋不休的話語，並深知真正的人生並不在此。更深層與內在的自我，充滿愛的意念，活力四射，控制著人的情緒，感覺到更為奇妙與深沉的情感 —— 而通常別人所感受的內容是不一樣的 —— 這似乎是不可避免與本能的直覺。這擺脫了任何職責與理智的羈絆，源於內在的自我。而深層次的自我會對某些場景與地方懷有一種強烈與深刻的激情。比如，若是我前往一個美麗的村莊或是攀登高山。淺層的心緒就會被嶙峋怪狀的山形、褶皺的「臉孔」、一望無際的荒野以及飛流直下的溪流所激蕩，深感高興與喜悅。但是內在的自我則是平靜與緘默的。正如我今天在英國的鄉村散步時，兩旁的樹木成蔭，茫茫無際的耕地，和美溫馨的農

舍，古老的村舍，內在的自我洋溢著生機，以一種超越理智的激情深愛著這一場景，深層的情感不時在疾聲吶喊。但是，我卻無法解決這般心智的「神遊」。除了在這裡居住過幾年，也沒有什麼特別的關聯。但內在的我似乎完全處於一種自由的狀態，敞開心扉去擁抱周圍的群山，濃厚的愛意飢渴般地撕咬親吻每一寸土地。這是如此的親切呵！

我想，這一內在的自我就是人的精神，由對過去的沉浸與對未來的期望所構成。人無法去塑造或是控制它。因為，它就是人本身，一直在指揮，從未去服從。它只是存在著，而不去進行理智的分析。若是我失去了記憶與希望這些珍寶，忘懷了過往的努力與苦楚，那大腦還不如死去！因為內在的自我無法承受這一切！它的歡樂與靜默受肉體的悲傷、痛苦與煩憂。但這正如微風拂起深深湖水的一層漣漪罷了。

而一旦涉及到靈魂更深的思想，真正去研究、洞察、爭論、權衡與表達的，是外在的思想。但是內在的自我擁有選擇的權利，知道哪些會讓自己歡喜，為什麼我們會走入歧途，為什麼會猜疑、抗爭、性情暴躁、憤憤不平，是因為很多人都是活在心靈的膚淺層面上。世上的狠毒不幸，源於看不清真正的人生安放於何處。當我們淺層的思想處於強烈與旺盛之際，是很容易犯錯的。世上最不快樂的人，幾乎都是聽從淺層思想的建議去反抗內在心靈呼喚的人。我們要更多地活在深刻、磐實與讓人舒顏的事情上，更多地追隨直覺與信念去生活，而不是憑爭論與計畫去活。誠然，過多地活在淺層意識之中，只是在浪費時間，延遲自身的進步。我們必須要勇於相信內在心靈的平靜，不要讓我們的理智與想像嚇唬自己。那麼，心靈就會實現真正的平衡。有時候，被動也是一種明智選擇，接受淡然的印象，篤信內心那顆強大與不受侵擾的心靈，就可滌蕩生活的煩憂。

就在昨天，我與一位睿智與性情溫和的醫生進行談話。這位醫生是我多年以來的知心朋友。他將他與一位科學界傑出人士就生命起源與演變的談話告訴我。「他對我說，」我的朋友說。「他可能將生命的起始追溯到原

生質的腹狀物，那時，細胞只是在不斷地進行自我複製，只此而已。」聽他講完，我發現最原始的衝動——生命這股不可摧毀的力量。人無法再繼續上溯了。但生命的力量就在那裡，任何思緒都無法將其遺忘，而是始終在那裡——不生不滅，一如上帝的思想。

今天，在散步之時，這些話語進入我的腦際。這就是上帝的思想呵！這一思想洋溢在我的四周，彌漫在樹林與四野之間，在空氣與光線之中遊蕩，在生命這一巨大的偉力之中！我屬於其中，深陷其中，與之一道運轉。我的不情願、羞怯、對死亡的預期，所懷揣的欲望與野心，都只不過是一縷浮雲！我所擁有的每一種力量與能量，都是一種天賜，一種只有上帝能夠創造與轉移的，一種無法摧毀、無法破壞的力量。難道我不應在這般思緒，如此豐富的閱歷，激蕩心胸的美感、興趣、情感與能量之中感到歡愉嗎？「是的，應該大喜特喜。」內在的心靈如此喊道。當你一頁頁地翻開上帝啟示錄之時，就會看到：安靜不語地前進，拋開遺憾，洗滌與淨化人生，保持樂觀的心態，滿懷希望。內在的心靈會說：「這是你所能感受到的無限欲望，一種擁抱一切的情感，全身心去愛，若你願意去接近它的話。」

我想說，這是心靈真誠的訴說，因為我發現這要比我所能想到的任何話語都更為宏大。

因此，我想，人的意念能幫助一個人。人可以決定將生活中那些讓人心情低落的瑣事或是惱人的憂慮都統統趕走。當然，煩惱還是無法規避的。但人可以對此一笑而過，不在其中逗留，不要深陷其中。人必須要順其自然，但不能因此而羈絆，不能過分地索取，互相指摘，不能因此而內心不滿，讓羨慕嫉妒之心泛起，或是裝作一本正經。人很容易覺得自己錯失良機，很容易怨恨同胞們的成功，很容易覺得自己沒有獲得公平的機會。但這些都是錯誤的衡量方法，這只是淺層自我所編織的一張欺騙之網，正如蜘蛛在窗格玻璃上所編造的網一樣。每個人都有閱歷人生的機

會。物欲要求越簡單，欺騙我們的欲念就越少。來到這個世上，我們是要去學習的，而不是好為人師，是要去洞察自身的損失，而不是算計自己所獲的東西。

「是的，」讀者們可能會說。「這對一位生活舒適與有所成就的人而言，當然可以在一個平靜的鄉村小舍裡，饒有興致地寫下這些內容，也許這些都是很容易的。但他到底就真的知道人生的艱難與痛苦嗎？」面對這些質疑，我只能極為坦承地說，我的人生也充滿了許多悲劇成分 —— 悲傷、失敗、長久以來揮之不去的疾病、絕望、恐懼與苦楚。我覺得，只有貧窮這一人類苦痛是我所沒有承擔過的。但我並沒有就因此而覺得生活舒適或是一帆風順。我可以很謙卑地說，唯一讓自己感到安心的是，在上帝宏大而仁慈的雙手下，雖然其中歷經許多進退維谷的窘境，面對著失敗與錯誤，但我總感覺自己並不孤獨。現在，我更多感到的，只是一種興趣，而沒有什麼快樂可言。因為我脆弱的內心相信，每個人身處這片烏雲壓頂的天空下，在度過莫測的日子之時，還是會有豐富的人生與偉大等待著我們。

但此時此刻，時值春天，萬物復甦。鮮花不加思索地綻放芳香，在我的身邊洋溢著活力。倘若在這片舒適與安靜的空氣之中，繼續讓遺憾、爭執與苦悶之心縈繞腦際，這也許不僅僅是愚蠢本身可以去開脫的！若是我們能透過事物的表層外殼，就可發現生命的清流在下面湧動。我們總是待在城市裡，只能從潺潺的水聲中感受到音樂的旋律，而其源泉正是一個個簡樸的人生所匯聚而成的。若我們的慧眼能洞察得到，此時此地，每個行為，每句話語，就是喜樂。倘若我們能聆聽內在的心靈，能遠離恐懼之音與世俗欺蒙的竊語，而意識到真正重要的，是在我們一道安靜而歡樂地邁向天國的路上，讓希望的罅隙充填著明智的內心。

朋友，你為何緘默了？
(ON BEING SHOCKED)

多年前，我有一位無所不談的好友。我們可以談論書籍、人物趣事、地域風情、事件影響與思想深度等方面的話題。大學畢業之後，他改變了許多。他受到了一些影響 —— 具體的影響，我不便明說。我逐漸意識到，再次遇見他的時候，再也很難與他坦率地進行交流了。我想，他可能是對很多事情抱有一定的成見吧。要是談到某件事情，他會說自己不喜歡八卦；若是某人的名字被提及，他會說此人是他的朋友，所以不想進行評論；若是某個想法被提出來，他會說，顯然這個想法在他眼中是神聖的，不容他對此進行任何討論。他這樣說的時候並沒有顯得語氣唐突，而是相當的謙和。因此，我們的交流完全失去了以往的坦誠。但對我來說，談話的樂趣卻完全在於此。可能所有美好的事物，都是會慢慢逝去的吧。我覺得，我們對彼此的尊敬沒有任何改變，我毫無保留地信任他。若是需要的話，我會毫不猶豫地向他提供幫助，一定會盡力地給予滿足。我想，遇到相同的情形，他也會這樣做的。

但是，談話、討論與發言的自由隨和的感覺早已不見蹤影，因為害怕觸碰到他的情感與敏感的神經。

我說這些，並不是為了說明自己仍保持著一顆開明的心境。我甚至願意準備相信，在此事上，他是處於正確的一方，而我則是錯誤的。我並不質疑任何人有那樣做的權利，所以，真正的問題不在於我們該在哪個層面上將事物神聖化，而是在於我們在何種程度上有權利要求別人對此保持沉默，讓別人同樣覺得這是神聖的。問題關鍵在於，人們是否在這個過程有所得失，抑或牢牢地抱住自己的一個觀點，始終無法去認同別人，或因任

何反對的聲音而倍感痛苦。

　　當然，這純粹是如何對事物進行界定的問題。誰也不敢說自己所抱有的信念、感想或是觀點都是十分神聖的，不允許他人對此有所質疑或是進行討論。我所疑惑的是，將自身所持的觀點看得那麼神聖，然後要求其他人都不准對此反駁或質疑，這種做法是否明智呢？這個世上，很多事情都只是我們主觀上的一己之見罷了。世上一些最為美好的東西，諸如宗教、美感與情感都屬於這一類性質的。一些人可能對某些觀點抱著深沉且不可動搖的信念，可能真心希望別人能分享他們心中的這些信念。但是，畢竟這些信念只是個人從人生閱歷演繹出來的想法而已，他人可能會有不同的人生經歷，就會有不一樣的人生觀感。在我看來，倘若所有人都認為自己是絕對正確的，那麼進步就無從談起了。討論某個觀點的時候，我更傾向於給任何反對聲音一種支持，想聽到任何合理的反對意見。這種反對的意見可能讓我信服，改變我之前觀念，但我絕不贊同交流中任何的支配與操縱。我想，無論在任何話題上，在人生早年就將自身所有的觀點打包封存起來，不願再作任何改變與增添，這算不上是一件讓人歡喜的事情。真正的堅持，並非去固守一個觀點，而是在看到道理擺在眼前，隨時準備去做出改變。

　　過去，那位朋友跟我說的很多話都是極為真實且富有意義的。我能明白他的觀點，也知道他那樣說是有道理的。但是，倘若人們不願意做出妥協，是很難真正獲得全面的視野。我記得曾與一位朋友發生過爭論，當時彼此的立場都很堅定。我對他說：「我並不贊同你的觀點。要是你能深入解釋的話，也許，我會另有一番看法。」「不，」他說。「我無法去加以解釋。在我看來，這些觀點都是毋庸置疑的。它們是如此之神聖，我甚至都不想向那些沒有與我分享這一信念的人訴說。在這個話題上發表自己的想法，我覺得是一種褻瀆的行為。」

　　在我看來，他這樣說就故意將談話中的坦誠都抹殺了。他似乎深信，

人與人之間是無法進行經驗的交流。我們必須要承認一點，人生尚有許多深沉宏大的莫測與神祕有待挖掘。每個人的閱歷都是有限的。要想獲得真正的內涵，唯一的希望就是不要以自己的標準來衡量世間萬物，而要看到別人到底是如何做出他們衡量的標準。讓我獲益匪淺的人，基本都是那些心智清明，願意傾聽別人的觀點，坦誠地說出心中所想的人。急躁、鄙視甚至嘲諷都是阻礙彼此進行友好談話的障礙。對交流真正有所幫助的，是雙方真摯的憐憫之心，認可對方有不同意自己觀點的權利。

當然，肯定有人會說：「喔，要是某人對一個信念的感受十分強烈，那麼他就應該語氣強硬地表達出來，這是贏得道德制高點的做法。」我對此不敢苟同。也許，一顆軟弱的心在某時沿著堅強意志的道路前行，能夠有所獲益。但是人生與進步的真諦在於，我們可能在某個時刻獲得屬於自身真正的觀點，而不是全盤地接受別人的觀點。

所以，我覺得，要是某人發現自己對反對的聲音越來越不耐煩，每當遇到的時候就想將持不同意見者斥之為愚蠢或不敬，覺得自己越來越容易感到震驚，那麼，他不應該覺得這是一種堅守原則的信號，相反，這可能是他失去與人友愛與基督教徒憐憫之心的前兆。教條主義帶來的危害是巨大的，讓彼此慢慢疏遠，讓人退守到個人的思想堡壘之中。這樣做給人帶來極大的災難，眼前所得的一時利益並不能失去的東西相提並論。

但是，有人又會說，努力讓自己擁有更為寬廣的憐憫之心，難道不會弱化果敢與決心嗎？答案是：絕對不會！無論何時，表現出騎士般的風度，這才是個人力量最為優雅的展現。對自身力量毫無感覺的時候，就是其力量最為強大的時刻。一旦我們意識到可以讓別人順從自己的意願，讓他們閉口緘默，讓他人服服帖帖，此時，我們正深陷可怕的誘惑之中。這個誘惑的微妙之處，在於讓我們意識到自身純潔、高尚的動機。我們可能會採取果斷堅決的行動去抵制這種誘惑。若是我們強迫別人服從，最好還是要給出自己的理由。有時，若不得不要求別人去順從自己，最好也要意

識到，我們真正需要的是別人發自內心的服從，而不是嘴上的唯唯諾諾。

　　還有，要是這種「自我禁閉」的思想盛行，這將為彼此間真摯的關係帶來莫大的傷害！在此，我並不是指那些「熟人」——與他們相處的時候，我們必然要有所謹慎。但即便對「熟人」而言，這種思想帶來的傷害也是無法估量的。我想，彼此間越來越親密的時候，就該敞開心扉，坦誠相待，這有益於所有人。遇到一位可以讓自己拋開所有姿態與做作的朋友，不理會這些成人社會禮節，無話不談，把酒言歡，言及心中所想，談及心中所憂，這是怎樣的一種快慰呵！讓人毫無拘束、放開心胸的人具有一種神奇的力量，能將他人最好的一面激發出來。誰也不願意生活在一個虛偽的世界裡。我們展現的謹慎與羞怯，只是遠古那個充滿戰爭與敵意時代的殘存而已。那時的人們出於原始的恐懼感，不敢說出內心真實的想法。對年輕人來說，某種程度的緘默是必須的。因為年輕人有時要比老年人更容易「口不留情」，喜歡挖苦別人，舉止還不夠成熟。當人的年齡越來越大的時候，最好試著慢慢地褪去偽裝的羞怯與自私的謹慎，卸下對別人的提防，活的就會更加開心舒暢。

　　某個晚上，我與一位名人坐在一起。他很有禮貌，顯得很友善，但卻不願意說些真誠的話語。也許，他覺得我將話題轉移到個人信仰或是觀念問題的做法，是十分魯莽且唐突的。但這些都只是自己的猜想！他從不談及個人的喜好，也不說一些坦率的話。所以，我感覺自己就像坐在一尊精美的雕像旁，雕像是由堅實的大理石做成的。晚餐後，我遇到另一位名人。好運最終還是降臨到我頭上。我與他就如何平衡社交與獨處這一問題進行了有趣的交談。期間，我們言談甚歡。他說了很多讓我耳目一新、極富魅力的話，讓我獲益匪淺，這些都是我希望去銘記的。他並沒有讓我感覺自己人微言輕，或是他與我交談似乎是給我榮耀的印象。他只是讓我覺得很和藹，能夠用極富魅力的語言坦誠地分享自己的信念與經歷。我覺得他與我同道中人，彼此都走在朝聖的旅途之上。他也深知，這是一段極為

有趣、奇妙、充滿歡樂與神祕的旅程，希望以驚奇的閱歷、無盡的希望以及強烈的欲望來掩埋路途的冗長乏味。遇人則滿懷歡欣，坦率，不留猜忌，也不急於張揚自己的個性，這才是獲得真正影響力的祕密所在。

朋友，你為何緘默了？（ON BEING SHOCKED）

平凡之美
（HOMELY BEAUTY）

我覺得，其實，世人將美的標準定義視為一件過於正式的事情了。我們不害怕也不恥於反對別人的觀點，而是從未想過改變年輕時對美所下的定義，抑或我們根本就沒有認真地觀察事物，對美提不起興趣。因為上文提到的這些原因，或是一些沒有說服力的藉口，我們只是沉寂溫順地生活著，沒想過要進行任何嘗試，只是沉浸於往日的思維習慣中。我認為在這個議題上，前後矛盾恰是美德高尚的展現。我的意思是，在掌握了充分的證據之後，可以去改變自己原先觀念，並且將努力獲得全新的觀點視為一種真正的責任，不時地思考他人的觀點，審視一下自己是否真的有所把握，或是他人的觀點是否在自己的心靈中生根發芽，抑或只是悶在腦海裡，就像插在花瓶裡的鮮花。

但是，羅斯金公然反對所有工廠與鑄造廠的建築。這些消耗大量勞動力的地方，聳立著高高的煙囪，升騰起滾滾的濃煙。一般英國人都想當然地將這些建築視為醜陋的。我認為，這是一個錯誤的想法。工廠巨大的建築，高聳的煙囪，一排排的窗戶，輪齒交錯發出的吱吱聲響，這些都飽含著真正的威嚴。首先，這些建築毫不偽裝，自然本毫不掩飾其所從事生產的工作。也許，這些是骯髒的工作，但這些工作必須有人來做。因此，這些建築首先就有一種適宜之美。它們就像巨大的工業堡壘，有種莊嚴宏偉的感覺。我認為，要是換上哥德式的窗戶，建造一座仿吉奧拓式鐘塔的煙囪，可能會增添幾分美感，但這樣做只是在掩飾其本質的存在。一些「熱心」之人將西恩納市政廳的塔樓比作根莖上生長的百合花，讓我感到很噁心。一座塔樓就該有塔樓的模樣，而不該像百合花。在建築方面，則又是

另一碼事。我想，在煙囪上做一些裝飾，用白色的磚頭堆砌成光滑的圓筒，在煙囪頂裝上一個軟管，這似乎讓煙囪顯得有點文雅，但我還是覺得沒什麼必要。倫敦雷根特公園附近有一座發電廠，電廠煙囪頂部用一些好看的磚石作為裝飾，我覺得看上去的確顯得美觀。明媚的早晨，我可以看到慢慢升騰的煙氣。陽光燦爛的日子裡，遠遠望去，可見許多塔樓都聳峙著煙囪。這番景致有種獨特的魅力，讓人覺得沒有必要跑到義大利去領略一番。

但我想從一個更為樸實與平常的角度來看這個問題。倘若本書的讀者知道倫敦西北部鐵路的話，那麼他一定會記得，乘車經過卡爾莫斯車站時，可以看到一座巨型工廠，我想那應該是一座鑄鐵廠。那是一座宏偉的鑄鐵塔樓：紅色的泥塵沾滿鋼鐵外層，顯得很斑駁，一個巨大的軟管形成怪異的球形，輪子在高高的階梯上驅動著細長的桿棒，高高的樓座，長長的鋼莖，聳立的鷹架，這些都躍出了簇擁的小房舍，俯瞰著一大堆礦石與並排的卡車。夜幕降臨後，這裡熊熊的火光染紅了天際，火苗在空中張牙舞爪。白天，這個地方似乎板著臉孔，一幅憔悴的模樣，滿地垃圾，一副勞動後的場景。對一個溫和觀點的文人來說，這完全是一座充滿神祕的建築。我不知道這些軟管、儲水池、輪子以及鷹架有何作用，但是，人們顯然在這裡進行著真實與充滿活力的勞動。我覺得，這是一種真實與深刻的印象。這些工廠建築面積龐大，氣勢逼人，形狀古怪，甚至讓人覺得甚為陰森。這些建築有一種真正的莊嚴感，我差點想用「雄偉」一詞來形容。請瞧瞧鍍鐵的鐘樓與狂熱的機器吧！這激蕩起奇異，震驚，恐懼等情感，一如教士所說的「高處不勝寒」的感覺！建築的輪廓有自身的氣勢之美。我會滿懷喜悅的心情去欣賞，只要它還在視線之內，這些建築就會牢牢吸引我的注意力。

我與一位頗有成就的女士交流了這些觀點。這位女士居住在鄉村，她對山川、懸崖以及奔流的河水充滿熱愛（我對此也同樣鍾愛）。她聽了我

的觀點後，聳聳肩，微笑著，說我總是那麼喜歡「自相矛盾」。我無法以內心真正的想法去說服她。最後，她說工廠煙囪排出的煙氣殺死了附近的植被。我回答說，這個地球並且每個地方都要被植物所覆蓋。畢竟，農夫所做的耕作，其實也只是換了一種方式而已。

當然，我並不希望鑄鐵廠破壞地球上美麗的景色。萊德河畔與格拉斯米爾湖畔之間，人們肯定並不願意看到鑄鐵廠的身影，因為這會破壞當地優美的景色。但是，這些鑄鐵廠自有其存在的地方。我認為，在合適的地方上，它們是可以散發出美感的。

一個迷霧的清晨，我從劍橋出發前往聖‧潘克拉斯。在劍橋附近，有一座大型製造廠，那裡有兩棟多層的白色磚石建築物，一條長長的走廊將兩棟建築連接起來，看上去飽經歲月的風霜。建築師在那裡進行最後一層的裝飾，其中一座建築的盡頭是一堵經典的山形牆，盡顯優雅之氣。但是，我敢肯定這些建築因其高度、體積以及功用而具有應有的美感。至少，我個人能感覺到其中的美感。我覺得，很多人都能發現其中的美感。只要我們不以陳舊的眼光看待，不抱著從中取樂的心態，就必然會有這樣的感想。整個旅程充滿了這樣的美感。我們穿過黑乎乎的隧道，隧道似張著大口，堅固的拱頂，低低地懸壓著，蒸汽從火車徐徐噴出，龐大的煤氣記憶體，固定在鍍金的鐵器之上，聖‧潘克拉斯車站真的很長。順便提一下，我敢說聖‧潘克拉斯酒店的這幢建築有一股歲月的醇香，不少旅行者都會從大老遠跑過來欣賞一番。迷霧籠罩下的這一切都有一種自然的美感。在我眼中，這些建築的美感不因其代表的勞作、生活以及能量而減少半分，絕沒有給人懶散、奢華或是高雅的感覺，它們的存在不是為了讓休閒之人大飽眼福的。

鐵路沿線有一座巨大的工廠（我記不清具體位置了），高高的塔頂俯瞰著一片樹林，塔頂滴落的滾燙液體所流經的表層，顯得斑駁。在我看來，無論從建築輪廓或是質感來說，這座建築都可稱得上雄偉！我深

信，要是人們能夠敞開心扉，拋開成見，就必然會被其蘊含的藝術美感所震撼。

我並不是說，我們應該故意建造一些工廠以營造藝術的氣氛，對抗哥德式風格的教堂建築。春日的早晨，艾利大教堂在果園上鶴立雞群，顯得如此可愛，而那些過分裝飾的提燈則讓我感到粗俗。我想，人們很難去為哥德式的尖頂、尖狀的石塊怪異的擺列而感到煩躁。艾利西邊的大塔樓顯得如此沉靜、簡樸，遠勝於 50 座裝飾精美的教堂。這些教堂坐落的區位一般都遠離人煙，雖然教堂在慢慢地陳舊，但對它們的維護卻是進行著一些毫無意義的裝飾。在艾利，我看到一座龐大的多角形磚製水塔，造工精細的拱形與樸素的輪廓，散發出真正的美。

我可以肯定，將我們對美的感受局限於哥德式圓形拱頂以及花飾窗格，無疑是膚淺的，雖然它們都很可愛。我衷心認為，聖・保羅大教堂這類經典的建築才是真正高雅、美觀與莊嚴的建築。這些建築堅固的構造滿足人類的需求，同時彰顯凜然不可欺的尊嚴。哥德式建築通常就像雕刻在石頭上的糖果，不夠實用。人歲數越來越大的時候，就會越發喜愛樸素、平淡、實用的建築，越來越厭惡裝潢與人為的擺設。關鍵的一點，還是要拓展我們對美感與宏大的概念。當我們談到圖畫、玻璃以及木雕這些代表人類智慧結晶的精美作品時，我們其實是在討論另一個話題了。這些巧奪天工的藝術品能夠激蕩起人類情思，其中所蘊藏的優雅是我們所苦苦找尋的。在談到建築之美的時候，就會與另一種的情感相衝撞。我們必須要思考這些建築的意義，代表著什麼，抑或是否浸透了人類生命與勞作的汗水。我時常覺得，乾草堆與穀倉旁的鄉村老舍要比刻意裝潢的別墅與莊園、人為營造的公園或花園都更具美感，更讓我感動。因為，後者代表著人類慵懶的休閒，而前者則展現了人們的生活與勞作。最為實用的建築，一般都是讓人最為歡愉的，而那些只為尋求快感而營造的建築則不然。要是樸素的建築都能具有足夠的美感，並向世人證明原來造物主也喜歡這些

實用的建築，並以此為傲，那時我想每個人都將擁有最真誠的品格了。

　　看到北部或西部的河谷、古老的工廠、歷經歲月風霜的磚塊，走在小溪上鋪設的那一條很有韻味的木製走廊，望著鐘塔上白色的窗扉、造工精美的圓屋頂，讓人感覺這一切都是那麼悅人耳目、如此和諧。而鐘塔旁的泥土與垃圾都是那麼隨意，一點都不讓人覺得邋遢。必然會有一位飽受教育的「膚淺者」在看到這些建築的時候，不屑一顧，覺得非常醜陋。當然，現在盛行復古之風，在我們建造東西的時候，都想著如何增添古色古香的元素。但我認為，這是一個錯誤的標準。若是建築物結構堅固、完全發揮其功用，那麼它就沒有不美的理由。我經過英國製造加工區的時候，看到許多極為平常的建築──大塊的磚石層層疊疊，一排排的窗戶以及突兀而出的煙囪。當我說這些建築都帶給我某種深沉的滿足感時，我並沒有顯得自相矛盾。因為這些建築的存在都是具有其功用的，在落成之前，人們就已經在腦際中有所規劃與想像了。

　　我沒想過要改變任何人對此的看法。但是我必須坦白地說，現在的我有更多享受美感的途徑，可從更多事物中感知愉悅。要是我認為上述那些事物都是不正常或是醜陋，只是對著瀑布或峰頂而惆悵，那就得不償失了。讓我更坦誠地說吧。我覺得，山川景色有一種妙不可言的魅力。山川擁有讓人陶醉的特性，雖然這種特性並非完全有益的。相比之下，田園簡樸的景色帶給我更加持久的震撼。因為那一片片的樹林、蒼綠的牧場以及簇簇的村舍，都讓人流連忘返。正如人們在劍橋郡所見到的英國鄉村，一般都有果園，白色牆堵搭起的茅屋，古樸的教堂，寬廣的農場，廣袤的牧場，輪廓分明的低矮荒原等等。在我眼中，所有這些都帶給我至為甜蜜與柔美的的感覺。因為這一切都是從人類的愛意與勞作中自然生發出來的，然後在這片土地默默的生根發芽。即便如此，我仍然堅持工廠所具有的美感，因為它們的存在是極其自然的，融匯了人類的生活與勞作。宣揚這些建築的美感絕非是對其他事物的反對，只是希望善男信女們能睜大雙眼，

讓心靈感受更加簡樸的東西，不要覺得美感只是存在於豪華的裝飾或是精美的裝潢之中。相反，事物的美感在於坦率地展現其功用、秩序與工作性質，呈現出組成生活、平和與快樂的其他元素。

淺談靈感
（BRAIN WAVES）

　　不久前，我坐在一張手扶椅上閱讀一封信，左手邊的一位朋友正在伏案寫作。我說：「我剛剛收到乙君一封很有趣的信。」他雙眼盯了一下我，似乎十分驚訝。我說：「怎麼了？」他回答說：「這真的太神奇了。我已經幾個月都沒有想起乙君了。但剛才你還未說出他的名字之前，他突然閃過我的腦際。」

　　很多人都會遇到這樣一個讓人震驚的例子，無論是朋友或是熟人之間，無需任何言語就能直接進行思想交流的情形。一般情況下，我所經歷的這種情形，都是發生在毫無緣由地想念某個朋友，也許好長時間都沒有聯絡了，但在第二天就收到此人的來信了。但這種情形發生的頻率在親密之人身上更高。許多人都會有樣的感覺，即在與朋友交談的時候，時常會揣摩他即將要說的話語。無疑，後者出現的部分原因是因為熟悉朋友的思維習慣，也算是一種無意識的感知吧。

　　我想，任何關心「精神協會」研究的通情達理之人都不會懷疑這種力量的存在。現在科學管這叫心靈感應，雖然其存在與發生的條件，我們仍知之甚少。要是一些人專注於某些預想的物體，然後描述給那些具有心靈感應能力的人，後者能準確無誤地描繪出這些物體，雖然他也不清楚自己所畫的東西代表著什麼。有一個試驗的紀錄曾登在報紙，我想這個試驗是讓人信服的。試驗是這樣的：一群人都同意要再現一些物體，一個女孩引入作為媒介。某個時刻，她在紙上所畫的東西就像甜瓜，系著細長的莖梗，然後，她在紙中心附近畫了 4 條平行線。接著，她有點猶豫，但最後還是在甜瓜兩邊的橫線之外畫上了兩個大寫的「S」。女孩不知道這些圖

畫代表著什麼。但是背後的謎底是小提琴。甜瓜與莖梗代表的是樂器，四條線則代表弦，而大寫的「S」則是刻痕，因為刻痕的形狀大約就是如此。為了產生共鳴，所以小提琴放在弦線兩邊。人們可以想像那些不知道謎底的參與者在得知結果之後，內心的想法：這是小提琴，這是手把，這是弦線，這是兩個刻痕，就像「S」在弦線兩邊。關鍵的是，雖然潦草的字跡本身難以辨認，但是一個樂器最為顯著的特徵還是粗略地描繪出來了。

這個試驗本身並不如之前的電話與無線電報那般讓人覺得不可思議。100年前，要是某人預言說人的聲音能透過電線穿越大西洋，或是在沒有任何電線連接的情況下，在異地透過接收器收到發射到空中的電報信號，那麼此人必然會被視為荒唐可笑的異想天開者。要是心靈感應的法則能為人們所探究，那麼說不定在以後的某天，人們在相隔一定的距離，也能在沒有視覺或是聽覺的信號情況下，進行思想上的交流，這也不是不可想像的。某人死去的時候，影像會浮現在他的朋友心中，這一「重現」的現象不容科學家們去質疑，顯然，這預示著某種能量的存在。我們還不知道這種資訊交流所依賴的媒介，也不了解這種交流在何種狀況下才具有存在的可能。但是，某些和諧與憐憫的思想似乎有一個極為重要的基礎，就如正常接收無線電報都是需要一定的物質存在基礎。

當人類第一次進行電的試驗時，出現了一系列的零碎現象，比如出現閃光，琥珀在貓背皮毛上摩擦會產生電火花，這些現象都是如此熟悉，但卻又難以解釋。沒人曾將這些現象歸結為相同的一個常識，也沒有人想過將這些能量轉化為人類所用。要是有人暗示說，從琥珀的摩擦中所獲得的能量，終有一天能驅動引擎，點亮房屋，讓資訊從大洋彼岸兩邊迅速傳遞，那麼此人必然會為視為天馬行空的夢想者。現在看來，這些現象都是再熟悉不過了，就如國民的運動一樣，恐慌如閃電在人群中散播出去。話語的治療影響，催眠術的作用，這些都可能是某些廣泛存在的精神力量。對這種精神力量的深入研究可能對人類的進程起到極為重要與深遠的影

響。我毫不懷疑，此時我們正處於一個探索未知精神領域的前夕階段，探索的結果可能會最終改變人類的心靈發展與促進人類的進程。但另一方面，我想這方面的探索研究最好還是留給那些訓練有素的科學家們，這並不是一個業餘者可以涉獵的領域。任何懷著神祕主義的惡意干預，想著透過一時本能興奮的「捷徑」，或是精神層面上輕率的試驗，在我看來不僅是冒險的，而且是極為危險的。這就像懵懂的小屁孩拿著具有腐蝕性的酸性物質或是致命的毒藥在玩耍。誠然，一個心智脆弱與輕信之人很容易沉迷於這些臆想的情感之中，這可能摧毀他的智慧與生活的快樂。無論這是一種什麼力量，現在還是顯得那麼的神祕，但它們存在的條件某天可能會被獲知與界定。這種力量現在還未能確定是何方神聖，但它們的存在卻是毋庸置疑的。我本人深信，那些缺乏基礎科學知識而又敏感的人們宣揚的所謂精神現象，都只是在瞎搞，這樣的行為本身就是心理病態的症狀與原因所在，應該盡力去抵抗與遏制。另一方面，我想要向那些觀察細緻與訓練有素的專業人士表示敬意，他們懷著極為認真的態度去研究所能獲取的一切證據。

但另一方面，有些性情特別之人並非為了去獲得這些經驗，而只想忠實地記錄下來，這也是完全可以理解的。誠然，若是某種奇妙的精神體驗降臨到一個理智與正常之人身上，那麼，他完全有必要去仔細地記錄下來，然後寄給精神協會這樣的機構，讓他們去做專門的分析。

我深信，正如這個地球存在著一種物質的連繫，所以，塵世間任何物質發生輕微的位移，都會對整個空間產生實在的影響。也許，還可能存在某種精神上的連繫。因此，我們腦海閃過的每一個念頭或是思想，都對整個精神領域產生一定的影響。我們再也不能因為肉身的桎梏而限制思想的漫遊了。當然，我們還是會感到自身個體的存在，但是每個人的身體結構都在散發出一種自身沒有意識到的吸引與顫動的物質。要是我繞動一下手指，這個世界就與剛才不一樣了。而在精神領域內，亦是如此。要是我的

腦海泛起一個善念或是惡意，那麼其帶來的恩惠或是災難則並不僅限於我。這種思想就像一層漣漪，無論多麼的不起眼，都會緩緩地泛過精神之海的盡頭。意志、衝動、思想乃至祈禱的作用限制，我們都還不熟悉，但無論我們的思想或是祈禱看上去多麼沒有結果，但其泛起的震顫還是在肉眼看不見的空間裡飛逝，穿越永恆的精神維度。我們不敢說所有的祈禱都會在現實中得到靈驗，精神與物質的交錯著實讓人捉摸不透。但這種精神力量的作用則是不會消褪的，無論這是何種作用。倘若世上最為寂寞的靈魂，身體飽受病痛躺在病榻上，精神混沌之時，向夜空無聲地祈禱了一個心願，那麼這個世界就與沒有祈禱之前不再一樣了。

愛的寬恕
（FORGIVENESS）

一天，我在教區教堂裡聆聽一位年輕助理牧師的布道演說。這是一篇無論在情感或是形式上都可稱上乘的演說：情感表達自然，措辭得當。我很久都沒有聆聽過這樣的演講了。對於這位牧師在演說中所持的立場，我無意去反駁，但我真心不敢苟同。

這是一篇關於寬恕主題的演說。按照這位牧師的說法，上帝自由大度地寬恕所有的罪孽者，但罪者仍然要接受嚴厲的懲罰。

我覺得不解的是，此處是否可以使用「寬恕」一詞。因為按照人們約定俗成的語義，「寬恕」一詞與這位牧師使用的語意是完全相悖的。「寬恕」一詞的本意是，即使某人犯下了一些錯誤，但受害者並不打算讓侵犯者接受應有的懲罰。受害者不願對這些不愉快的事情耿耿於懷，而想盡快忘懷，就好像自己根本沒有被別人冒犯過。寬恕某人的債務，就是讓欠債者以後都不需要償還了。要是債主對欠債者說：「我可以寬恕你的債務，但你還是要乖乖地償還所欠的每一分錢。」我無法將這稱為寬恕。在我看來，這與《福音書》中對「寬恕」的定義是相悖的。在那個債主與欠債者的寓言故事裡，當欠債者說：「要對我有耐心，我會償還你的。」他這樣說不僅是希望債主能延長他還債的期限，而且還希望債主能赦免他的債務，以後不再提這事了。而當債主沒有展現出仁慈之心，仍然強迫收入卑微的欠債者還錢時，欠債者終於知道自己要遭受懲罰了！主的祈禱之語與這下面這句是緊緊對應的：請寬恕我們的僭越，因為我們也會寬恕那些冒犯我們的人。要是我們選擇去寬恕那些傷害過我們的人，而上帝卻仍然讓我們去為自身的罪孽接受懲罰，那麼這並不意味著祂寬恕了我們。凡人對

寬恕本質的理解，不就是債主既往不咎嗎？但對寬恕的定義是不可能如此片面的，難道上帝只是在道德層面做出讓步，以此來為自己正名？當兒子偷了父親的錢，要是父親對兒子說：「兒子，我原諒你的偷竊行為，但是我還是要將你送到警察局，讓你接受法律的制裁。」難道這是基督教宣導的寬恕嗎？這樣做能稱之為寬恕嗎？

更重要的是，隨著世界的發展，誰也不能保證懲罰會得到公正與適當的執行。一時的粗心大意通常會受到很嚴厲的懲罰，而故意的犯罪若能細心掩蓋的話，就可能逃脫所有的懲治。心腸狠毒而舉止謹慎的犯罪者可能讓人察覺不到，甚至完全不用為他們所犯罪行承擔懲罰。而一些無知莽撞的少年則可能只是因為犯了一個小錯誤，結果一生都蒙上了陰影，讓人生所有美好的前景都成為泡影。我自己也曾遇到這種情況。我所能說的是，倘若一些罪行真的應該接受嚴重的懲罰，那麼給予冷血、殘忍卻又謹慎的犯罪者們的懲罰，就應該是殘酷的超乎我們的想像。當然，大自然並沒有總是因為罪行而懲戒人類，它所懲罰的，只是所有過猶不及的行為。上帝也會懲罰那些因無知而僭越法則的人，嚴厲程度好比懲罰故意犯罪一般。但我們必須要堅信一點，即自然的法則也是上帝所制定的。

再試想一下我所引用的例子。一個少年墮落到犯罪的深淵，發現自己日後的人生都將因所受的懲罰而蒙塵，看不到半點希望。他誠心祈求上帝能寬恕他。要是他知道上帝這樣說：「是的，要是你誠心懺悔，我寬恕你。但你的一生都將因你的犯錯而背上恥辱與罵名。」的話，他會作何感想？也許，他被一些心腸更為歹毒的人引入歧途，而那些人似乎還在吃香喝辣，百事無憂，生活的一帆風順。你叫他如何去相信世間公理與正義的存在呢？事實上，我們該如何去解釋這番事實：即上帝時常會很嚴重地懲罰那些一時疏忽而犯錯的人，而似乎對一些罪惡滿盈卻又善於隱藏的人放縱不管呢？

我想，要是不正視類似這樣的疑問，那就是一個極為致命的錯誤。只

是讓這些念頭從人們的腦海裡閃過，然後獲得某些若有似無的微弱滿足感，這是毫無用處的。要是漠然視之，那當我們真正遇到任何與此相關的具體問題時，就會發覺整個信仰系統都會轟然倒塌，手足無措，感覺前途一片茫然。

我認為，要想解決這個問題，首先，就不要拿自己的處境與其他人作比較。我們所處的境遇，只有自己最清楚。事實上，很難找到哪幾個人會覺得上帝不公正懲戒了自己的例子。事實恰好與之相反。我時常驚訝地發現，原本我以為會對上帝的懲罰有所抱怨的人，都顯得很平靜，甚至為自己接受的苦難而感恩。在我看來，他們似乎正在遭受過分嚴重的懲罰。

其二，我們必須要篤信一點：即上帝的懲罰絕非殘忍與變化莫測的。在接受苦痛洗禮的時候，有機會讓靈魂不斷昇華，而這是其他途徑所不能達到的。就我個人的觀察與經歷來說，可以肯定一點：苦難不僅能帶給人性格的轉變，而且還能獲取真正的幸福，讓人因此萌發耐心、勇氣以及憐憫之心！心靈也有一種神奇的力量，可將過往遭受的苦難統統遺忘，即便這些都曾刻骨銘心。當人們驀然回首，敞開心扉，過往那些充斥著煩惱與痛苦的日子，早已化成了一縷縷甜美的芳香。

因此，我們必須要篤信一個事實，即上帝的寬恕是真實存在的，而沒有任何戲劇成分。要是我們所遭受的懲罰看似超越了自身所犯的過錯，這並非因為上帝是一位錙銖必較的懲罰者，讓我們飽受苦難。祂這樣做，只是讓我們得到一些無法以其他方式去獲取的東西。

我們所犯的錯，在於將上帝視為自律主義者了。要是某位父親對兒子說：「兒子，我原諒你，但我還是要懲罰你。」我們可能只是覺得，這位父親還不知道寬恕的真正涵義。事實上，他還要懲罰兒子的這個行為，就說明了他內心並不真正相信兒子的懺悔之心，而是要透過懲罰，確保兒子的懺悔不是為了逃脫懲罰的託辭。有時，我們還是不得已這樣做，或是覺得自己必須要這樣做。但這只是因為我們無法真正去讀懂別人內心的真正

想法。要是我們知道別人的懺悔是真摯的，那就根本不需要去作任何的懲罰。但人類在上帝面前，是沒有任何隱瞞可言的。要是某人為自己的罪行感到懺悔，然後洗心革面，改過自新了。倘若這個過程沒有降臨任何讓他感到恐懼的懲罰，那他會因上帝大度的寬恕而深為感恩。要是真的遭遇懲罰，那他也會自我反省，是否自己的懺悔不夠真誠，抑或只是一個為了逃避懲罰的權宜之計。儘管他遭受很嚴厲的懲罰，也會相信懲罰會帶來美好的祝願。除此之外，再也沒有讓陷入迷途的心靈趨於平靜的途徑了。

最讓人難以去面對的，是無知的父母對無辜的孩子所犯下的「罪行」。這似乎超出了人類對正義觀念的範疇。但要是我們能將之視為上帝的一份禮物，那麼就不會再有這樣的困惑了。誠然，我們必須要運用人類所有的能力與知識來緩解或是移除一些可治癒的痛苦。否則，我們最終只會陷入詭辯術這一可悲的泥沼之中，甚至還會認為，只要是能取得良好的結果，給別人帶來痛苦也是無所謂的。

而我們所犯的最後一個錯誤，就是雖然我們都宣稱對永恆充滿了信念，但事實上卻並不相信這一套。對於上帝正義的思想，我們還是只局限於肉身在這個世上存在的短暫時光。要是我們能意識到，這是更為宏大、寬闊與渺遠的事情，那我們就會心平氣和淡然地面對困難與煩惱，學會去慢慢地等待。

倘若我們要向上帝學習，那麼在落實行動上，就必須要坦誠自由地給予他人寬恕。要是我們能展現出完全信任他人懺悔的真誠，那麼於人於己，我們都是得益的一方。即便我們有時會失望多次，這也要勝於某些人假惺惺地宣稱，別人作假，他們必須要接受懲罰。因為後者的做法根本就不是基督教「寬恕」的應有的本義。我們不能說：「我已經寬恕你很多次了，而你每次都再犯，這次我再也不相信你了。」相反，我們要這樣說：「你讓我失望了很多次，但這次我還是選擇相信你的懺悔。」有人會說，這只是溫順與軟弱的情感展現。但這樣的說法卻是完全錯誤與低俗的。在

世人眼中，這可能顯得愚不可耐，但這才是真正讓靈魂覺醒的力量。我並不是說，要不顧任何常識不假思索地去這樣做。但即便真的這樣做了，也要比不信任的猜疑更為高尚與純美。有一種考量是這樣的：覺得應該出於抓典型或是震懾作用而去實行懲罰，以為這樣對犯錯者更有好處。這樣的出發點必須要給予極為嚴謹與真誠的審查。我們要確保個人的報復心理沒有裹上一個冠冕堂皇的理由。我還記得小時候在學校因違反紀律而被一位老師懲罰的經歷。這位老師宣稱這完全與個人恩怨無關。但我還是感覺到，他在懲罰我的時候，內心深感高興，因為他終於為困擾自己的煩惱找到了一個發洩的管道。當他說這樣做，其實是「打在我身，痛在他心」的時候，我內心充斥著一種被欺騙的感覺。我知道他說的話並不是真的，我只是覺得大人們在這些事情上所說的話都是不可信的。

因此，要是我們鐵了心要去懲罰別人，那最好還是不要去談論什麼寬恕了。這兩者是不能同時存在的。通常來說，寬恕最好的方式，就是去遺忘；或至少要表現出我們已經忘懷的樣子。也許，最為宏大與美妙的解決之道，就是秉持那句法國諺語的精神去做：愛，就是去寬恕一切。

自憐有用嗎？
(SELF-PITY)

　　大家都熟知納西瑟斯的故事吧。當他在林間的泉邊飲水時，看到自己在水中倒影，竟為自己的美麗所傾倒，將自己短暫的餘生都用於自我欣賞。這個寓言故事彰顯了志得意滿的虛榮心。但自人類感知到自我意識之後，就想方設法地以巧妙的方式來進行自我欣賞。現在，不止那些偽善之人樂於展現自己的高尚之處，而且那些官員也陶醉自己的謙卑與卑微的公眾形象。這與中世紀人們那種懺悔的故作悲傷之情是截然不同的。當時，諸如柯克斯托修道院院長圖爾吉斯爾斯就是代表人物。在今天看來，他為自己的所犯的罪孽表現的悲傷似乎過於誇張。一本年代久遠的編年史曾這樣記載：「他的懊悔之心是無邊的。在平常談話的時候，他也難掩自己的淚水。而在祭臺慶祝的時候，他更是難抑眼眶裡打轉的淚水，與其說是暗自垂淚，還不如說是揮淚如雨。因此，幾乎沒人會在他面前談論關於宗教的話題。」讓人不解的是，在歷經 9 年這樣的「梨花帶雨」的規則之後，柯克斯托修道院的其他僧侶們覺得，還是要讓其他更有才幹的人去擔任他們的院長。

　　但是，我想，圖爾吉斯爾斯的眼淚畢竟是因為感覺到自己還遠未實現理想而落下的。而在這個時代，實在是氾濫著太多「45 度仰望星空」的哀怨與感嘆了。我不會偏激地說，當代關於自憐的藝術業已發展成為司空見慣的現象。但是，這種現象的確難以盡數。這種自憐的本質是某種自滿的痛苦，一種在比別人遭遇更多且更嚴重的問題而生發的優越感與與眾不同感，還有就是比他人更為敏感的性情。我還記得曾與一位幾年前去世的老婦人見面的場景。她的一生遭遇了很多苦楚。我猜想，她選擇去面對這些

苦楚的方式完全是出於一種本能的心智力量，讓自己從中獲得緩解。她無法去忘記或是擺脫那些悲傷的事情，所以她選擇讓自己為遭遇這些事情而感到驕傲。每當她聽到別人講述他們所遭遇的災難時，她總是會說，這些與自己遇到的相比，根本不值一談。她沒有在憂鬱的沼澤中悶悶不樂，而是很喜歡社交活動。而當看到別人都玩得開心時，她也感到很高興。她不願見別人落淚，否則她就會說，這一切勾起了她過往不快的經歷。一直以來，她都是一位內心善良的女人。但我覺得，當她坐下來，向那些失去親人的人寫安慰信的時候，是她感到最為快樂的時候。這種流露出來的悲傷曾一度讓我備感困擾，但我現在終於明白了。我這樣說沒有半點犬儒的意味，而完全是出於坦率之心，這就是她轉移自己悲傷的一種方式：她對生活中一些小的戲劇情節深感興趣，正如別人從其他方面獲得樂趣一般。她覺得自己是一個浪漫與有趣的人，被神祕與讓人印象深刻的悲傷情感籠罩著。而她所察覺不到的，是那些遇見她的陌生者認為她的生活充滿了悲哀，而圈子裡的一些朋友覺得她有些讓人厭煩，甚是怪異。

誠然，自憐是一種病態。一個深受自憐之苦的人，與身染其他讓人不悅缺點的人一樣，都是值得憐憫的。這有點像羞怯。嘲笑覥腆之人是沒用的，告訴他們羞怯只不過是因為他們過多地想到自己了，也是徒勞無益的。這種做法本身就是一種病。羞怯是讓人不悅且阻礙人前進的頑疾，但是沒人會想著故意去成為羞怯之人。而幫助羞怯之人的唯一途徑，就是鼓勵他們對外在事物產生興趣，使用另一半沉睡的大腦。因為當我們獲知更多關於心理或道德的知識的時候，就會發現，羞怯只不過是大腦分子的排列不當所致，意味著一些腦細胞還沒有得到充分的調動，讓羞怯之人的舉止無法像常人那般自然與自信。

其實，自憐就是人人皆有的虛榮心外露的表現而已。不論聽到或見到什麼，虛榮之人總是以己之長去與別人進行比較。一個對自己外貌虛榮的人，身處一群醜挫之人中間，內心甚是高興；而要是某人不安地發現別人

更英俊，就會覺得所謂帥氣並不仰賴於外觀的比例，而在於表情的豐富程度，然後為之沾沾自喜。所以，諸如此類，自憐之人總是拿別人的「窮醜矮挫」來與自己「高富帥」相比。要是他人的缺點比自己更明顯，他就會感覺到自己的優越。

我想，女人要比男人更容易受此問題的困擾，雖然一旦男人患上這樣的毛病，則是糟糕透頂的，因為男人往往比女人更為主動。我記得，一位年老的紳士在晚餐桌上總是樂於表現出讓人悲傷的順從行為。他幫桌上的其他人舀湯，但當別人端湯給他的時候，他卻擺手說不需要。然後，桌上的一些女士們紛紛說一些安慰的話語，而這位紳士語氣莊重地回答說，希望別人不要注意到自己，他沒有食慾吃晚飯，但他不想讓自己的不安情緒影響別人。然後，眾人紛紛哄他，最後他宣稱為了大家就勉為其難，只好吃點飯。他極具風度地舀了一碗湯，最後聲稱這是一頓很豐盛的晚餐，因為他敏感的性情已經得到足夠的奉承。

一般來說，男人要比女人更少患上這種「疾病」。原因很簡單。只是因為男人有更多的事情要做，必須要走出社會，與人交往，這樣就沒有精力過分去關注自己了。但是寂寞的女人或是家庭主婦們，來訪者少，也沒什麼外在的興趣，除了忙活三餐之外，就沒什麼家務活可做，因此有很多時間來感傷一些事情，就容易陷入這種自憐的思想之中。這種自憐的情緒非常容易出現在喪親之痛的時候，真正的情感讓生者對逝者產生一種錯誤的忠誠感，而那被拉長的悲傷感似乎是忠貞之愛的最好證明。正如查爾斯·金斯萊夫人曾莊重地對一位朋友說：「每當我發現自己過分想念查爾斯的時候，我就去閱讀最感傷的小說。心是要去愛的，而不是為了破碎而存在的。」這的確是一句真實而又勇敢的話呀！

但即便人們曾意識到這種過分敏感其實一種病，要想根治又是何其困難啊！要是人們不打算去獲得一些治癒的療法，那麼進行探討也是無益的。在上述這種情形下，最好的治療方式，就是千方百計地找尋一個外在

的興趣，或至少是一份責任。若是某人去從事一份職責明確的工作，一份與他人打交道的工作，讓自己不要總是沉浸於個人的幻想之中，那麼，這種疾病可能就會得到遏制或是根除。當然，這是一種解決方法，雖然通常是較為痛苦的方法。沉迷於悲傷之中無法自拔的人總是覺得，別人應該給他們足夠的空間，此時的他們並沒有能力去足夠面對一些事情，應該讓他們暫時緩一緩。但是，讓他們去嘗試一下吧！比如，讓一個女人去從事一份職責明確的工作，當然這份工作越適合肯定越好！即便這可能會讓某些人感到不安，也沒關係。在每一小村落裡，也都有一些人需要去照看與安慰的。透過投身這些工作，人與人之間的關係就有了拓展與擴充的神奇力量，如星星之火，慢慢燎原。因此，生活慢慢就變得更加親切，更加喜人。即使事情並不如此發展，但在完成某件事情或是實現某個項目的時候，還是會感到樂趣的。

當然，那些真正深陷痛苦之中的人，是不必匆忙地從中抽離的。但正如每個醫生都深知，當某種壓力減弱或是傷口癒合之後，當事者卻仍會沉浸在無力的習慣之中，覺得自己還是無法去做任何事情。某天，有人告訴我一個關於某位年長大主教的有趣故事。大主教陷入了憂鬱之中，導致無法履行自己的職責。每天，他坐下來嘗試寫作與閱讀，但總是不經意地陷入憂鬱的思緒。數月過去了，他的醫生從一些顯而易見的狀況察覺出，他其實已經完全從憂鬱的陰影中走出來的，但卻無法喚醒他沉睡的心靈。一天早上，有人說另一位常駐的大主教突然生病了，沒人來主持儀式了。這位老人馬上從椅子上起來說：「我想我可以。」於是，他穿上白色的袈裟，就出去了。讓人驚訝的是，他完全享受主持儀式這一過程。從那時起，他又恢復了往日的健康與活力了。

這個例子證明了基督科學的內涵，即我們多數人都能忍受比自身想像更多的苦難或是去做更多的事情。而讓自己擺脫精神恐懼最有效的辦法，莫過於讓自己動起來，消滅負面的情緒。那麼，十有八九，最終被消滅

的，就是精神上那些臆想的恐懼。

深陷自憐之中並不可怕，心灰意冷才是致命的。這兩者的出現都是因為心靈的組織框架出現了問題。出現這兩種情形的共同錯誤，是我們任由它們的宰割，使自己無能起來。而要想讓許多人從自憐的泥潭中擺脫出來，就要讓他們意識到，自憐會表現出多麼醜陋與難堪的一面，讓人備感寂寥。心靈痛苦之時，展現出內心悲劇的情感，這是讓人印象極為深刻的。但是，人不能因此而備受困擾。志得意滿地彰顯自己矯情的悲傷，這在道德層面上極為噁心的。正如人們在現實生活中不斷地重複嗤鼻這種行為。有時，也許這種嗤鼻行為是可以諒解的，但是這只會讓人深感煩惱，而不會產生任何憐憫之心。耶穌基督勸誡我們，那些想在公共場合展現自己祈禱的人，最好還是回家，關上門，自己慢慢進行吧。同樣的道理也是適用於發自內心的悲傷，而難以自拔的悲傷更是如此。當然，很少有人會覺得自己閱世無數，心境淡然，覺得這是一個純然美好與舒適的世界。但沉浸於自憐之中，人其實是削弱而非增強自身的忍受能力。一個世紀前，婦女們在公共場合下盡量地暈倒，還是一種時尚呢；而那種不時暈倒的能力更是一種讓人驕傲的資本。後來有些人坦言，顯然，要照顧一些時刻暈倒的婦女，直到她們恢復清醒，這實在是太煩人了，所以後來這種流行的風尚就慢慢作古了。沉浸於自憐，不僅是對勇氣的有害克制，而且也是對這個美好、有趣以及讓人興奮的大千世界的一種侮辱。倘若生命有什麼意義的話，那麼必然意味著，我們擁有獲得一些人生閱歷的機會，可走一段屬於自己的人生旅途。而我們若是呆坐在路邊，雙手捂臉，啜泣搖頭，只是為別人的朝聖之旅感到興奮、激動與共鳴的話，那我們可能就已經落下太遠了。最後，當我們整理好衣裝，抹一把臉，發現別人已經早已不見蹤影了，只能在黃昏時分，邁著無助而又羞辱的腳步，慢慢跟隨。而我們原本應該與他們並肩同行，享受旅途中真摯談話與分享美好願景的快樂。

自憐有用嗎？（SELF-PITY）

夜半鐘聲
（BELLS）

　　這是將近 40 年前的事情了。當時，我們全家還居住在倫敦，父親在這裡擔任主教。我們這群小孩子有一個不成文的規定，就是當大家聚在一起的時候，就會在假期的第一天裡，向父親索要教堂大門的鑰匙，然後走進中央塔樓的鐘樓上。趕在中午之前，親眼看一下大湯姆鐘，並聽到它報時的鐘聲。

　　我們這群小鬼時常跑到南面的耳堂，那裡有一層蜿蜒的樓梯可往上走。那裡很涼快，磚石散發出怡人的味道，彷彿進入了某個靜寂與黑暗的世界。我們沿著樓梯往上走，突然看到了一個小洞，透過此洞，可窺見屋頂、花園與飛翔的小鳥。而在教堂拱廊上，有一條很長的走廊，顯得有點黯淡。環顧左右兩邊，通往拱形圓頂的通道還在上層。接著，沿著樓梯，我們就進入一座宏偉的塔樓，走廊上有讓人目眩的欄杆，還有點亮的提燈；我們往下可以看到排列整齊的風琴管，唱詩班分布的位置就像一幅地圖。沿著樓梯繼續往上走，最後扭轉一下鑰匙，就進入了高高的、布滿灰塵的房間。房間裡豎立著高大的橫梁與橫軸，還有穴鳥在巢穴所留下的垃圾，金色的陽光從方形羅浮宮式的窗戶透射進來。

　　雖然，大鐘安放在一個許多欄杆圍成的圈子裡，我們也還是可以看到大鐘的模樣。但是，隨著時間越來越接近正午，時間在滴答的鐘聲下一分一秒地流逝，我們顯得越發緊張了。以前有人講過一個故事，是關於那些不幸的人在鐘聲響起的時候，站在鐘下面。當鐘聲剛開始響起的時候，大鐘就摔落在地上，血從那人的鼻子與耳朵上迸濺而出 —— 當然，這只是一個傳說。不過，此時還是一片安靜。

這就是大湯姆鐘的本尊了。巨大的輪子使鐘擺來回晃動，而其一邊有一個巨大的黑色錘子，用來報時；而在另一邊則是另一個錘子，用皮革捆紮著。要是某個教會名士去世了，就會奏起聲音含糊的鐘聲。在這兩個小鐘之上，是報半刻鐘的和諧的鐘，雖然它也很大，但要是與大湯姆鐘相比，還是小巫見大巫。也許，某個女生膽子很小，就想著到樓梯口上那裡躲避一下。時鐘最終還是指向了 12 點，接著就是匉然一響。其中一個小鐘的錘子似被什麼神祕的力量突然一拉，猝然向後，靜止，然後突然一轉，其他的錘子也跟著一轉。震耳欲聾的鐘聲呵！這樣的鐘聲重複了 4 次。接著是可怕的停止，回音慢慢地消失。大湯姆鐘似乎深思熟慮了許久，然後從容地敲響鐘聲。凡人似乎不敢從容地等待這一鐘聲響起的時刻。但最終錘子一顫，猛然一攪動，似往回拉，接著又是巨大的震盪，悠揚的鐘聲瞬間在空氣中流淌。有時，人們能夠避而遠之，但待在樓梯口那裡是最糟糕的，因為那裡的回音就像迴盪的海浪一樣，來回蕩漾。我慢慢覺得，小鐘的撞擊發出的聲響要比大湯姆鐘本身洪亮的聲音更讓我震撼。

不知有多少次，在大法官辦公室那個有豎框的臥室裡，我與哥哥望著窗外的敏斯特・格林。在某個起風的夜晚，四處靜寂之時，突然聽到大鐘撞擊發出的渾重聲響，漫過屋頂，悠悠蕩蕩。

我認為，沒有什麼能比聽到習慣性的鐘聲，更能激發人對某個地方的精神與記憶的認同感了！在伊頓公學，那裡的校鐘發出某種碎裂質感的聲響，我不知如何用言語去描述，總之是無法在鋼琴上重現這種聲音的。直到現在，我仍清晰記得，身為學生的我在伊頓度過的第一個迷茫的夜晚。對陌生環境若有若無的恐懼，重重地壓在我的心頭。而不遠處的大鐘，在清晨破曉之際響起鐘聲，激蕩著心緒，讓人勇於投身到認識新面孔與承擔未知的責任中去。當我聽到那鐘聲的時候，根本沒想到，自己日後的人生 —— 無論是身為學生或是校長 —— 都還能聽到這樣的鐘聲，訴說著快樂或是忙碌的時光。每當我聽到鐘聲時，內心就泛起一股無以名狀的情

感，覺得自己應該在這裡鞠躬盡瘁，死而後已。

　　春日的早晨，遠處教堂的鐘聲，渺渺淡淡，浮蕩在蒼翠樹林與繁花盛開的山谷間，飄入耳畔，內心會泛起一股多麼強烈的情感呵！很難去解釋它們所喚起的微茫情思──半醉不醒的清新感，讓人驚訝的愉悅之心。就像布穀鳥的鳴叫，教人的思緒回到那段純真懵懂的歲月，原來生活充滿了新奇的閱歷與激揚的活力；或是鐘聲在頭頂上迴盪，彷彿婚禮的隊伍行進到了門廊，風管琴在不斷地吹奏；抑或在日薄西山的孤獨時分，塔樓上響起渾厚的鐘聲，似讓心緒脫韁，飄向未知的遠方。當鐘聲斷斷續續地響起，就好像隆重的葬禮排場慢慢接近一樣。

　　劍橋的一大魅力，就因為這是一座有很多鐘的城市。這裡有聖‧瑪麗大鐘發出悠揚和諧的鐘聲；而在夜晚，當宵禁仍在執行之時，鐘聲指引著晚歸的旅客越過柵欄，返家。國王學院的鐘聲並不渾重，但我本人很是喜歡。小教堂的鐘聲不夠莊重，不符合場合的需要，鐘聲很嘶啞，甚至有點尖刻的味道。三一學院則有一座新的大鐘，聲音很洪亮。還夾雜著數不盡的鐵質擊打後的聲音，在塔樓或是鐘樓上，都有很多這樣的大鐘。最近新建成的羅馬天主教教堂，那裡的鐘聲洋溢著嚴謹而又濃郁的宗教旋律的味道，每過一刻鐘，就響一次，很難去捕捉。但是，不知多少時日就這般悄無聲息中溜走了，人們根本沒有感知到鐘聲的存在，更別說覺得被鐘聲所打擾了。因為，大腦具有一種獨特的能力，就是會完全忽略任何平常的聲音或是重現的調子，除非這裡面包含著某種人類難以理解的東西，或是超出了常規的範疇。

　　誠然，鐘聲要歸屬於人生的平和之音。鐘聲裡糅合了這個地方的生命的氣質與藝術氛圍。正如我所說的，鐘聲飽含著神奇的力量。在長久遠離鐘聲的日子裡，耳畔突然傳來一陣久違的鐘聲，內心那早已忘懷的感覺又再次湧上心頭──

「我所銘記的時光，充滿著歡樂，
不留一絲的愧疚之情。」

身處於小學院的一大樂趣，就是我可以在一個古色古香的禮堂裡掛上一個小鐘。每當報點的時候，小鐘發出銀鈴般柔和的聲音；而兩個小鐘則在每刻鐘到來之時響起；當這3個鐘一起奏起的時候，就像拉赫曼尼諾夫[088]創作的前奏曲一般。那些去過聖·保羅大教堂的人們都對此很熟悉，因為那裡有時會演奏他的曲目。

我所喜歡的，是這3個鐘可能會成為我對此處記憶的一個縮影。直到最近，有一個鐘發出刺耳而又散漫的聲音，沒有任何的莊重感，也沒有什麼回音，只是一個單純的報時器而已。但是，一想到這些新建的大鐘日後可能交織出後代人們的歡樂、活動與夢想時，又感到很歡樂。闊別數十年後，熟悉的鐘聲可能讓人突然回想起往日某個陽光溫煦的午後，在小院裡玩耍的情景，喚起了故友的聲音，孩童時渺茫的夢想與欲望，疇昔的意氣風發，無憂無慮的輕狂歲月，一一浮現在眼前。人不能沉浸於追憶過往。但不管人生翻滾的浪潮如何迅猛——隨著時日的慢慢流逝，這股浪潮會更為迅疾與專注——因此，回憶起往日的歲月也是大有裨益的。我們可以審視一下，自己的夢想實現了多少，是否有忠實於自己的目標。這絕非多愁善感的做法，而是以更大的胸襟與磊落的態度去面對，讓我們可以滿懷感激之情去希冀未來。只有這樣，我們才能探尋人生的祕密與神祕之處，意識到其重要性，窺探到目前還未露出端倪的偉大序曲。

---

088 拉赫曼尼諾夫（Sergei Rachmaninoff, 1873-1943），俄羅斯作曲家、指揮家、鋼琴家。他的作品甚富有俄國色彩，充滿激情，且旋律優美，其鋼琴作品更是以難度見稱。

八哥只是一隻鳥？
（STARLINGS）

今天，我長時間地觀察著一大群八哥，牠們聚集在一片柵欄圍起的專屬羊群活動的田野上。八哥是一種很有趣的鳥類，一身亮麗的外衣，羽毛閃耀著亮麗、陰鬱或是彩虹般的七色，讓人難以捉摸。八哥身上的顏色總是順應「潮流」的。在一個天濛濛的早晨，牠悠然棲息在灰白色的巢穴裡，活像一位受人尊敬的農民。陽光燦爛的日子裡，牠如鴿子一樣改變光澤的表面，展現彩虹七彩的顏色，或如噴濺的石油著火時展現的豔麗。牠的啄又尖又長，卻運用得那般英勇。看到八哥在忙碌，真是甚有興味。牠從不淡定或是默默面對任何事，喜歡極盡喧囂之事。牠似乎總是在趕路，始終在忙碌，彷彿追趕一列即將出發的火車。牠大口大口地吞著食物，似乎這是幾個星期來的第一頓，也可能是牠這個月來最後的一頓。其實，與其他鳥類相比，八哥是舉止最為鮮明的鳥兒。要是你將一些麵包碎屑扔到草地上，就會發現自由散漫的知更鳥第一個趕到，蹦跳地望著眼前這一幕，最後才覺得自己可能要分一杯羹；然後麻雀揮舞著翅膀，愉悅地咯咯叫起來；接著就是雀科小鳥紳士般翩然而至，動作優雅地叼起屬於牠們的食物。突然，一陣煽動翅膀的聲音傳來，一兩隻八哥氣喘吁吁地趕來。牠們恐懼與興奮交加的表情，似乎已下定決心，在為搶食物被打死或是餓死之間必須要做出一個選擇，牠們決定選擇了前者。牠們奮力地將全部食物一把抓起，然後迅速飛走了。

八哥棲息的時候，卻非常害怕無聊的侵襲。牠們集合在一起，然後像義大利主教那樣，臨著薄霧，唧唧不停感嘆著時間的流逝。牠們睜開雙眼的那一刻，就開始對聽到的各種聲音進行怪裡怪氣的模仿。對牠們而言，

人生就是一場始終不停歇的遊戲。

多年前，我在蘇格蘭一個狩獵小屋度過冬季。八哥喜歡在湖中的一個小島上棲息，小島四周生長著密密麻麻的杜鵑花。在白日將盡的下午 4 時，牠們通常聚集起來。首先來到集合點的八哥通常繞著巢穴的上空不斷盤旋，遲到者加入進來，在空中一起自由地舞蹈。夕陽慢慢沉沒之時，可見八哥從四面趕來，在那裡聚集著厚厚的一層，環繞著小島，翩翩飛翔。一里之外，一群密集的八哥如流變的氣球，時而厚厚地疊加在一起，上層的八哥時而飛離，就像一面招展的旗幟。最後，八哥集合完畢，在發出某個信號後，牠們默默地飛回小島。一兩分鐘內，牠們都已回到了棲息之處，然後發出了一陣喧囂的聲響，每隻八哥都扯盡歌喉，頗有唱響晚禱讚歌的味道。幾分鐘後，似乎又在某個信號的指揮下，歌聲突然斷絕，沒有半點緩衝，有如冒氣的蒸汽閘突然被關閉。要是某人靠近一點，拍一下手掌，八哥群又會大聲喧鬧起來，一大群八哥如箭射向天空，恢復牠們的隊形。聲音消失之後，又徐徐地飛回棲息處。

今天，我靜靜看著數以百計的八哥在草地上尋尋覓覓，似乎在研究著什麼，附近幾棵樹都擠滿了八哥，發出吱吱喳喳的叫聲，如一壺煮開的水。我躡手躡腳地靠近樹籬，想要近距離地觀察，牠們也繼續在那裡覓食。突然，一隻八哥似乎嗅到了危險。彷彿一道命令下來了，數以百計的八哥撲然飛到半空，駐足在樹梢上的八哥也飛過來加入這個隊伍。整個群飛到旁邊的休耕田地裡，在那一片安全的地方繼續覓食。

也許，那個信號在八哥群中是極為清晰的。讓我迷惑不解的是，牠們到底如何完成這種演變的呢？牠們以極為有序的方式飛向開闊的天際，彼此間保持著一定的距離，根本不存在相互碰撞的可能。這其中蘊含的方法著實讓人不解。真不知道誰能定下如此有序的步調與精準的方向。當八哥飛離的時候，節奏是那麼同步，展翅飛翔的時候沒有一絲困惑或是失措。人們會簡單地將之稱為牠們一種本能的反應。我認為，即便是雛幼的八哥

身處這樣的環境，也會覺得這種行為是完全自然舒展的。但是，整個動作過程暗示著一系列非凡的心理過程：敏捷的觀察力，快速的推論，即時的演算，對某種指引的無條件服從。很難看出是哪隻八哥擔當指揮的，也許根本就不存在著誰指揮誰。因為，一大群八哥在田野覓食的時候，充當指揮的八哥開始帶隊，飛躍出來，跟在後面的八哥必然暫態獲知了一套明確與預訂好的程式。要是人為地將八哥們驅趕，在前面的八哥似乎要比後面的更快一點飛起來，似乎就成了領軍者了。事實上，整個過程是一個完全有序且極有系統的演練，甚為優雅。我見過一大群八哥自然飛翔到靠近樹籬，突然被一個從乾草堆裡冒出的小男孩嚇著的情景。這群八哥發現突然冒出的男孩，已經離牠們很近了。人們可能會覺得，受此突然的驚嚇，牠們會亂了陣腳。但是，八哥整個隊形卻是筆直往上飛起，仍保持著完美的佇列。

我記得擔任校長的時候，有一次指揮男孩們進行隊伍的演練。雖然，他們都很願意聽從指揮，也想要做出正確的動作，但是，最難的還是讓他們準確地完成表演。男孩們根本無法保持隊形的距離，要是第一排的人突然停下來，後排的人就會慣性地擠過去。要是嘗試一下稍微複雜的佇列變化，整個隊伍會暫態亂成一盤散沙。男孩們都知道自己想要達到的目標，他們應該有八哥那樣的智慧吧。

這就是動物非同尋常的地方。牠們的推理能力在某些方面似乎極為出色，在一些方面卻讓人深感絕望，牠們要花很長時間去習得新的習慣。同時，牠們又似乎很快就能接受新的思想。比如，山鷸學會了不再害怕經過鐵軌的火車。人們可見牠們在鐵軌旁的田野上，面對著呼呼而過的火車，泰然自若。牠們似乎已經知道了，這不會對自己造成任何危險。所以，牠們對此全然不顧。也還是山鷸年復一年地光顧打靶場，來來去去，但卻從來察覺不到需要去避免一些潛在的危險。即便一隻小山鷸之前在此受傷，在一兩週之後，還是會有一群鳥兒照樣光顧這個打靶場。我猜想，可能隨

著時間的推移，牠們慢慢區分出驅鳥者與獵手的不同之處吧。但是，牠們這種不完整的推理能力仍然讓人覺得甚是奇怪，而牠們的直覺又是那麼敏銳與精確。

我記得，有一次觀察一隻雌性山鷸守護著一窩雛幼的山鷸的情景。山鷸全副心思都投入到照看這些幼兒上了。要是有誰膽敢靠近欄舍，牠就會怒不可遏。而那些「小傢伙」也意識到這是牠們的母親，都會跑到牠的身邊尋求庇護。但是，在一週的時間裡，牠卻將這些小傢伙全部踩死了。事實上，有一次我親眼看到牠將一隻小山鷸踩死了，只是為了讓小山鷸免於因我靠近帶來的危險。

但是，八哥在公共利益面前所展現出的智慧，值得我們作一番有趣的探討。八哥是一種極為喧囂與自私的鳥類，要是其中一隻八哥找到了食物，數十隻八哥都會趕過來爭搶，直到瓜分完畢，牠們對他人的權利沒有一絲的尊敬。雖然，牠們如此自私，但又是一種喜歡群居的鳥類。牠們的社區感與彼此陪伴的欲望是難以阻擋的。牠們心中崇尚帝國主義式的「聯邦」，牠們對某種指揮的順從是無條件的，但牠們又是完全無序的，一刻不停地與彼此作對。

我想，八哥這種社區模式也許是主張人人平等的社會主義原則的實踐產物吧，雖然領導這場運動的八哥必然是走錯了方向。八哥生活的模式是讓他們滿意的。牠們顯得很健康，通情達理，卻又很貪婪與強壯。八哥們從不會有莫名的憂鬱，也不會沒精打采。要是哪隻弱小的八哥辛苦覓到的山雀被一隻更大的八哥搶走了，牠也不會花時間為之感傷或是感到憤懣，指責世間沒有天理，牠只是迅速地去找尋其他的食物而已。牠們似乎感受不到社會問題所帶來的壓力，牠們的常識與行動都處於一個很高的水準。顯然，牠們應歸屬於中產階層的生活模式。我們無法想像八哥在月亮之下如夜鶯一樣引吭高歌，牠們必須要為生存而不斷努力。在清晨的休閒時光裡，牠們就會對所有聲音進行粗劣的模仿，如正常人在工作之後，晚上到

俱樂部或是音樂廳裡放鬆一下。八哥是出了名的勇敢與幽默。但是,雲雀與夜鶯這些孤獨的靈魂似乎對生命之美有著某種深藏不露的樂趣。顯然,八哥將雲雀視為傻瓜,因為牠將很多力氣與時間花在唱歌與飛翔之上;八哥顯然也是鄙視夜鶯的,因為牠們在原本應該進入夢鄉的時分,還有閒心對著朗月,聞著花園的香氣放聲高歌。

　　我不完全贊同八哥的做法。牠們的生活是井然有序的,顯得忙碌又合理。牠們能將自己的利益與「公民」的責任完美地結合起來。我欣賞牠們難以置信的演變過程,羨慕牠們對任何隱私的無視。但是,八哥究竟只是一個快樂的「學童」罷了。牠遵守秩序,樂於享受食物,不像蜜蜂那樣總是忙碌,也不像黑鷹那樣熱愛群居。牠只是一個因循守舊的「壞蛋」而已,要是人類走上了八哥這條「幽默」的道路,我將深感遺憾。

八哥只是一隻鳥？（STARLINGS）

銘言的真諦
（MOTTOES）

　　某天，我嘗試去研究一幅無名畫像的歷史，只有一句銘言給我一點線索。這句銘言是：「Patior ut potiar」：意思是：我受難，這樣我可能受益。我翻看了許多紋章式的座右銘去找尋這句話，發現佩頓家族有這樣一句銘言：「patior, potior」，意思是：我受難，我受益。最終，這句座右銘被證實是斯坡迪斯烏德斯家族的。

　　我要坦誠一點，即在翻閱數以百條銘言後，發現銘言都是由極為平淡的語言構成的，我深感震驚。這些銘言通常是許久之前流傳下來的陳腔濫調，本身沒有任何特殊與出彩之處，但卻以一個有趣的角度展現了英國人的性情。之前，我從未想到的是，收集這些格言或是銘言會對了解國民的性情與動機具有如此重要的幫助。但是，倘若人們想一下，那些以這些銘言為人生導向的人，也許是他們從人生閱歷中總結出來的。因為，人不大可能將一些無法代表自己人生理念的話作為銘言的。在研究英國這些著名家族銘言的時候，有幾點讓我很震撼。這些銘言都將美德視為成功的基礎，極為看重榮耀與信守諾言。其中很多都帶有濃厚的宗教與基督意味。「基督的十字架」這樣的字眼在這些銘言中並不少見，而且一般還是出現在「十字架」一詞占據最重要意義的銘言裡。但這些銘言也並非一概充滿理想主義與想像力，抑或是充滿詩意與隱喻，大多數銘言都顯得很得體與坦誠，具有相當的實用意義。其中不少銘言都對財產的神聖性這一觀點表達了肯定的態度。因此，朱什的銘言是「寇松[089]有什麼，就讓他有什

089　寇松（George Nathaniel Curzon, 1859-1925），英國保守黨政治家，曾任印度總督，晚年自 1919 年至 1924 年任外相，平生獲賜世襲貴族爵位達 7 個之多。

麼」。里德爾家族的銘言是「我希望與人分享」。德·塔普利的銘言是「我將保持」。德尼家族的銘言是「豐收應屬於我」。而愛克林的銘言則更加坦率「不能兩手空空」。德·特拉福德斯有一句古老且頗具侵略性的銘言「獅鷲，抓緊了，不要掉！」。格里維斯的銘言則是：「我不敢說這些東西是我的」。考珀家族有一句既優雅且莊嚴的銘言，我想這句話的意思是「這是你的」。

讓人印象最為深刻的一些銘言都只包含一個單字。漢米爾頓公爵的銘言是「Through」意即「穿越」。霍克爵士的銘言是「strike」意即「擊打」，這的確很適合一位著名的棒球運動員！聖·文森特爵士的銘言是「Thus」，意思是「因此」，透出飽受教養彰顯出的深沉優越感。艾爾默家族的銘言是「Hallelujah」意思是「哈利路亞」。艾爾斯伯里的馬奎斯家族則有一句讓人深感悲情的話語「Fuimus」，意思是「我們曾到過那裡」，這無疑是一句充滿哀傷的銘言。我想，這句銘言暗示家族門第榮耀已成為歷史的一部分了，但這個拉丁語卻總是帶有某種「人事已矣」的味道。

還有很多有趣的雙關銘言，都是與家族的姓氏相關的。沃斯雷斯家族（wolseleys，音近 wolves[090]-ley）的銘言是「人就該像狼一樣對待別人」，這是一句相當嚴峻的格言。費爾法克斯（Fairfax）爵士的銘言是「Fare fac」意思是「言與行」。蒙斯爾（Monsell）家族的銘言是「Mone sale」，意思是「幽默地給別人建議」或是「睿智地勸誡」。弗農斯（Vernons）家族的銘言是「Ver non semper viret」，意思可能是「春天並非總是綠意盎然的」或者是「弗農家族永遠昌盛」。博尚家族（Beauchamps）的銘言是「Fortuna mea in bello campo」，意思是「命運之神待我不薄」，這個銘言將「beau champ」這個名字都融入進去了。福特斯克斯（Fortescues）家族的銘言是「Forte scutum salus ducum」，意思是「領航者的安全就是最牢固的

---

090 「狼」的意思。

盾牌」。多伊勒斯家族（Doyles）有一個很有趣的銘言「Doe noe yle (ill) quoth Do-yle」大意是「不要說多伊勒斯的壞話」。但最巧妙的銘言當屬翁斯洛家族的，銘言大意是「欲速則不達」，或是「慢慢來」。卡文迪許家族（Cavendish）有一句很厚重的格言「Cavendo Tutus」，意思是「小心駛得萬年船」。

也許，最為有趣的銘言當屬恩斯金家族的。「以審判獲得清白」。顯然，這是家族第一代那位睿智與幽默的法官大人所想的。達斯烏斯家族有一句充滿憲法意味的銘言「捍衛大憲章[091]」。

還有不少充滿想像與美感的銘言。艾格頓斯家族的銘言是「即便如此，但……」，這其中蘊涵了一個語言上的頓絕。葛弗爵士有一句關於取得偉大勝利的銘言「勇士們，向前衝」。我想，這是他在戰場上指揮士兵所說的一句著名話語。還有一句是「一步一步地征服」，下一句對稱的是「假如天助吾以力」，威廉・莫里斯將後者採納為自己的座右銘。奧斯特魯德斯家族的銘言是「要是我無法堅持的話，就會滅亡」，抑或是代表另一種意思「要是我沒有失去的話，就會失去生命」。哈利法克斯爵士有一句頗為安於現狀的銘言「我喜歡自己的選擇」。馬斯威爾斯有一句很具美感的銘言「思考」。蒙特菲歐萊斯則有一句更具美感的銘言「思考與感謝」。拜倫的銘言則是一句充滿豪情的戰爭吶喊「要相信拜倫」。雅爾德・布勒斯也有「蒼鷹不捉蒼蠅」這樣一句有趣的銘言。德・巴特斯家族有一句充滿犬儒意味的銘言「吾不固執於瑣事」。馬斯裡斯家族有一句很有哲理的銘言「狼的死亡預示著羊群的生存」。皮克斯家族有一句很優美的銘言是「大師來了」。德拉摩爾爵士的銘言則暗指自己擅長揮球。多寧頓爵士有一句很悲情的銘言「點亮黑暗」。敦肯貝斯家族的銘言是「這並非我們獨自的功勞」。埃勒斯弗德斯家族也有一句很美的銘言，但是很難將其

091　大憲章（拉丁文 Magna Charta, 英文 Great Charter），英國於 1215 年訂立的憲法，用來限制英國國王（主要是當時的約翰）的絕對權力。

翻譯過來，大意是「在純然的真誠中生活」。莫爾伯勒公爵的銘言是西班牙語，大意是「雖受辱，不改忠誠」。卡萊爾爵士也有一句發人深省的話語「我想，但卻做不到」。卡多根斯家族的銘言是「羨慕他人之人，自降身價」。

在我所提到的飽含基督教義的銘言裡，巴興爵士有一句格言是用古希臘文書寫的，現在這種語言早已沒人使用了，大意是「從十字架中獲得救贖」。現在，人們所理解的意思大約是「上帝冥意，吾將榮耀」。萊奇米爾家族的銘言也是與眾不同的，大意是「基督耶穌在鵜鶘」，稍微涉獵到鵜鶘用自己的血肉之軀去餵養年幼的它這一古老的傳統。卡拉輪敦爵士有一則很古怪的銘言「Fidei coticula crux」，意思是「十字架是對信仰的考驗」── 其中「coticula」一詞是指一塊用來錘煉金屬的石頭。

我希望上面所舉的例子足以說明一點，這些美妙的銘言凝結著生活與希望的結晶，充滿著趣味與啟發的意義。我並沒有過分地看重其存在的意義，但卻真切地重視這些古老而神祕的家族銘言。在心力交瘁、欲呼天搶地或需要振作之際，這些銘言的確能帶給內心某種安慰。家父年輕之時也曾有一句很優美的銘言「以光為我的指引」。但在擔任特魯羅的主教時，他戴上了新的徽章。因為有些人對他佩戴這個徽章頗有非議，於是，他又以一句法國的家庭銘言為指引，意思是「從善如流，無所畏懼」。這句話刻在那枚伴隨我多年的金戒指上，現在這些字跡差不多都被擦去了。我相信，要是有一句偉大、睿智或是鼓舞人心的銘言能流傳下來，讓後世人能以此作為行為準則，這是讓人振奮的。這些銘言所代表的情感也許有點脫離常識，但是心智與靈魂都被這些象徵真理的話語所震撼，讓人以一種古老的騎士風度來昇華自身的希望。我覺得，在這個世上，情感所產生的作用甚為巨大，雖然大多數人都不願承認這點。很多善男信女的人生支柱，就是自己家族與其他家族相比所帶來的微茫的優越感。要是別人直言指出這些，他們一定會矢口否認。事實上，他們暗地裡總是認為，自己的做事

方式、打扮的衣著、舉止的風度、用餐的食譜、擺設的傢俱，無一不彰顯出一種自尊，而這是外人所難以理解的。因此，雖然家族的榮耀可能只是一件範圍狹小且不帶憐憫的事，但卻是這個世上一種頗為積極的力量，引導人們出於某種高尚的原則，飽含尊嚴，極具風度地生活下去。在現實生活中，我們更多的是受直覺支配，而不是理智。但讓人感到慶幸的是，在公共場合，我們都會貶低這種家族傳統，稱之為一些多餘的情感。但世人卻被直覺所控制，因為直覺會讓人們覺得，家族的傳統要求自己要有高尚的舉止，要是我們的行為無法達到自身教養所要求的標準，就會暗地裡譴責自己。

外面的世界
(ON BEING INTERRUPTED)

　　我想，對忙碌的人來說，這個世界沒有比他人無謂的打擾這一「無傷大雅」的毛病更讓他們難以接受了，似乎哲學也無法給出合理的解釋。下面這個例子就最好地闡述這句話的道理。不久前的一個晚上，我終於有閒暇時間去做之前落下的事情。我剛要開始工作的時候，一個我之前只知道名字的人走進來，詢問是否可以與我交談一下。幾週前，我與他通信時，已經商議好了見面的時間。當時，我提出了三個候選的日期，他要做的只是選擇其中的一個。他休閒地走進來，說自己碰巧路過劍橋大學，覺得要是能親自見我一面，會讓他更加滿意。他說：「當面交流一些問題，真是讓人輕鬆啊！」接著，他談到了我回信中一些內容，喋喋不休地說起了反對我提出的那兩個日期的「正當」理由。我說，這對我來說都是一樣的，要是這樣的話，可以選擇第三個日期啊。他接著說，對於即將要探討的話題，他深感興趣，希望能聽一下我在這個問題上所持的觀點。在接下來的半個小時裡，他滔滔不絕地談論著他對那個問題看法，顯然，他的觀點與我不同。但當我剛想回應他觀點的時候，他抬起頭說：「對不起，請讓我說完自己的觀點。待會，我再聽你的反對意見。」他接著又講了半個小時。之後，他說：「我不能再占用你的時間了。我很高興可以有這個機會與你就這個問題進行坦率的交流。」接著，我們兩個談到了一些無關大雅的話題，彼此恭維了幾句。最後，他彬彬有禮地向我道別。

　　誠然，抵抗這類紳士般的「搶劫」顯得無禮與唐突的。當我回想起這次「打斷」帶來的煩惱時，內心就備感羞辱。但是，我意識到，那人的出發點也許是善意的。我猜想，他可能還覺得那樣做讓我免於寫作之勞苦

呢，並認為我希望聆聽他關於那個話題的見解。我覺得，他始終沒有想過一封信是可以在兩分鐘內寫完的，抑或我根本就不想聽他對這個話題的想法。倘若從最實在與功用的角度來看，他的來訪不僅占用了我的時間，而且還影響我的收入。我所做的工作是要賺錢的。而作家的一個劣勢，就是很多人往往認為，寫作是可以在任何時間去做的。但他們在面對醫生或律師的時候，就不會抱有這樣的想法。

　　上面闡述的這個例子無疑是極端的，但我真不知道該如何去應對。要是拒絕不見的話，似顯得很無禮。要是我在相同的場合下——當兩位來自威爾特郡的紳士想要去拜訪羅德大主教的時候——他說自己沒有時間去聽他們的恭維之語，就從另外一扇門走了，那麼，那個人肯定會覺得自己很唐突無禮。

　　當然，一般而言，人還是要允許一定程度的「打斷」。身為一個大學官員，我深知每天都要去處理新的問題，隨時會遇到讓人中斷手中工作的事情——一個打來的電話可能是關於商討見面的時間，某人可能需要去借一本書，一些校對的工作需要去做，抑或某人要到圖書館裡去懸掛一些畫作——每個人都知道這些是很瑣碎的事，但人每天都要機械式地去處理這些工作，就像在下雨的時候，自然而然地撐開雨傘一樣。但是，人們全然反感的「打斷」，就是完全占用時間且消磨耐心，之後回想起來還覺得一無所獲。我記得，在家父擔任主教的時候，曾經過最讓他難以理解的，就是要將很多時間浪費在旅途中，只是為了去履行一些社交或儀式的責任。「我能做的，只是緘默不語了。」一天的時光就在旅途或是與人恭維中度過了，興許還有機會去做十分鐘演說呢！我想，也許家父過於低估了自己出場的作用，也許他會給在場的人帶來精神上的某種提升呢。但是，該做的緊迫事情一再押後，沒有閒置時間靜下心來或是思考一些重要的問題。因此，那些忙碌的人怎能不抱怨說：「這樣浪費時間到底是為什麼呢？」

在家父這個例子裡，每當他有閒置時間，就會全身心投入工作，不注重身體的健康。所以，我覺得日常的這些打斷對他而言其實是一種祝福。因為這強制他去休息。但是，還有一點更值得我們深思：這個世上沒有比始終以平靜、幽默的心態去面對瑣碎煩人的見面、訪談或是打斷，全身心投入到這些事情中去，不讓來訪者覺得敷衍了事或是感覺唐突，更能鍛鍊人的自律性了。我記得，威爾金森主教曾滿臉嚴峻之色地對我某位遲到的朋友說：「你應該守時，但如果你做不到，那最好不要七嘴八舌地去找藉口，否則你就犯了兩個錯誤了。既然你來了，我們就算你準時那樣，仔細與認真地討論這個問題吧。」

畢竟，很少有人的時間能如此的寶貴！活在世上，並非要一絲不落地完成自己的目標，而要不時地與人打交道，增強彼此間的憐憫之心，讓別人感到舒適自在，為人生增添幾分舒適愉悅的感覺。當然，我們不能任由別人隨意的打擾而將自己要做的工作堆放在角落裡。或是如我的一位朋友那樣，總是到處拜訪，然後抱怨社交活動讓人無暇去閱讀與思考。但是，正如我們所說的，大家都生活在一個充滿「打斷」的世界，這就是生活的一部分。

我想，與一些忙碌的公眾人物進行會面的時候，發現他們無論對什麼人，都是充滿友善、可親與休閒，沒有比這更讓人覺得鼓舞與興奮的了。某天，我在一個小型商會裡遇見了一位大企業的老總。我知道他的工作，也不想占用他的時間。但見面的氛圍並沒有想像中那麼嚴肅，而是感覺自己似乎又交上了一位朋友。這位老總舒展自然地坐在沙發上，以簡潔的語言回答我們的問題。接著，他坦率有地談論接下來提出的問題，接受別人的批評與中肯的建議。當我離開的時候，另一位拜訪者剛好進來了。我不知道那位老總是否會在心裡哀嘆自己今天「人品不佳」。但他展現出來的，仍舊是友善與親切的笑容，與人友好的握手，並很有禮節地邀請我們說，要是有什麼事情還不夠清楚的話，還可以下次面談。

　　真正重要的是，我們不能失去對生活的掌握。對於熱衷忙碌且又精力充沛的人來說，他們很容易過分高估自己工作，而低估與別人關係的價值。但是，除非它能讓人擺脫無聊，增強與鍛鍊自身的品格，否則，日常有序的工作也並非充滿價值的，沒人能免於單調乏味的工作。而另一方面，乏味的工作是沒有任何價值可言的。《福音書》陳述的最為清晰的一個原則，就是我們不能因沉浸於生活的細節，失去更為宏大與高遠的視角。一個完全沉浸於工作的人，以致無法忍受任何一點的干擾，這樣的人就好比吝嗇鬼，只是想念著自己的金錢罷了。過於勞碌之人與吝嗇鬼都深受一個扭曲的「美德」的折磨：他們一開始覺得這是節約，最後都變成了一架機器。

　　通常而言，打斷只不過是讓人性的浪潮湧進有序的人生罷了。我們今天所面臨的危險，就在於每個人都想變成「專家」。而這種過分追求「專業」的做法，意味著心靈失去了應有的平衡。一位忙碌的父親沒有時間去關心自己孩子的事情，無論他出於多麼崇高的動機，或是因為多麼重要的工作，他還是沒有履行父親的職責，而且是完全失責了。賀拉斯曾說，當一季的傻瓜也是很有趣的。其實，這既有趣，還能培養與他人友善的關係，讓別人感受自己的友愛，這完全是基督教義的基本要求。我記得一位很傑出的校長總是急著去認識新的學生。而要是往屆的學生去拜訪他，他卻不安地坐在椅子上，嘴裡哼著，左右搖擺，不時盯著手錶，手裡還拿著報紙，給別人一種他的寶貴時間正在被浪費的感覺。所以，別人也不敢再來第二次了。某天，我也收穫了一個深刻的教訓，我希望自己以後能銘記於心。劍橋大學一位同事對我說，某位大學生想就一個小問題徵詢我的意見。我說：「為什麼他不來找我？」同事回答說：「他也想啊，但是他害怕打擾到你。」我很感激那位年輕學生的禮貌與周到的考慮。但我將這視為是一個重要且富有價值的批評。我可不想因為別人幾句「勤奮」之類的讚美而犧牲掉本應有的人性。

整個問題的關鍵，就是我們必須讓自己明白，被人打斷不一定是壞事，而要視之為與這個世界交往的有趣紐帶。我們必須予以歡迎，而不要去抱怨。我們必須去養成絕不讓自己過分沉浸於工作，或是做事匆忙、脾氣暴躁的習慣。要記住，無論我們的工作或是職業多麼重要，首先，我們是人。無論多麼熱烈地去追求任何理想，都無法取代生活中日常的義務、責任以及應有的禮節。

外面的世界（ON BEING INTERRUPTED）

論民主
（DEMOCRACY）

　　據說，某人在與泰德主教談論教堂事宜的時候，使用了「當前的危機」這個詞語。「危機？」主教說。「教會事務一直都存在危機，從我懂事以來就有了。」也許，同樣的話語適套在政治或是宗教領域上都是成立的。當前，國民對政治的興趣及其普遍存在危機所持的憂慮感，就是一個活生生的例子。民眾沒有獲得足夠的權力，也沒有努力地去爭取。他們只是發現如何使用他們夢寐以求的權利罷了。問題在於，這將在多大程度影響我們的社會生活呢？這也是普通民眾對政治僅存的一點興趣。多數人所希望的，就是能盡可能自由地按自己的想法活著，盡量不受管制。誠然，對深諳政治遊戲之道的人來說，這是一種很帶勁且讓人興奮的遊戲。但是，一個國家對政治的需求越少，國民就越幸福。要是每個人都能變得理智、細心與無私，那也不再需要政治了。

　　普通民眾對專業性政治的興趣還不上對烹飪廚藝呢，他們只需要一位手法嫻熟的廚子，薪酬合理就行。只要他們能享受到美味的食物，就不會太在意這些食物是如何整出來的。要是晚餐的菜肴不好吃，廚子索要的薪水又高，主人就會走進廚房，大發雷霆，打翻鍋盤，甚至炒了廚子。而放在政治領域，就要鬧出一場革命來。但是，普通民眾所只是希望生活能更精彩一些，更豐富一些。在讓人生精彩的過程中，最糟糕的是，不少人只感到憤懣與單調的勞累。我們不能默認這些負累的存在。有一位高尚的老者關閉了原先向民眾開放的公園。他說，每當看到遊客在離自家 500 尺內的範圍裡遊覽，就讓他感到很苦惱，覺得私人空間被打擾了。當然，他完全有權利這樣做，只要這樣能帶給他舒適。但要是在一個人口眾多的國家

裡，每個人都這樣想的話，那麼，也將沒有那麼多的私人空間可供享受。

當然，一個國家的宗旨應該是要保證最大多數人的權益，哪怕可能要犧牲極少數人的利益。誠然，這個過程必然會不時出現諸多的不便。要是某人得了天花，他自覺待在家裡接受療養，這肯定是皆大歡喜的結果。但是，社區裡的人也完全有權利要求他住在被隔離的醫院裡。多數人不會願意冒染上這種疾病的危險來成全此人的舒適。確實，多數人強迫少數人犧牲自己的利益，這包含著某種程度的不公。相比起讓少數人強迫多數人，這樣做顯然又更為合理。國家有義務讓所有的國民都享有平等的機會，讓他們人盡其才；同時保障弱小群體，教育國民對他人的權利抱有一種合理、理智與健康的態度。

也許要想最大限度地滿足一個國家的利益，就要盡可能地鼓勵一切富有才華與勇於進取之人。國民一心想著要發展自己，挖掘自身的才華與智慧，那麼這個國家也會更加健康與強大。要是國家過分壓制民眾，要求每個人都付出等量的勞動力，罔顧他們的才華與興趣，這是一種毫無生命力的平等主義，對一個民族的活力與進步構成致命的打擊。查爾斯·金斯萊到美國進行訪問的時候，一位編輯對他說：「金斯萊先生，我聽說你是一位民主主義者。其實我也是。我的銘言是『槍打出頭鳥』」。「天啊！」金斯萊說。「這是對人類智慧多麼恐怖的認知啊！這種觀念不是想著激發每個人發揮自身的潛能，而是壓制一切的潛能、創造力與高尚的舉止，讓所有人都處於死氣沉沉的狀態。要是這算是民主，那我就不是民主主義者。」

某天，我與一位名人進行交流。他說，自己的妻子對政治所持的女性觀點總讓他感到驚訝，讓他充滿了興趣。他曾閱讀過一些政治講演相關的資料，他的妻子對此進行了飽含蔑視意味的批評。「我覺得妳對民主並不感興趣。」他說。他的妻子沉默了一下說：「是的，的確如此。我只關心民主激發出的那些領軍人物。」這是一個符合常識且富有教益的批評。很

多人不願去談論民主，是因為他們覺得這似乎是讓普通人蒙上了一層光環，不見偉人的身影，而普通人似乎很難引起別人的興趣。不久前，《斯特蘭德雜誌》上連載了一些圖片。我覺得，這些圖片是在同一敏感帶上拍攝的，圖片裡是數百人的合影，讓讀者對普通人有某種印象。在我看來，這些相片的有趣之處，在於它們製造了一種極其平凡甚至模糊的效果。相片中的普通人不僅沒有半點魅力，而且顯得卑鄙、表情呆滯、相互猜疑與甚是無聊。很多人最不願意看到人性的本真，就以無趣的方式使之排列起來，顯得極為單調。

　　普通人的觀點就形成了人們所說的大眾輿論。大眾輿論是很有趣的，值得去研究。很多人無法將自己的觀點表達出來。一般而言，他們顯得沉默寡言，甚至不知道自己到底在想些什麼。只有當別人需要他們表達的時候才會說出來。但他們很難被說服或是信服他人的。要是他們聽到某個與輿論相共鳴的觀點，就會說：「是的，我也這樣認為！」要是他們聽到一個與輿論相悖的觀點，就會說：「那是瞎扯！」多年以後，當年那些被他們所譴責的觀點也許會獲得他們的共鳴，此時，他們就會說：「是的，這樣的說法很有道理。」但是，這種轉變到底從何而來，潛移默化的過程到底是如何開始的，這仍是一個團謎。但一切就這樣發生了。大眾輿論對任何生動或可悲的事物都極為敏感。單個震撼的事件要比一大堆理論推敲都更具說服力。有趣的是，輿論傾向並不一定就是合理的，而是帶點戲劇化與多愁善感的味道。有時，輿論會被某人的個性、外貌、姿勢或是流暢的語言所影響，然後就據此籠統地給予分類。「某某人這樣說過，所以這肯定是正確的。」事實上，這很像一種孩童的本性，總喜歡那些讓自己快樂與覺得有趣的東西，而根本不會理性地看待。也許，人們為後世做的最大貢獻，就是以簡明與富有吸引力的方式嘗試一些合乎常理的原則，借此推動大眾的思想啟蒙。

　　就個人而言，最糟糕的是趨向於悲觀的恐慌心理。事情的轉變不可能

一蹴而就，而是緩慢漸進的。即便法國大革命疾風驟雨般的革命，也並沒有深刻地改變法國普通民眾的日常生活。某一個階層時常深受這種恐慌成見的影響，但事實上並沒有出現財富均化，社會平等也並沒有得到顯著的增強。普通公民的職責，就是懷著友善的心態做出適當的讓步，然後專注於自己的生活。這並不是說大多數國民贊同動盪的局勢或是掠奪的慘亂。「不，紳士們，」在史蒂文森著名的寓言裡，甚至連殘忍的海德都這樣說。「都希望避免一場混亂。」大多數理智之人所渴望的，是工作、秩序與和平。大多數具有常識之人都熱愛工作，覺得要是沒有工作的話，生活會很枯燥。幾乎所有人都渴望一個井然有序、平和的家庭。民主本身所感興趣的，就是讓所有人都能擺脫哪怕最開明專制者的統治。民主所要求的權利，就是提升工作環境，讓人不會陷入到無助的苦累之中，讓和睦的家庭成為現實。但是，民主不能靠怖的政策來獲得。民主的確值得誇耀，但不能陷入於懶散、無序、蔑視或是壓制這些「副作用」之中。輿論已經讓人們察覺到這一點了，而且研究還有更加深入的趨勢。一個國家的希望，在於努力地改變國民的生產壞境，在職權範圍內帶給國民全面與高尚的樂趣，讓國民專注於簡樸的生活與彼此間真摯的關係。這些都不是一時就可實現的，也無法透過一些我們無法控制的運動，抑或讓人們帶著怨恨之心勉強去默任它的實現，我們必須爽快地答應。正如《福音書》所說的，最好還是要滿足適宜的要求，也不去索取哪怕多一點。

心不在焉怎麼了
（ABSENT-MINDEDNESS）

　　心不在焉本身並不具有魅力。但在我所認識的人當中，心不在焉之人幾乎都是富有魅力的。一般來說，心不在焉與坦誠這種美好的性情為伍，夾雜著某種幻想的成分。心不在焉會給當事人及別人帶來諸多不便，但這種性情之所以還能繼續存活，是因為當事人一般都察覺不到心不在焉帶來的苦惱或是健忘所帶來的荒唐。要是某人對自己時常心不在焉感到苦惱，那就會馬上意識到，必須克服心不在焉這種習慣。心不在焉展現心靈上某種程度的童心未泯，還意味著敏銳的心智慧力，耽於自己的思緒之中，無法自拔。誠然，心不在焉要是與惱怒與愚蠢的舉止結合在一起，這將是最糟糕的性情。

　　在我認識的最為心不在焉的人當中，最為熟知的當屬一位稍有名氣的教士。我小時候常到他家去玩。他年輕的時候就頗有盛名。在我的記憶中，他就是一位說話很有分量的牧師了。但他也不僅局限於此。他在布道演說的時候很隨性，總是講一些自己感興趣的事情。他似乎對極為枯燥事物也能產生興趣。他的布道演說讓人陶醉不已，整個過程下來就好像閱讀一本書，時常會覺得這本書的內容出奇的優美與有趣。有時，聽眾會覺得極為震撼，似乎之前沒有聽過類似熟悉的話語。我還記得他曾以極富情感的話語講述基督的誕生。「因為小旅館再也沒有空間了」。我至今也不知道這種效果是如何傳遞出來的。他在演說的時候，臉上掛著憂鬱而狡黠的笑容。那些無法進入會場的人，深知自己錯失了什麼。

　　我的這位老朋友留著濃密的頭髮，似乎從來都沒有梳理過。一雙深邃的眼睛，沙啞的嗓子，說話時聲音彷彿從遠方傳來一樣。他的衣著總顯得

很寒磣，但卻給人某種高遠莊嚴的感覺。對我們這群小孩來說，他曾讓我們恐懼又讓我們開心，他似乎從來都不理會我們。若是遇到我們，他也會輕手撫摸我們的頭說：「小屁孩，我知道你們是誰。但我不知你們叫什麼名字！」而小孩無法做到的一點，就是在公共場合說出自己的教名與姓氏。我不認為他是一位很稱職的牧師，因為他很少會見所屬教區的信眾。但人們還是懷著尊敬與憐憫之情去對待他。他的一位朋友曾告訴我說，當他與妻子坐在一起的時候，就會完全沉浸自己的思緒裡，然後找一些莫名其妙的詞彙來闡述自己所處的狀態。當他走進來的時候，捲起一隻手的衣袖捲，給人一種他似乎做出了什麼重大發現的感覺。他看著自己身上外衣的毛線，才發覺原來這件衣服真的很小。於是，他想要是能夠以這件衣服為材料，應該可以做一件漂亮的夏日短上衣。他眼神中閃爍著睿智的神色，深情說出了這個建議。在他的家庭裡，他的這種很有愛卻又有些無助的性格獲得了讚許，家人都會細心地照顧他，希望世人能更好地了解他。

　　德國小說家弗萊特格[092]曾說過一個很有趣的故事。我記得這也是一個講述心不在焉狀態的故事。故事的主角是一位貌似不食人間煙火、喜歡沉思的教授。有次，教授到一個朋友家拜訪。不幸的是，為準備晚餐而即將被宰殺的家禽發出了哀鳴，這不幸讓他聽到，這完全倒了他的胃口，不願動桌上的任何食物。細心友善的女主人在他離開的時候，堅持用紙包裹一些雞肉讓他拿回家，以防他路上感到飢餓。而一隻忠誠的狗在廳室裡看到了這位教授的口袋。牠的那顆自以為聰明的大腦就覺得，此人就是小偷。於是，小狗就悄悄地跟上，咬著他的口袋不放。每當小狗咬一次，教授就脫一次帽。而小狗還是繼續咬著不放，教授只好說：「親愛的，謝謝你。我向你鞠躬了！」事實上，這位教授的姐姐之前曾立下這樣的規矩。他們兩個小時候外出散步的時候，遇到一些他本應致禮的人時，姐姐都會給他

092　弗萊特格（Gustav Freytag, 1816-1895），德國戲劇家、小說家。

一個信號，扯一下他的外套，提醒他脫下帽子。

　　我年輕時曾見過一位著名人物心不在焉的情形，這也是一個相當讓人費解的。當時我走在前往白廳的路上，時任首相格萊斯頓從唐寧街走出來，出現在特拉法格廣場。我在身後慢慢跟著。他似乎全然沉浸在自己的思緒當中。他的衣著寒磣，只穿著一件老舊的長袍，帽子也沒有打理過。我還注意到，他的褲子太長了，每走一步，褲腳都會被鞋子踩在地上，衣料的布線也脫了出來。在走路的時候，他一隻手緊緊放在一邊，突然地張開手指，然後又緊緊合住。那時正處於政治紛爭的時候，我猜想所謂的紛爭是地方是否自治這個議題引起的吧。看到別人對他的問候，真的很有趣，甚至讓人捧腹。有些人在他經過的時候，站立不動，脫帽，放在手裡。維多利亞廣場上兩位穿著時髦的女性轉身盯著他，其中一個女人還對他伸著拳頭，但他依然往前走，完全無視這一切。只是當他見到他人極為有禮的致敬，才偶爾脫帽回敬。我還從沒見過誰對周圍的環境如此心不在焉。總之，這是讓人印象極為深刻的一幕。

　　我想，上世紀最富爭議的有趣人物，當屬詩人柯勒律治[093]了。柯勒律治晚年居住在海格特墓地附近一位醫生的房子裡。他曾以晦澀的語言對一群崇拜自己的聽眾發表長篇大論。在卡萊爾[094]所著的《傑出人物傳記》裡，對「儀式」這一過程有著饒有趣味的敘述。這是卡萊爾所寫的最妙趣橫生與幽默的段落了。卡萊爾對那些自認為傳達神諭的人既充滿了興趣，卻又非常的鄙視。他說自己聽著柯勒律治整整談論了兩個小時，仍是一頭霧水，不知所云。查爾斯·蘭姆則以更幽默的筆觸闡述了相類似的故事。他曾在漢普特斯希斯遇到了柯勒律治，後者將他帶到一個小峽谷，抓住他

093　柯勒律治（Samuel Taylor Coleridge, 1772-1834），英國詩人、文學家、評論家，一生貧窮潦倒，在鴉片成癮的陰影下度過。代表作：《古舟子詠》（*The Rime of the Ancient Mariner*）、《文學傳記》等。

094　卡萊爾（Thomas Carlyle, 1795-1881），英國評論家、諷刺作家、歷史學家。他的作品在維多利亞時代甚具影響力。代表作：《法國革命史》（*The French Revolution: A History*）、《英雄與英雄崇拜》（*On Heroes, Hero-Worship and the Herioic in History*）、《過去與現在》（*Past and Present*）等。

外衣的鈕扣，以極為認真的態度闡述一些抽象的概念。蘭姆記得自己在別處還有一些事情要辦，但卻想逃離的辦法。最後，他拿出一把小刀，割下連接外套的那顆鈕扣，讓柯勒律治繼續拿著鈕扣，自己悄悄溜走。蘭姆幾個小時後回來了，聽到柯勒律治的聲音依然在山谷的樹林間迴盪不絕。蘭姆立即回到原先所站的位置，柯勒律治仍舊在講話，根本沒有注意到自己曾經離開過，手中仍然緊緊地抓住那顆割斷的鈕扣。

也許，這種心不在焉是柯勒律治先天遺傳下來的吧。我記得，他的父親與祖父都是牧師，都曾因在禮拜儀式過程中走進法衣室後忘記走出來而聞名，他們似乎沒有察覺接下來還有其他事情要做。他們脫下外袍，然後返回自己的住處，讓教堂裡的一群聽眾苦苦等待。

一位朋友曾對我說，當他還是小孩的時候，有一位很友善的讀者也是一位時常心不在焉的人，經常過來與他父親共度週末。朋友的父親是一位鄉紳，習慣在教堂裡朗讀教義。但一天早上因為感冒而沒有去教堂。他讓那位讀者朋友替他到教堂朗讀，朋友很高興地答應了。讀到晨禱詩篇結尾處，這位「陌生者」不顧眾人的目光，徑直走上講臺，讓教堂裡所有人都很震驚。但是，當場的牧師還是顯得很鎮靜，他身體前傾，以很謙和的態度對這位渴盼者說：「我們想過了，還是先講《聖詩》吧。」他的語氣似乎說明這樣做已經背離了日常的儀式流程，算是一種破例。這位朋友一點也沒有不安，禮貌地鞠了一躬，然後說：「隨便你怎樣做，都可以。」然後，他泰然自若地返回到自己原先的座位。也只有這樣心不在焉的狀態能帶來極為冷靜的心態，使他感受不到絲毫的尷尬，也消除了任何荒誕錯誤所帶來的痛苦。

儘管如此，心不在焉仍是一種非常具有魅力的，至少也伴隨著某種潛在的魅力因素。這種狀態是很難去鍛鍊或是故意沉浸的。心不在焉之人應在早年就努力地將自己拉回正常的軌道。人並非一定要去做重要的事，或是需要及時去完成某些事情。很多事情都不一定需要心不在焉的人去做。

心不在焉的狀態時常會讓人在度過人生的似乎，有點迷糊，懷著良好的心態，思考著無傷大雅的有趣思想，這些可能都沒什麼影響，也沒有抱著激濁揚清的理念。事實上，心不在焉之人的主要價值，在於讓周圍的人能以全新的眼光看待貌似一成不變的日常生活，逃離僵硬與古板的規則，激起讓人發笑的愛意。心不在焉之所以顯得美好，是因為這種專注散發著如此濃重的孩童氣息，展露出如此純真的性情，而且當事人還從未發現自己是這般誠實與無私。

心不在焉怎麼了（ABSENT-MINDEDNESS）

平和的心
（PEACE）

　　某天，我坐在教堂聆聽牧師就「上帝的平和」這一主題作的精彩布道演說。原文是有這樣一句話：「我的平和賜予你，我的平和屬於你，即便世界並非如此，我依然如故。」我覺得這是一篇語言優美的布道演說，句子清晰語義明朗，蘊涵的思想如此細膩內斂，演說洋溢著優雅的情感。牧師說，基督徒要盡力找尋並創造平和的心境，但絕不能因此而犧牲原則，或是背離自己所篤信的東西。他舉了一個剛果暴行這個例子，並說這個例子很好地證明了他的觀點。基督徒必須抵抗專制與錯誤的行為，即便他們的反對危及整個歐洲的和平。接著，牧師繼續談到關於信仰的教條，並說人們絕對不能因為安撫反對者而掩飾或是假裝放棄自己的立場，儘管這可能會引致衝突或是爭執。

　　牧師繼續講到問題的另一面——即真正讓信仰者內心感到的平和，是源於忠誠完成工作的感覺，在某種祝福的心態下，靜待上帝選派給自己的任務。此時，我一如往常那樣希望向這位牧師提出一些問題。要是他可以的話，就可幫忙解決這個問題的棘手之處。因為，在我看來，他似乎將「平和」一詞的語義壓縮了。這也是在使用一些語義模糊詞語的難點所在，因為這些詞背後蘊含著很多模糊的引申義。首先，我覺得自己對「平和」一詞缺乏清晰的概念，要是單純使用牧師定義下的語意，可能會招致一些人的不滿。我首先試著去解決這個問題，講一下自己對「平和」定義。就其普通含義而言，「平和」一詞蘊含著爭執與敵意的消停或終止。這是一種讓人沉靜下來的安全感，時常降臨在處於不可開交的爭論或是你推我攘的相互敵對之人身上。「平和」的本質內涵似乎是，人們能夠持久

地感覺到一種安全休閒的感覺，內心充滿善意，讓自己全身心投入到工作與思想之中，而不干擾他人的權利與樂趣。更進一步，「平和」就是一種不懼怕別人侵犯自己的權利，不怕暴力與威脅的心態，認為自己的鄰居也懷著同樣的善意與仁慈來對待自己。因此，我認為，「平和」從根本上就是事物的一種狀態 —— 讓人們不止願意放下分歧，本著彼此的憐憫與善意聯合起來。

　　但我覺得，要是敵對雙方互不相讓，就很難稱得上「平和」。當某人說：「誰誰誰是一個蠻不講理、錯誤成性的人，總是固執於自己錯誤的想法，無法看到事物的另一半。但是，與他打嘴仗或是就此進行攻擊也沒有多大意義。他遲早會發現自己的錯誤。」在我看來，這根本就不是平和的態度！我覺得，平和的態度至少應該是，某人說：「無論發生什麼，都不要與人產生什麼敵意。很明顯，別人是以不同的觀點看待事物。但這也只是觀點上的不同而已，這些都很難完全憑科學去證明對錯。別人與我一樣都有權利去堅守自己的觀點。我自己的觀點可能是錯誤的，但這是我所能想到最好的，日常的觀察讓我認為自己的觀點是正確的。我必須根據自己的感覺走，正如別人也是如此。關鍵的是，我們在重要的原則性問題上達成了一致，就可以在和睦友愛的氛圍下繼續生活啊！」要是看到兩位善良、積極、無私與具有美德的人在一些事情的細節上爭論不休，一般而言，我們都可以肯定這些細節實際上是無關緊要的，或是他們兩個人都可能是錯誤的。讓人憂傷的是，細節上的分歧破壞彼此間的合作，要遠勝於彼此原則上的一致讓我們團結起來。我還記得，教堂的信眾就是否應該在教堂裡豎立十字架而產生了分歧。其中一派堅稱，十字架是獲得救贖的一個美麗、高尚的象徵，另一派則更為強硬地聲稱，這個象徵只會鼓吹偶像崇拜。誠然，雙方都有些道理。就這個例子而言，我覺得那些持贊成的人應該向那些持反對意見的人讓步。因為在教堂裡，沒有十字架也是可

以進行禮拜的。但是捍衛這個十字架的人們則認為，反對之人是在褻瀆主的榮耀。所以，雙方一直在延續著不愉快的爭吵。平和製造者所謂的「至福」，在我眼中沒有一絲意義，除非一個基督徒準備做出一些犧牲與妥協，抑或能夠不再如過往那樣認為自己是千真萬確的。人們內心還是相信自己所持的一些原則是不可動搖的，而不願意強迫那些持反對意見的人向自己屈服。舉個例子吧。比如在新生嬰兒是否應該接受洗禮這個信仰問題上，有些人可能信仰所屬教會的傳統，稱很難向嬰兒灌輸一些嚴謹的道德事實，當他長大之後，意識到自己是一位受禮者，就可從中汲取巨大的力量。另一方面，有些人則認為，將這種儀式視為某種具有魅力的迷信，憑這樣機械的方式獲得救贖是很危險的，應等到孩子具有完全清醒的意識後，讓他們自行選擇。後者的立場是基於一個很負責任的觀點。要是持這種觀點的人是出於真誠的話，就應該得到尊重。《福音書》中有很多關於愛、互助以及和解的內容，而沒有關於要固執堅守一成不變的教義或是對他人蠻橫不寬容的內容。

我不禁想起一個古埃及兩位隱士的故事。他們對彼此處於一個極為平和的環境感到有些害怕。其中一人說：「讓我們像世俗之人那樣爭吵吧，這樣我們就會懂得如何勇敢去捍衛自身的信念。我拿起一塊石頭，豎立起來，然後宣稱這是我的，你就說這是你的。然後，我們就可以為此爭論起來了。」

「好主意！」另一人說。「這對我們兩個都很好，我們現在變得越來越懶惰與冷漠了。」

於是，前者就拿起一塊石頭說：「這是我的！」後者說：「我肯定你一定覺得很開心。」在停頓了一下後，前者說：「我送給你，現在這塊石頭是你的。」後者說：「我真心地感謝你。」然後，前者說：「雖然這是你的，但我從你這裡拿走，留給自己使用。」後者說：「能夠為你服務，這是我

最大的榮幸。」最後，兩人都笑了，不再試著去爭吵了。

現在，我想談論第二點，試著去探尋上帝的平和 —— 這一可安撫人類心靈的能量。顯然，這絕非一種自以為是的驕傲之心，讓人難以去接近。有一個 18 世紀主教的故事。他的一生仕途順暢，平步青雲。他臨終時，人們看到他嘴角邊露出微笑。教士問他何以這般平靜，他說：「我意識到自己一生沒有白活！」但是，這不應該是基督徒所真正嚮往的上帝的平和，這不能源於意識到這個世界是一個舒適的地方，或是一種覺得善意是有利可圖的心態，而應該是更為深沉與純淨的東西，一種滌蕩了所有價值存在的安靜感。不以物喜，不以己悲。這應該是某種謙卑與懺悔的心態，為仁慈而感恩，篤信任何的考驗與煩惱都不是偶然降臨的，而是出自天父仁慈的雙手。這樣的平和之感並不渴盼宣稱自己的信念，也不急於捍衛自身堅持的信念，更不願去評判別人的教義或將自己覺得有趣的結論強加給別人。這樣的平和之感不願執拗於爭議與紛爭，而是看到協調、憐憫的一面。無論發生什麼，一個基督徒對自身的信念與希望抱以一種挑釁的態度，都是不對的。人要堅守自己的信念，但一定不能強加於人。在《福音書》裡，人們唯一要抵抗的，就是專制與偽善的性情。要是基督徒在被別人痛擊的時候，不予還手，之後就不能假裝以原則之名，對侵犯者進行猛烈的攻擊，還希望對手能讓自己痛揍一頓。在《福音書》裡，有很多關於「非抵抗」的內容，雖然我們不大願意去承認這個事實。除此之外，還有比這更為實用的途徑，讓我們得以邁向那遲遲無法企盼的天國嗎？

談話的藝術
（CONVERSATION）

最近，我獨自一人在鄉村深處的小路上騎車，突遇傾盆大雨，只好躲在一間裝飾簡陋的小旅館屋簷下避雨。旅館外有一條石階，牆上塗抹的顏料有點脫落，木製的長椅顯得老舊。與我一道避雨的，還有兩位鄉村老者。他們兩個正在進行一段很長的對話（假如那可以稱為對話）。他們兩個都循著自己的思路，每人的話語在別人眼中都沒有半點意義，甚至談不上是對一些想法的打斷。

這兩位仁兄談論到天氣，我無法一一重述他們一來一往的對話。一人認為，打雷時落下的雨水比不打雷時落下的雨水更有害健康。他說：「似乎雨水中摻入了某些有害的物質。」在他講完後的一兩分鐘裡，雙方一片沉默。接著，他又繼續剛才說過的話語。讓我既驚訝又覺得有趣的是，第二次談話的內容與第一次幾乎完全一樣。另一人回答時也表達了相同的觀點，即打雷時落下的雨水是有損健康的。一如之前，他的這個回答也被另一人以沉默相待。

當他們說完之後，我想自己也可以攙和進來。於是，我說：「有些人說雷陣雨過後就是晴天。」他們兩個友善地看著我。思索片刻之後，剛才第一個人說：「是的，他們的確這樣說過，這只是過雲雨而已。」我腦海裡試圖去理解他這句話的含義，但是始終無解。而第二個人則似乎想在談話中引入新的元素，說是在雷陣雨的時候雨水中有一些損害健康的物質。雨過後，天亮了。最後，稀疏的雨點從屋簷上滴下來，發出微弱的聲響。我們誠摯地互相道別，彼此都甚為尊敬。當我要離開的時候，第二個人以肯定的語氣說：「真的，這只是過雲雨。」

　　一兩天後，我來到了倫敦的一個俱樂部。這裡有大型的沙龍聚會，四周都有扶手椅與沙發，桌子上鋪滿了報紙，書架上還有書籍與雜誌，供人們喝下午茶的時候去品讀。一位頭髮灰色的老紳士就坐在我附近。坐在他旁邊的，是一位戴著假髮、扶著眼鏡的紳士。他們友善地互致問候，坐在一起品茗。那位頭髮灰白的紳士翻開之前出版的報紙，對旁邊的人說：「我們失去了最為幽默的作家！」另一位紳士回答說：「我們最偉大的什麼？」，前者說：「最偉大的幽默作家！也就是說，這個時代最幽默的作家！」「啊！」後者回答說，似乎瞬間抓住了某個抽象的概念。「我敢說，你是在指吉伯特吧？」「是的。」那位戴假髮的紳士說。「你說得對，他的確是一位很幽默的作家，而我們失去了他。」頭髮灰白的紳士說：「現在，我覺得，再也沒有誰能夠將如此引人發笑的詩歌與美妙的音樂結合起來，使之融合為滑稽的歌劇了！」「照你這樣說，」戴假髮的紳士說。「我敢說，你是在指蘇利文嗎？」「是的，」前者說。「吉伯特與蘇利文，這就是一個很完美的結合。」

　　這場對話就以這麼簡單的方式進行了很長時間，直到那位戴假髮的紳士站起來說自己必須走了。對他們來說，雙方都能從這次友好的談話中獲得樂趣。

　　在世界各地都能發現相類似的情景，的確讓人眼前一亮。這就是談話的樂趣。我也會尋思一下，覺得平常的談話是一件很有趣的事情。談話中可以不涉及任何思想的交流、情感的傳遞以及經驗的對比。在每個對話中，參與者都能讓心智獲得一些渺茫的印象，然後轉化為談資。未受教育與飽讀詩書之人的不同之處，在於談話者是否想要改變他人對事情的看法。兩位村野農夫沒有時間與精力去聆聽別人的高談闊論。而在談話俱樂部裡，那位戴假髮的紳士從心智的探索中找尋到了樂趣，準確地猜測出那位頭髮灰白的紳士內心的想法。

　　但是，這兩個例子都充滿了社交帶來的樂趣。據我觀察，在這兩個例

子裡，談話過程中似乎都沒有涉及任何思想的交流，而只是建立起人際關係而已。我們很多人就像墜入迷霧之中，四處亂碰，深感孤獨之痛苦。突然，我們遇到另一個性情相近的人，彼此慢慢地走進，互相握手，彼此交流內心的一些想法，興奮地發現原來別人與我們一樣具有教養，而且就在我們身邊。之後，我們可能會分別，再次墜入陌生的「迷霧」之中。畢竟，所謂社交只是一個組織，讓我們明白每個人都並非孤獨的，我們的迷惑與孤獨都有一些與我們遭遇相似的人共同分享。

當然，要是我們有快樂的想法，然後還可以與別人分享，那我們會變得更加快樂。但是，最為重要的，還是要建立起彼此間的人際關係。這才是談話最為重要的意義，甚至超過了思想的交流。某人非常愛一個人，但卻可能從不與他交流任何想法，因為雙方可能處在不同的思維軌道上。某天，我看到一位母親與坐在她膝蓋上的小孩，母親很擔心孩子的健康狀況。他們兩個之間愛的紐帶要強於任何兩位男性知識分子之間的！他們都因彼此的親近而無比快樂。一方面，他們完全信任對方，彼此都深愛著對方。但是，小孩卻不知道自己母親在想些什麼，而母親也不知道這個小傢伙的腦袋裡究竟在想些什麼抑或在回憶什麼。但是，他們彼此間這種深厚與神聖的愛的紐帶，要勝於兩位具有批判意識之人所結下的友情，儘管他們都熟知對方的缺點與不足。

顯然，所有這些都一目了然，但我們卻時常會遺忘。他人的一個眼神，一句問候，或是安靜地坐在身旁，我們都能很快地與人建立起真誠的友情。我們很少會因追捧或讚美別人的思想，而去與他們交朋友。所以，與人建立關係並非局限於智趣層面的，更像是在一個狹小的籬笆圈裡，靈魂在孤獨地漫步，透過籬笆去窺探到底有誰經過。這種智慧只有在歲月的年輪慢慢疊加之後方可獲得。年少之時，我們常常以為交友只是一個心理過程，覺得自己必須說出心中的想法，獲得朋友的觀點，想知道別人的想法。當歲月漸增之後，我們慢慢地不那麼計較別人的觀點與思想了，越來

越希冀朋友相處時的感覺。我們會發現，不帶智趣的情感要比有意識的憐憫之情更加可貴。即使別人的觀點與自己所持的完全相左，若是雙方都能安然相處，還願意繼續成為朋友，這才是最為重要的。我之前對自己所看到的一些非同尋常的結合覺得不解，比如一位充滿智趣與憐憫的丈夫與一個性格沉悶但卻體貼的妻子，或是充滿藝術才華、敏感的妻子與一位精力充沛與寬裕的丈夫在一起。而這些貌似「不當」的搭配實際上卻是最完美的結合。外人會覺得，他們對彼此的愛意，通常都不是因為對另一方的讚賞來支撐的。才華橫溢的丈夫能看到自己成功之外膚淺的一面，而對自己妻子所具有的常識與實用的判斷力給予感激；而妻子也能不帶嫉妒地讚美她的丈夫那鮮明生動的想像力，雖然她有時無法理解。我們很容易忘記必要的轉換與休息，無視整件事所蘊含的意義。生活中最為重要的，是彼此間的互信、聯合感、尊敬與希望，而非思想與欲望。很多人之所以在生活中感受不到快樂——而這在知識分子身上尤為典型——就是因為他們過分注重友情間膚淺的成分，錯誤地認為生活只是意味著工作與談話。但是，人生要比這更為深刻與堅強。工作只不過讓溪流經過的管道，而談話也只是溪流表面上泛起的水泡罷了。

　　我並非貶低談話的價值。能夠找到坦率說出內心想法，又能耐心聆聽別人真心話的人，並與之交談，這是世間為數不多的真正樂趣。另一方面，人要學會忍受很多場合下無聊與冗長的對話，似乎只是以恭維之語填充彼此間無話可說所形成的尷尬氣氛。但是，人還是會發現，即便如此，還是會有一些東西沉澱下來的，讓我們感覺到在一片被浪費的孤單時日裡，依然與人同行。與人親近的感覺將沉悶無聊一掃而空。很多人的思想都處於模糊混沌的狀態，無法用言語將內心迷茫的情感準確地表達出來。重要的是，假如可能的話，讓這些友情的湧流與聯合感一道，緩緩流淌。我最好的一些朋友，在一開始與他們談話的時候，我都覺得很無趣。而也有一些談話時談笑風生、魅力四射的人，我卻無法與他們建立起任何友

情。人們不能漠然對待理智，或是抱怨理智帶來的稜角與枯燥的一面。總之，我們要保持鮮活與堅強的情感，抓住所有伸出的雙手，回應每一次呼喚。不要將遇到的每個人都視為潛在的對手，而應該是潛在的朋友。

談話的藝術（CONVERSATION）

我就喜歡
（WORK AND PLAY）

　　有一句古老諺語是這樣的：「倘若某事值得做，就應該做好。」其中的道理不言自明。但是這句諺語卻常被引用為「若某事值得做，就不應該做得很差」。對此，我真心不敢苟同。倘若使用這一意義的話，這會變成某些嚴厲、讓人厭惡的老人手中一根短棍，總是找機會去干涉或是責備別人，讓他們顯得愚蠢。因為，他們通常不敢對成年人這樣做，於是就將目標瞄準年輕人，而後者又無力進行有效的反擊。多年前，我們家有一位讓人頗感沉悶的朋友，此人屬於那種陰沉的病弱者，乍看還以為剛從森林裡走出來的。我以前經常想，他最喜歡扼殺我們的樂趣了，他就是古書中所描述的那種「快樂殺手」。我還記得，有一次他發現我獨自一人在彈鋼琴，覺得我彈得很爛。他聽了一下子說，要是一個人不能彈得比這更好的話，最好還是不要去練鋼琴了。當時，我很想回答說，要想彈得更好，就只有不斷練習啊。但當時我只是默默合上鋼琴，迅速逃離。當時，我不知道他的出發點是惡意的。我猜想，可能他覺得有必要在道德層面上數落我一番。事實上，某天我自己也收穫了一個教訓，就是最好不要沉浸於別人的批評。一個小女孩給我看她寫過的幾首詩歌。我給予了適當的表揚，然後指出一處不合語法規則的地方，最好換成另一個詞。她從我手中拿來詩歌，看了一下，滿不在乎地說：「我認為不需要修改。」當時她媽媽也在場，就說：「要是你知道哪些地方錯誤了，最好還是改正過來。」「不！」這位年輕的「女詩人」說。「畢竟，這是我自己的詩歌。」

　　誠然，誰都不應該對任何事情習慣這種馬虎業餘的做事態度。人活於世，至少要有兩三樣擅長的技能。而在享受休閒的時候，人就沒有理由不

自娛自樂一下，即便某事做的真的差勁，也沒關係。擁有一個或多個愛好，這是好事。

　　就自己而言，漫不經心地彈一下鋼琴，揮舞一下筆墨，這讓我更有熱情，淡忘許多功名的思想。但對自己在這些方面的能力，我從來都不抱任何幻想。現在我已年過半百，仍覺得自己毫無長進。但我始終覺得，要是這樣做能讓我覺得快樂的話，為什麼不繼續做呢？人不可能總是拿起筆去寫作，或是埋頭去閱讀。學會快樂地浪費一些時間，即便別人無法感受這種快樂，這是很重要的。當人年事漸高，就會發現保持自娛自樂的心態是多麼的重要。那時，人再也不可能輕易地爬上樹，或是去玩一些跳躍的遊戲。但是，人始終可以擁有快樂的心態，不需要時時刻刻都保持著理智的態度。愛玩的性格顯示出對生活健康的態度與有益的熱情。若是可能的話，應該鞭策自己在早年就培養這樣的習慣。我認識一位年老的女士，她對生活始終保持著高漲的熱情與濃厚的興趣。她有一個被稱為裝訂所的房間，她喜歡在那裡裝訂書卷。那些裝訂的書卷都做得很差，一旦打開她的「傑作」，就肯定會弄爛書的背面。要是真正翻閱這些裝訂的書時，一些對折的紙頁就會掉下來。書的內容排序也幾乎是亂來的，而且書的背面也沒有多餘的版面來印刷題目。她完全意識到自己製造的荒唐結果，卻從中感受了極大的樂趣。這樣做讓她獲得了很多快樂，並聲稱這樣的愛好是她人生不可或缺的部分。

　　努力做好某事的念頭，這完全符合人類的自然天性。我覺得，所有的孩子都應從小去學一門手藝。要是學校能提供這樣的教育，那就真的很棒，但是這似乎集結起來並不容易，特別是當我們制定了一些並不完善的規則。我們認為所有男孩都應該參與體育運動，不管他們是否樂意。我覺得，無論男孩是否有體育天賦，都應該積極去參與體育活動。他們必須多加鍛鍊，在空曠的地方呼吸新鮮的空氣。但諸如板球這類運動，除了極少數擅長擊打的男孩子外，對其他人而言幾乎是一種浪費時間的遊戲。在我

看來，那些認為擅長木工手藝的學生不應該繼續鑽研，而在明知自己無法打好板球仍要繼續堅持下去的想法，這是十分荒唐的。

在很多方面，我們都可算是一個既有趣又古板的國家。很多人理所當然地認為，參與體育運動並不是浪費時間，無論他們玩得多爛；閱讀也不會浪費時間，不論閱讀多麼劣質或是沒有營養的書。某天，我與一位年老的紳士坐在一起。當談到週六是否該開放博物館這個問題時，我的這位老朋友高興地說，他認為不應該開放。「坦白地說，」他接著說。「我覺得參觀博物館對人們沒有益處。實際上，這只是浪費時間。要是沒有這些博物館的話，人們會變得更好。週六開放博物館只會擾人心神。」「但有人卻覺得，」我說。「這不是一個在週六是開不開放的問題，而是應立即關閉所有博物館的問題。」「不，」他說。「我想，那些抱有信仰的學生應該要到博物館看看。但是，其他人則沒有這個必要。那裡堆放的只是一些極為膚淺的『垃圾』。」此時，我沉默不予回應。因為，與一個在心中堅持個人如此「戒律」的人爭吵是毫無意義的。

我對人生的看法與這位朋友完全不同。我發覺自己很難說多麼厭惡一些東西。我相信每個人都應該有屬於自己的工作要做，並且應該樂在其中。但我覺得，很多人都成了工作狂，幾乎沒有休閒的時間。而要想改變這點的困難之處，在於我們對工作形成了一個錯誤的觀念。我們理所當然地認為，若是某人專注於明確的工作，那他就是有所作為的。我本人也算是一個忙碌之人，時常要參加很多會議。有時，我滿懷痛苦之心地回想，不知有多少美好的時光消耗在諸如委員會討論之上，糾結於一些冗長且不重要的細節問題。這一切的存在，只是因為這是大多數人所能理解的一種工作方式。這種錯誤的觀念造成的結果是，對很多人而言，在沒有真正生活之前，人生就溜走了一大半。我們對身邊這個美妙的世界知之甚少。自然美好的一面，人與人之間展現的真誠的相見，這些都無法吸引我們的興趣。舉個例子吧。在劍橋大學時常能聽到一些大學生說沒有時間去散步之

類的話語，我對此感到震驚。這些學生只是走著，談論著，吃著飯，玩著遊戲，一天的時間都被填充的滿滿的。對他們來說，悠閒的散步似乎根本就沒東西可看，無聊的很。

所以，我想回到最初的主題。我們應更自由合理地安排休閒時間。我們都有一個沉悶的信念，就是要不斷地前進，多多賺錢，獲得別人讚許的眼光，受人尊敬，覺得這就是成為每個人的責任。我不敢肯定這些追求就絕對是錯誤的。但是，每個人都應該有自己的想法，並樂在其中。之後，他們也應該去享受一些純真的快樂，受人所愛。一般而言，一個細心周到與受人尊敬的人知道如何獲取並保持生活的樂趣，而且以從容的心態去享受生活的樂趣。

因此，在我看來，那句「若某事值得去做，就不應該做得很差」的諺語似是一句沉悶且自私的格言，代表著英國國民性情中最壞的一面：缺乏創造力、無法常抱輕鬆的心態，無法與人友善的交往。總而言之，這是一句充滿商業味道的格言。通常來說，格言本身都是眾人的智慧與個人的睿智凝固而成的。但那句格言裡，似乎只是眾人的愚蠢與個人的犬儒拼湊組裝的罷了。

愛玩是必須的
(LIVELINESS)

　　某天，與一位朋友聊天的時候，我說，最有出息的人幾乎都是從事讓自己感到樂趣的職業。朋友並不這樣認為，稱這是相當膚淺與純樸的人生觀，因為這會讓人看不到偉大的目標、認真的努力以及奉獻的精神。但是，我仍堅持自己的觀點。我並沒有說這樣的人生就是最為完美或是最具英雄主義的。但總而言之，這樣的人生必然最能發揮自身的才華。我補充說，其實他在現實生活中是贊同我持的觀點，但他可能對「樂趣」一詞有著不同的見解。我所指的這些人，都能熱情洋溢地投入到工作，內心充滿樂趣，因為他們喜歡自己工作的理念以及每個細節。以這種精神投入工作的人會對同事或屬下具有榜樣的作用，將熱情與發自內心的愛好都注入了整個工作，讓人無堅不摧，克服困難，藐視障礙，懷著一顆歡樂勇敢的心去面對煩憂，這已然削弱了一半未知的恐懼。這些人讓我想起那一段歡悅的段落（順便提一下，我從未向自己任何擔任教職的朋友推薦過，雖然我經常這樣暗示）：「大衛在主面前，旁若無人地舞蹈」。誠然，米甲[095]厭惡大衛總是急著要跳舞的樣子。但是米甲無疑是屬於很循規蹈矩的人，將事情的適宜性置於首位，顯然大衛是正確的。

　　在我看來，這般性情與認真的努力及無私並沒有什麼出入的地方。我最喜歡這種性情的一點，就是它並沒有陰翳生活的陽光。而過度的認真則時常讓人沉浸於沉重的莊嚴情感之中。我重視莊嚴感的價值，但是這種情感出現的頻率應該是很低的，而且出現的時候應該是讓人印象深刻的，理應只在重要的場合或時刻才表現出來的。假裝宣稱人生只是一場遊戲，這

095　米甲（Michal），大衛之妻。

是毫無意義的。若是某人在工作之時，嘴角咧著微笑，淡然面對，就可從周遭環境中品嘗到少量的「美酒」，提醒自己原來浮躁並不總是適宜的。儘管如此，但我想，人生還是充滿了有趣、讓人興奮的東西，人們應該發自內心地享受其中。芸芸眾生，人們的行事方式，他們的話語，他們的觀點，都是甚為有趣的。事先就知道自己將要走那條道路，知道自己會遇到哪些熟悉或沒有必要的注意事項，抑或自己會面對毫無意義的階段與話語，這都是讓人覺得很有趣的。正如知道鐘聲在某個點數必然會敲響一般，內心甚為滿足。而同樣讓人期待的，是我們不知道別人會說什麼，會做什麼，與他們的原則及觀點不一致。能夠理解這些，並享受其中，就是幽默的本質所在。而不斷意識到這些，並樂在其中，讓人永葆達觀的心靈。

但另一方面，若是某人懷揣著高傲且正直態度去從事工作，深信自己就是要去改正別人的錯誤，讓他人不斷獲得提升與進步。那麼，通常來說，這樣的工作是極為沉悶單調的！

我不知還有什麼比這樣的一種工作心態，更能讓人停滯不前，讓人感到矯情壓抑，正如我們總是與那些反對自己的人在一起。我不宣導以犬儒或輕率的態度去面對任何事情，更不是說在與人交談的時候，就應該不顧禮節與適度的緘默。我更沒有說，要以笑話的心態去面對一切事情。我不知道還有什麼比一刻不停地糾纏於所有事情不放，更讓人神經緊繃或是沮喪的了。我所看重的，是一種輕輕觸碰的感覺，有點如蜻蜓點水般的感覺，就像陽光與微風，一種易變的情緒，在開心、有趣與認真之間不斷轉變，有張有弛，保持憐憫之心。當然，不是每個人都能做到的。這是一種非凡的魅力。但是每個人都應該下定決心，無論發生什麼事情，都不要去摧殘或是打斷別人的思想傾向，也不要以自身所專注的事情來打擾別人，或是讓自己的憂慮流露在每一次談話之中。

我覺得，在與別人一起交談時，不能一味談論自己的工作。抱著輕鬆

與愉悅心態去工作的人就沒有這樣做的傾向。他們享受自己的工作，當完成工作之後，他們雖感疲倦，但是心情是快樂的，希望可以去做其他事情。我時常想起之前提到的羅迪——那隻可愛的柯利牧羊犬——至今我仍在懷念著牠的逝去。羅迪就是如何面對生活的最佳榜樣。一般人都會覺得，午後散步並非什麼大不了的事情。但是，當羅迪在奔跑的時候，總是要歡樂地吠叫幾聲，轉著身子跳一下。在走到了一個路口時，牠總是十分興奮地張望，不知是要轉左還是向右。不論主人選擇哪個方向，牠都會發出另一陣吠叫，似乎在說：「又是右邊！這正是我的選擇！」然後，牠會自己找樂子，鑽進灌木叢，透過大門往裡窺望。無論到哪，牠都能發現許多讓自己感到興奮的景象。散步結束後，回到自家的大門，牠又是一陣歡樂的吠叫，似乎在說：「真好！我們終於回到了家！主人你真是世界上最聰明的嚮導。」接著，牠很快就在牌桌下找到屬於自己的角落，然後美美地睡覺啦！

　　當然，我們不能期望人類能有如狗那般無與倫比的圓滑與憐憫之心。雖然我們聰明、有用或重要，但這還是超出了能力範疇！但我們卻可以憑藉實踐，甚至可借助對此的讚美或是渴盼，來慢慢習得這種輕鬆愉悅的心態。

　　但我的那位嚴肅認真的朋友並不這樣認為。他很淺白地說，我們每個人都應該為別人而活。這是肯定的，我們就是這樣子的！試問，誰能不為別人而活呢？但是，我們沒有必要在沉悶與自我意識之中度日。那樣做的人，是因為他們發自內心地喜歡這樣做，因為他們對別人很感興趣。至少就我個人的經驗而言，這肯定要比一些從嚴格的責任感出發，然後喟然長嘆的人更具效率。我沒有否定這是一種高尚與沉默的自我奉獻——人們肯定可以這樣做的。但當我想起很多從事教職的人——比如，我的父親、萊特福特主教、威斯科特主教——他們從事這些工作，是因為他們內心懷著巨大的熱情，衷心地喜歡自己的工作。因為在他們眼中，自己的

工作就是天底下最有趣與最開心的工作了。所以，他們在圓滿完成工作的時候，內心獲得一種至為純美與簡樸的樂趣。還有，我想起了查爾斯·金斯萊、主教威爾金森 —— 這些深為憂鬱與備受煩憂侵襲的人 —— 他們的作品更多的是，描述個人與田園寧靜的生活。這些人並沒有出於某種責任感去從事工作，而是因為他們對於他人的所面臨的問題深感興趣，希望能與他人分享自己感受到的這種平和樂趣。所以，我又回到了一開始所講的，就是於世最為有用的人，對他人產生深刻影響的人，都並非從某個理論或是冠冕堂皇的理由出發的，而是追隨內心強大的直覺，從工作中感受到自身的力量、能力與樂趣，或是從最美好與真實的意義上來說，就是妙不可言的快樂！

當然，我們也會見到有些人雖然不情願地承擔某項工作，但還是忠實地完成了。這是很了不起的。「不願去做某事，但還是去做了，這能成就最美好的人」 —— 一如阿蘭·布雷克對大衛·巴爾福爾所說的。但是，阿蘭卻完全沉浸在精神生活之中。他喜歡危險，因為這能激起他的興奮感，啟發他的創造力。我想真正呼喚的，是人們不應該讓自己的生活變得沉悶。正是沉悶讓許多事情失卻了樂趣，讓年輕人們垂頭喪氣。我們不能一味讓自己的原始精神抬頭，也不能總是製造一些蹩腳的笑話來欺瞞別人。但是，我們可以去了解別人是如何思想與感受的。要是我們無法親自表演，最好還是給表演者掌聲。要是我們無法放聲大笑，那至少也可以微笑一下。我在劍橋大學有一位很有趣的朋友，他對生活的興趣仍然十分高漲，雖然已經銀髮蒼蒼。不久前，在他所在的學院禮堂裡，我坐在他旁邊。我提出了一個當晚會議上即將要討論的一個話題。「啊！」他說。「這是一個很有趣的話題。我想說說自己的想法！」接著，他開始談論自己的一兩個想法。「哈！」他突然大聲喊道。「這個觀點真的不錯啊！很切題啊！我必須將這個觀點記錄下來！」於是，他拿出一張卡片，一枝筆，然後不斷將自己所說的話記錄下來。最後，他微笑地對我說：「我想，我說

的太多了。我經常這樣做的。但我只是帶走這張卡片，」他一邊說話，一邊將卡片塞入口袋裡。「我敢說這些觀點會被證明是很見地的。你也知道了，我對大多數事物都抱有興趣。」

愛玩是必須的（LIVELINESS）

驕傲的罪與罰
（PRIDE）

一天，我聆聽了一篇語言優美、充滿氣勢的布道演說，主題是「驕傲」。牧師說，驕傲是對上帝的一種不忠。牧師所定義的「驕傲」，就是指不願意與普通人一道，孤芳自賞，默默地走在孤獨自滿的道路上；正是在自我珍視與志得意滿的孤寂中，驕傲的情緒得以維持。他說，驕傲就像水車的引水渠過於自大，不願流經磨坊，但我們每個人都必須經過磨坊的碾磨，去做一些有益實用的工作。我覺得他所說的話很有道理。滋生某種孤獨感，希望以自己的方式去做事情，無法與別人一道合作，這些都是驕傲的部分展現。我還記得本篤會一位新教徒告訴我不再繼續的原因，他面帶微笑地說：「我很快就發現，要想我成為會員，就必須讓我當上修道院院長！」這是驕傲赤裸裸的展現。但我想，驕傲的表現遠不止這些。要是驕傲只包含著任性、違抗或是自以為是的話，那麼它就算不上致命的「罪惡」。要是我們審視這個問題的另一面，就會發現上帝絕不希望人們以羞怯、三心兩意或是疑惑的態度去做事情，抑或在面對困難或逆境時不堪一擊。我們不能因為懼怕堅守自己的原則或是被他人覺得高高在上，而讓邪惡、卑鄙與自私等情感肆無忌憚地闖入心靈。

驕傲不等同於自滿。我認識一些人，他們性情謙卑，清楚自己的缺點，卻從堅持自己的理想與鄙視他人的志向中獲得驕傲的心理。讓人難以分辨的是，驕傲這種「罪惡」都與讚美之語幾乎是連在一起的。我們會說到適當的驕傲與高尚的驕傲，而不會說恰當的嫉妒與高尚的覬覦。當然，驕傲之所以致命，因為它是一種極為微妙的情感，難以捕捉，如此自然，當事者不僅會將之忽略，甚至會加以讚美。要是某人談到別人時，說此人

高傲，不屑去做一些卑鄙與骯髒的勾當，他的本意是要表揚此人。人可能會因自身的高傲而備感驕傲，不屑參與一些卑微與矇騙的事情，這種驕傲也是許多肩負重任之人的基本底線。若是某人內心高傲，不願坦誠貧窮的事實，不想為自己的失敗而感到悲哀，此人則不一定是「罪者」。

我們都認可一點，即對出身、財富展現出明顯驕傲的行為，顯然是錯誤的。但是，人們可以為自己就讀的學校、組織、職業或是孩子感到驕傲，讓自己變得越來越好。很難抽絲剝繭地解析各種形式的驕傲所蘊含的東西，評判哪些是對的，哪些是錯的。我想，這在很大程度上取決於個人所持的態度。我的意思是，若某人意識到自己所在部隊是優秀的，戰友們的聲音很嘹亮、圓厚，彼此友好相處，作戰勇敢且忠於職守。所以，他很榮幸成為其中一員，並且努力為更好地建設它做出自己的貢獻。這是一種有益的驕傲。要是他只是為這是一支聰明、富有、高素養或是勇猛的軍隊而感到驕傲，覺得庸俗之人對此羨慕不已，因為所在部隊的這些優點似乎增添了個人的聲望，並將一些運氣視為自己的功勞，這是一種無益的驕傲。事實上，高傲是對自身一種堅強而又自滿的信念，容易讓人覺得自己有做某事的天然權利，鄙視別人的表現，貶低他人的理想。

因此，驕傲是一種阻擋人們取得進步與獲得平和心境的障礙，因為這讓人們不願意做出妥協，不願替別人考慮，凡事都只按自己想法去做。

但正如我之前所說的，驕傲之所以危險，在於很難為當事人所察覺，因為驕傲偽裝成一種「天使之光」。驕傲之人可能學會為了責任與榮耀去放棄很多東西，為他人謀福祉，並且盡可能地去幫助別人，幽默地承認他人的優點。即便如此，在他的內心深處，仍會覺得自己的做事方式是最好的，別人之所以不同意自己，只是因為他們缺乏洞察力、理智以及常識罷了。我認識一些坦率、友善、善良、高效之人，與他們在一起始終感覺不到他們以平等的眼光來對待自己。這些人都十分耐心、善良與講道理，但別人還是時刻能感覺到，這些人雖然表現的很善意，內心其實很頑固，還

是會深思熟慮地批評別人的魯莽、意志不堅、為人軟弱抑或多愁善感等缺點。解決的難點在於：假設甲君意識到乙君是一個卑鄙、庸俗、缺乏正義感乃至無法無天的人，難道甲君會努力地說服自己，覺得乙君可能是一個高尚、正義與守法之人，然後讚美一番？在我看來，要是將醜陋說成美麗的，或是肥胖說成苗條，這是很荒唐的。要是意識到自身的某些優點，這算是一種驕傲嗎？當事人是否應該為此感到高興呢？問題的答案是，倘若某人意識到這一切，就不能對他人的缺點視而不見。假裝一切都很好，這顯然是虛偽的做法。當我們與他人進行比較的時候，認為別人的錯誤只能凸顯自身所持美德的優越感，真正的傷害才慢慢顯露出來。因為，接下來自然的結果是，當事人會對自身的缺點視而不見。無論如何，我們都沒有必要沉浸於誇大自身的缺點，雖然這通常只會讓人停留在自滿的謙卑之中，但這是驕傲最危險的偽裝了。我們必須清楚意識到，自己的做事方式並不一定是最好的。這可能是最好的方式，但僅限於自己。在一定的環境下，每個人都完全有權利或義務找尋最佳的辦事方式。要是他人的辦事方式更具效率，能以更好地完成工作，或是能以自身不喜歡或不讚賞的方式獲得圓滿的結果，我們一定不要試著去干涉、嫉妒或瞧不起他們。相反，我們要懷著一顆真誠的心去感謝：無論怎樣，事情都圓滿結束了。就以作家為例吧。假設某位作家看到一位被自己視為愚蠢、庸俗、廉價乃至感情誇張的作家，竟然更受大眾歡迎，讀者群更廣，比自己受到更多的關注，他必須高興地接受這個事實。他絕不能潑這位作家冷水，稱那些作品純屬粗製濫造。他不需要放棄自己的寫作，而應心滿意足地意識到，別人也是以其最好的方式去寫作，他擁有眾多的追隨者是理所當然的。假如他是一位牧師或是老師，當看到其他人在所屬的行業中更加優秀的時候，一定不能嗤之以鼻或是無奈地聳聳肩，聲稱他們為博得眾人眼球而犧牲教義，或是放棄了嚴謹的標準而迎合大眾。他一定不能含沙射影，而是要為別人以他們的方式產生的正面效應感到高興。當我們覺得自己的方式是唯一最

好的時候，驕傲就潛入心靈了。因為，一旦我們感覺到這點，就開始以自己的標準去衡量他人，覺得人類不是按照上帝的影像製造的，反而認為上帝的影像必然與自身有幾分相像，指引世界前進的方向也必然是自己所默許的。

　　驕傲之所以如此致命，是因為它讓人無法認清或察覺自身的缺點。驕傲之人會將自己的失敗歸結為某些人的愚蠢與固執，而無法在不幸與災難中看清楚，原來自己是那麼愚蠢、懶惰與粗心。相反，驕傲之人會極富耐心的莊嚴感去面對，以此彰顯自身妙不可言的重要性。他們會認為這些缺陷只是白璧微瑕，實際上這些錯誤就如本應扔到垃圾堆裡的陶瓷碎片。

　　對很多人而言，人生閱歷就是一個不斷自我掏空的過程，讓我們不斷回歸常識，讓我們慢慢知道，原來自己所能做的事情是那麼少。我們開始變得愉悅，更為自信，深信自身良好的出發點，覺得自己的修養、洞察力都有某種非凡之處。大多數人則會漸漸意識到，其實很多事情都並非想像中那麼重要，我們也不能妄想去改變這個世界，而應對自己所處的位置抱著一顆感恩的心，為自己還能有所作為而心存敬畏。我們不必感到憂鬱乃至絕望，讓脆弱的自己在別人面前可憐地低頭，沉淪在消極之中，無法自拔。我們要知道，即便此時深知自己處在閘門之內，離天國的誠實還是有一段遙遠的距離。我們最好還是要注意眼前的道路，無懼面對一些惡魔，不要在腦海臆測著自己昇華到天國的宮殿的情景，惦記著誰能進入天堂以及為什麼能進去，抑或是想望著自己能取得勝利，然後奏響天國的號角。實際上，當人對此不再有所期待，反而會發現自己的雙腳踏在風信子的階梯上。當他意識到自己所做之事獲得了最大的失敗，被遺憾、失望的洶湧的浪潮所壓倒時，天國悠揚的樂音就會在迷霧的空氣中響起。

寓言的淚水
（ALLEGORIES）

　　普通人一般都能從聖經的寓言故事或諷喻中獲得一些樂趣，這是毋庸置疑的。也許，這深藏於人性深處吧。他們獲得樂趣最簡單的方式，就如小孩從一個木製的綿羊或馬匹中獲得的樂趣一樣。這可能是一個玩具，也可能是一個箱子，能夠打開並放進一些東西，寓言也是如此：它本身是一個很美好的東西，但除此之外，還散發出真正的內涵，這是一種獲得愉悅的簡單方式。首先，人們聽到某個故事，然後再將其與真正的事實連繫起來，觀察它們是如何銜接起來，這頗為有趣。這種樂趣會讓原始野蠻人講一個關於太陽、月亮與星星的故事，講關於丈夫、妻子以及他們臃腫龐大家庭的故事。人們可能會注意到，孩子通常會在描繪一幅景物圖畫的時候，將人類的臉孔放到太陽之上，彷彿探視著世界的邊緣。正如野獸的形象、人類傢俱、裝飾的曲線以及線條，都與星座分布的形狀有所關聯。這種樂趣源於察覺到兩者的相似之處。人們樂見修剪整齊的山毛櫸，因為這就如一個人頭上頂著一些奇形怪狀的牛角，眼睛一眨不眨，一張咧開的大嘴似要咆哮，甚是可怖。多少年過去了，現在我也年紀不小了，終於明白對一個紅色色盲的人來說，在一些有兩層窗簾重疊影子的房間裡，因為窗簾環連在一起的緣故，讓我感覺似乎有一把紅色的劍存在，劍柄是扭曲的，煞是有趣。另一件很奇怪的事情，隱藏在我的記憶深處，這不僅像一把劍，簡直就是一把劍，而且印象極為真實。

　　經歷了事物間相似所帶來的第一快感後，人們會更近一步，探究更深層次的內涵。對事物的印象始於相似，然後慢慢形成心理的印象。常春藤長勢迅猛，青綠柔軟的根須沿著窗格方向蔓延，就像一個錯誤輕輕落在心

間，但卻以自身的方式遮蔽著人生的觀景。雛菊綻然盛開，優雅的臉孔從草地上冒出，這種順其自然的純真，以屬於自身的方式自由自在，無所拘束。

之後，要是我們能認真觀察自己可能的失敗，體會原先粗心的舉止，從發生的事情中感知失望與厭煩，那就會發現周圍的多數事物，都將以一種深沉與美妙的方式呈現出來，自己的所為或是將要成為的人變成一種象徵與符號。幾乎所有寓言故事的內涵都在宣揚某種高貴的耐心，某種在時空法則下存在的東西，但仍有其自身的生命力。至於形成促進或阻滯的作用，視乎我們採取何種視角或如何對待。也許，直到人生暮年，我們才真正分辨出哪些東西是值得保存的：美好的回憶、忠實的情感以及未能實現的善意希望。而有些東西是我們應立即丟棄的，諸如沉澱已久的怨恨與毒害身心的回憶，以及出於謹慎的恐懼而自添的重擔，這些都讓我們步履蹣跚。

我覺得，最美好與讓人快樂的一種天賦，就是能透過昔日紛擾的表象，去接近更為內在的事實。當然，我們不能為了他人而提取所謂的教義，因為這會讓我們變得無聊，就像清風翻著手中的書卷，似乎要幫人讀完一樣。《天路歷程》[096] 中那位解析者總有那麼多的教義與道德說教，一位威望如此高的人必然是很難相處的。當人們走在朝聖的路上，備著藥片與甘露酒，全家人坐在一起共進午餐的時候，也許，這位解析者會對妻子說：「親愛的，這個房間到處都是蜘蛛，一大清早就很容易從中總結出一些道理，但這真的說明你僱傭的管家有多麼的失職！」我時常在想，那兩人私下到底是什麼意圖，其中一人想用水滅火，另一人則暗中火上加油，助長火勢。我能想像他們在交流的時候都會認可一點，即他們對自己所處

---

096 《天路歷程》（*The Pilgrim's Progress from This World to That Which Is to Come*），為英國著名小說家與散文家約翰‧班揚（John Bunyan, 1628-1688）所著，該書影響力巨大，在西方國家中通常被看作是僅次於聖經的基督教重要經典。

的位置相當不滿，覺得難有作為。

　　寓言故事還有一點也時常讓我震撼：那就是它們都顯得很讓人沮喪。而真正成功獲得天國榮耀的人是極少的。一個人憑藉自身超乎常人的能力不斷去探索，卻犯下了愚蠢的錯誤，發現自己的一生盡是失敗的紀錄。青草間的累累白骨，魯莽的先輩都已轉世成了肥豬或是孔雀了，愚蠢的旅者被遺留在山丘一邊的山洞裡。而讓人驚奇的是，所有人都能順利通過！人們希望見到一種不同類型的寓言，就像《愛麗絲夢遊仙境》中那場「會議式賽跑」，每個人都是勝者，都能有所收穫。

　　某天，一位睿智朋友對我說，要是人們考慮到整個比例的話，就會發現事實並非如此。那些固執與貪婪之人都會深受誘惑，成為獵物，但他們只是未能通過的極少部分人而已。與此同時，朝聖的人群已經如流水一樣經過了。天國城市的宮牆與欄杆上擠滿了向外張望的微笑人群，懷著喜樂與愉悅的心情，歡迎那些為此而不斷奮鬥的疲倦靈魂。當銀器的鼓樂聲在耳邊彌漫的時候，很難相信自己真的達到了這裡。

　　我深信，真正給多數人帶來傷害、讓我們踟躕不前的，就是因為我們認為那些考驗、悲傷或是不幸是真實存在的，讓它們時刻恐嚇著我們，傷害著我們。而實際上，它們如「絕望巨人」早已死去了。誠然，邪惡是一股可怕的力量，但讓人奇怪的是，它又顯得那麼的不真實。所犯的錯誤帶來折磨心靈的痛苦，就是因為覺得別人也是持這樣的想法，似乎別人的想法真的會改變些什麼！我們常常認為，犯錯之後，我們會比之前更為聰明，然後不會再犯了。真正該讓我們感到煩惱的，是我們自身的脆弱與愚蠢，無法去坦承錯誤，而不是害怕別人會去責罵我們。一個憤世嫉俗的人曾說，十誡中的「第一誡」就是「汝不會被發現」。對於自己所做或所想之事不為別人所知，我們應深為感激，因為別人否定的表情將是對自我快樂的一個悲傷與痛心的反思。若我們想擁有一顆更為美好的心靈，最好還是忘掉自身的錯誤，不要讓錯誤如有害的蒼蠅在耳邊嗡嗡作響。

　　關鍵的是，我們要了解自己，不要有任何沉悶的藉口。我曾讀到一個讓人沉思的小故事——出處我忘了——是講某人愉悅自己「良心」的故事。此人也就是他那保守且驕傲的自我。「自我」準備好了一桌美食，但他的良心卻滿臉愁容地進來，雙手掩面，無心品嘗美食。那人說，如此衣裝不整進來，不講社交禮儀，真是很沒禮貌。良心說：「我真的無法去掩飾，我真的感到很疲倦。要是你知道我所知道的事情，你臉上的笑容就將馬上消失，沒有心情吃下去了。」那人老氣橫秋地說：「哼，我敢說還有很多人做了更多的壞事。去想這些事是沒有好處的。不去想，自然就沒事。」然後，良心抬起頭說：「嗯，你讓我想起了一些事情。」「良心」說了一個關於忘恩負義與邪惡的古老故事，讓那人倒了胃口，最後拂袖離席而去。我忘了故事後來的情節發展，但他們最後還是商定，日後努力做的更好。

　　倘若只是一味向前，然後麻木地面對事情，不思前想後，就會過分地注重事物的寓意，將自己微不足道的朝聖之旅視為這個世界最重要的事情。我們必須要記住，自己有機會走在朝聖之旅的路上，這已經是很美好的事情了。蓋尤斯雖然好客，但除了我們之外，也還必須要招待其他人。我們不可在「美麗之屋」裡隨便地挑選房間，或將之視為我們舒適的住宅。很多強大的力量可能在促進或阻礙著我們，要是我們在邁過去的時候，能無所受傷，已經算是萬幸了。

　　最可怕的事實是，當我們將自私與浪漫結合起來，就很容易將自己想像成一名合格的基督徒與篤信者，而實際上我們只是「無知之人」，閒蕩在岔路上，或正如那位名叫杜爾[097]的婦人，可能會背負更加臭名昭著的名聲。我們要確定自己真實走在朝聖之路，而不只是身處在一列舒適的火車上，只是為了到達讓人興奮與有趣的地方。朝聖的旅程不是我們手上拿著

097　杜爾，英文 dull（沉悶）的音譯。

旅行指南就可以了，也不能期望在賞心悅目的景色中完成全部旅程。在面對大路沉悶的延伸，我們要靠欺騙自身美好的記憶與希望來度過這段旅程。在黑暗的深谷裡，妖魔在煙霧中嚎叫，我們盡量不去想這些，就能記得從牧羊人那面透視鏡所見到的城市的景象，這對我們以及一道前行的旅伴都是一件好事。

公開與隱私
（PUBLICITY AND PRIVACY）

某天，一位朋友來到我位於劍橋大學的住址，我們兩個正要坐下來聊天，突然傳來了一封電報。我邊閱讀邊向朋友致歉，然後就讓他看了一下。我說：「我真想這樣做能夠發揮一點作用！」這是一份時事報紙發來的電報，希望我對時事的發表一些看法，電報裡還有一式兩份的預備回答範本。

首先必須要說的，是我的這位朋友年數雖大，但卻是一位具有學術修養，難以取悅，而舉止卻又極為優雅，思慮周到的人。他雖然天性不愛社交，但良好的自然禮節讓他在某些極為罕有的情形下，能成為一位極具魅力的朋友。要是他看到這樣的文字描述（雖然這不大可能）也不會感到不快，因為這些幾乎都是準確的說法。

他閱讀著這份電報，而我則拿出一支尖頭自來水筆，向他抱歉一聲，然後開始回覆了。他的雙眼越過粉色的報紙，盯著我。

然後，他以一種極為驚訝的語調說：「你不會真的回覆吧？」

「是的。」我說。「為什麼不呢？」

「你的意思是，」他說。「你允許自己的名字出現在報紙上，讓數以百計的讀者從報紙中知道你對此事的看法？只是因為編輯要你這樣做，就去做了，在我看來，這是不可想像的。」

「是的。」我說。「我肯定要去回答的。對於這個問題，我自己有著明確的觀點。有這樣的機會去闡述觀點，我並不感到抱歉。我必須要坦承一點，即為什麼人們希望知道我的觀點，也不知道我的觀點為什麼會吸引他們的興趣。但如果真的有人想知道，我也準備好去告訴他自己的觀點，正

如要是你問我的話，我也會照樣說的。」

「嗯，」他說。「我必須要說，你這樣說讓我感到驚訝。我真的非常驚訝。即使給我 100 大洋，我也不會去做的。」

「我真希望有那麼多報酬呢！」我說。「你能坦誠地說一下自己反對的理由嗎？要是你對某件事有自己的觀點，而且又不覺得有什麼差恥，為什麼不說出來呢？」

「我真的不知道是為什麼。」他說。「我也說不上什麼符合邏輯的理由，這更多的是一種個人的情感。要是你不介意我的用詞，我想這算是一種很庸俗的表現。在我眼中，這樣做似乎背離了自己所有關於隱私與分寸感的直覺。我敢說自己算是一位很老式的人。但我真的覺得，別人讓你發表意見，這本身是很無禮的；而你答應就一些瑣屑而吸引眼球的事情公開自己的觀點，這讓我感到恐懼。」

「嗯，」我說。「我完全明白，你的情感要比我的更為細膩與高貴。我只是抱著平常心去看待這個問題。我希望別人在這個問題上也能和我一樣持相同的看法。但我並不期望改變多少人的看法，讓他們趨同於我的觀點。但要是有人尊敬我的觀點，在獲悉我的觀點後能夠有所啟發，我就會感到非常高興，就像自己送了一份禮物給自己。我覺得，這跟在某個主題或是一本書上簽上自己的名字，沒什麼區別。我覺得這還不至上升到反對的層面。因為當我寫一篇文章或一本書，我是在傳播自己的觀點，或至少是在推銷自己的想法，而且這些都是免費的。」

「是的。」他說。「我能感覺到你的觀點是十分一致的，可能也是很合理的。但是，那些編輯就如剛才那樣發來一封電報，向你提出一些問題，而你則覺得讓自己的觀點為大眾所知是沒關係的，但在我看來完全是不恰當與沒有尊嚴的做法。」

「不會吧？」我說。「我只是覺得這是談話的合理延伸而已！在談話過程中，人們的觀點讓數十人知道；而刊登在報紙上，則會有數以百計的人

看到，知道的人越多，顯然讓人更加快樂。」

　　我的朋友不禁嘆了一口氣，然後以一種憂鬱的語調說：「也許，你是對的。」但我能看出他既不解又不安。

　　當他離開後，我又把這個問題想了一遍，仔細拷問自己的心靈，看看是否能在心靈的某個角落裡找到一絲不得體的動機。但我沒有。

　　對於個人隱私的權利，我是強烈擁護的。我覺得每個人都有拒絕這樣要求的天然權利。人們可能對一些事情沒什麼自己觀點，或是不願說出自己的觀點。我覺得，別人肯定沒有權利冒失地拜訪某人，然後要求別人說出自己的觀點。我討厭收到這樣的信件，一般都是這樣寫的：「你寫的一些書讓我非常感興趣，我明天就要路過劍橋了，希望可以去拜訪一下你，當面向你請教。」我覺得這就帶有無禮的味道了。因為我可能沒有時間或是不方便去接待一位陌生者。在這樣的情形下，拜訪者最好能在雙方共同朋友適當的引薦下見面。但另一方面，我總是樂於收到一些關於探討某本書或是書中某些內容的友好信件。這是很合理的，雖然我也有權利選擇不去回覆這些信件。但是這與占據別人的時間、精力，讓人難以分身相比，則是另外一碼事，特別是拜訪者想當然地以為別人會對此表示歡迎。

　　當然，作家在寫作的時候必然會摻有一些自傳的成分。我經常就因此被許多人批評，說是對隱私與個人親密的事情上缺乏應有權衡感。批判者說，這就好比用平板玻璃替換原來的磚石，似在讀者眼前吃飯或是睡覺一樣。我無意去回應這些批評聲音。而要是一些讀者認為一本講述個人故事的書就是下流的，他也完全有權利這樣去想，我也很難想出一個反對的理由。就一本書而言，我本人視書中的親密度以及個性為最重要的因素。所有詩人、戲劇作家及論文家之所以吸引讀者，完全是因為他們敞開心扉，訴說自己心中的故事。

　　在我看來，告訴讀者你所選擇要說的事情，與讓他們自己去觀察或研究，這是兩碼事。我對自傳類書籍提出的一個反對意見，就是這些書籍有

時候寫的太沉悶了，顯得傲慢、自滿與沾沾自喜。一個作家要是能像羅斯金那樣屈尊俯就，告訴讀者一個真正的自我，這樣的書籍是我樂見的。我要坦承一點，有時真的對一些諸如虔誠的艾尼亞斯以及其冒險故事感到無聊。這取決於所闡述的故事是否過分自大，作者是否過分地看待自己。另一方面，若是對自己的一些經歷甚感興趣的話，不僅是因為這是屬於他自己的經歷，更因為這些閱歷碰巧落在他身上，這是他所知道並關心的東西，那麼這種印象是讓人愉悅的。我寧願看到作者描述內心真實的想法與經歷，而不願見那些過分渲染與臆想的東西。我想知道，在其他人眼中生活究竟是怎樣的一幅景象，他們作何感想，而不是聆聽他們說的一些老生常談與敷衍話語。

我覺得，書籍與報紙大量發行的一個好處，在於作者可以面向更廣的讀者。我喜歡與人交談，傾聽他們的話語，只要他們坦誠自己的想法。我不希望他們以一些尋常的話語將我打發，因為這只會讓彼此都感到無趣。沉悶的八卦，老掉牙的故事，關於天氣的話題，或是最近又發生了哪起鐵路事故，對政治謹慎又片面的觀點，這些都是讓人內心備感沉重的話題，卻一成不變地為人們所利用，讓對話難以持續。但若是一個朋友有屬於的興趣、觀點、成見或是偏好，要是他願意去討論這些，而不只是泛泛而談，並對自己的觀點抱有興趣，那麼與他進行任何對話都是很有趣的。我想，現在很多關注於當前話題的作家，在寫作的時候應該盡量坦誠與開放一些，就像與自己可信賴的朋友交談。

當我們對別人越信任，懷著尊敬與平等的態度去聆聽別人的觀點，這對我們會更好一些。任何人都不可能對生命以及這個話題形成一個完整與全面的判定。唯一解決的途徑，就是權衡與綜合別人的觀點。知道那些自己尊敬的人，即便是不尊敬的人在所有重要的話題上，都持完全相反的意見，這對我們也是有益的，可以讓我們的精神為之一震。某天，我經歷了一件有趣的事情。我回到倫敦，與一群讀者進行交流。我後來得知，他們

都讀過我寫的一些書。我只能說，這是我的一次最為自在與鼓舞人心的體驗了，不僅因為我對自己的演說感到滿意，而是因為自始至終，我都覺得自己身處於朋友中間，大家都以簡樸的善意與笑臉相對，我沒有見到任何人臉上掛著不悅的神色。這樣的場景並沒有讓我覺得自己成為一位先知或是老師，而只是讓我感覺到，大家是在極為自然與簡樸的友情這一基礎上展開交流的。我的朋友們都準備著聆聽我所說的話，而我也盡力去滿足他們的要求。我所收穫的，遠比自己付出的更多，因為我們在一種被古老的祈禱稱之為和平的紐帶中相遇，在極為樸素的人性下相遇。

　　我深信，人與人彼此間的猜疑與不信任真的是一種古老且野蠻的情感，一種原始天性的遺傳，可追溯到那個每個人都赤手肉搏的年代。但是，我們現在邁進了一個全新的時代，必須準備著付出自己的所有，而不是單純地索取自己所需。時間與空間的法則不允許我們去與所有人打交道，但我們可以試著相信，自己在有限的範圍裡所遇到的情感與善意，正在四面八方等待著我們。當我們走出了自身的局限，向陌生的朋友伸出雙手，會讓自己變得更加美好。

公開與隱私（PUBLICITY AND PRIVACY）

人生的體驗
（EXPERIENCE）

　　我時常覺得，物質世界的有趣一面顯得如此美好，卻又搭配的如此不恰當。忙碌實幹之人從生活中獲得如此之少的體驗，而慵懶、低效之人則獲得很多很多。實幹之人對人類心緒的波動知之甚少，因為他們會按自己的想法對與接觸的人的思想或是性格進行更改，別人就變成了他們心中所期望的模樣，他們感覺別人也是這樣期望的。我時常見到這種情景，一位有主子派頭的人在與性情謙和的人打交道的時候，感覺所見到的一切都逃不出自己的思想，就如太陽去對月亮的亮度指手畫腳，然後鄙視一番。一個骨子裡專橫的人，即使表面上展現出親切和藹的樣子，在我看來他們都幾乎都缺乏對人性的了解。舉個例子吧。我認識一位老師，他是古典文學熱心的擁護者。他是興高采烈地向我舉了一個例子，說明自己的學生都對古典文學產生了濃厚的興趣，證明古典文學是唯一真正能打動人類心靈的文學。他不知道，其實他所察覺到的興趣，只不過是一個溫順且柔和的偽裝而已，學生們只是想讓他獲得滿足感，為贏得他的認可而順從他的意願。但是我不能告訴他這些。我還記得一位性情果斷的學界名人，他能從一些思想迷糊的諂媚者身上發現一些商業能力，然後語氣堅定地說：「可憐的某某人！顯然，他沒有生意頭腦，但是他卻能抓住問題的脈絡，知道如何走上正確的道路。」

　　實幹之人總是專注於處理事情，將原先閃過腦海中的念頭轉化為現實，就好比駕車者大腳一踩油門，車子就迅速飛離了，難以留意刷刷而過的路邊景色與山川原貌。他們過分專心於駕駛大企業這輛「汽車」，一會減速，一會加速，努力避開其他車輛，所以，他無法知道車窗外他人的臉

孔，也無從知道路旁或是街道上人們的生活。他只需要知道阻礙自己前進的東西，但這些東西本身並沒有任何阻滯或憐憫的成分。結果，他過分低估甚至忽視了所有模糊而美好的影響，雖然這些影響獨立地流動，但也許在許多年前，正是這些影響讓他大腦一時衝動，投入到現在所從事的工作。

而另一方面，那些低效、急躁不安或是旁觀的人則能有更多的人生觀感，這點我之前已經說過。這些人的時間與精力沒有消耗在執行各種明確的計畫與職責上。他們感受了太多迷糊的衝動，清楚地看到停滯的惰性倘若擴展，就會讓人像患了瘧疾一樣死氣沉沉。他們為自己所見的感到迷惘，一如實幹之人不會有那麼多困惑一樣。低效之人緩慢的行動更印證了這些想法，他們認為所謂的活力只不過是河水表面泛起的漣漪，未能讓水真正流動起來。他們不願見別人走向失敗，覺得嘗試定義自身的不嚴謹是沒有意義的。

隨著歲月的流逝，有時雙方的位置可能會發生轉變的。忙碌之人可能變成了一座「死火山」，噴發完的「火山口」讓人覺得沒有半點危險，只是有點難以接近，也許還可能出現一些奇妙的景象。忙碌之人可能坐在那裡，因為一些無關痛癢的小事去批評屬下，這些事情他自己也是有份參與的。但是，低效之人有時則會蛻變成一個友善大度的人。最後，事情終於變得清晰了：他至少知道如何憐憫別人，不再期望迅速地解決所有矛盾的衝突，而是微茫地了解自己心中所需，讓自己身處有序與平和的心態，而不會過分看重事情的發展，也不會因為延遲而變得不耐煩。

有時，我們可從人們的臉孔感受到這些變化。我覺得，沒有什麼比某些人表面上展現出破壞的氣勢，頤指氣使，一幅凶神惡煞的表情，而背後卻沒有任何權威更讓人厭惡了。粗暴只能顯得古怪粗莽，從別人身上榨取短暫且毫無意義的順服，之後就只能被人禮貌地漠視。而另一方面，那些沒有什麼聲望的人，卻總能親切待人，為人謙卑，富於耐心，懷著平常

心，默默地去等待，從內心裡開始改變自身粗野的外在氣質。人們可在一位鄉村老人那張飽經風霜而又疲倦的臉上看到這些。他們所做的工作正是自己希望去做的，順其自然地生活著，微笑中透露出尊嚴。這有別於那種意識到權力的笑容，似乎自我就要融成一種耐心，讓人享受其中，而非痛苦地忍受。

很難見到兩者結合起來，即一個人實幹積極的人同時也清楚實幹的不足與缺陷。假如有的話，那麼照在他臉上的，不是夕陽那一抹讓人感到疲憊的霞光，而是呆呆旭日所升騰的希望。

相比於男人，女人要忍受精力逐漸消磨所帶來的壓力。她們從一個充滿活力的少女走進了婚姻的圍城，到日後已為人母的歡喜與專注，處理各種繁瑣的事情，以一顆憐憫之心照顧一個逐漸龐大家庭的，然後她們曾經眼中的孩子如一艘艘小船駛離港灣。男孩要外出闖蕩，女孩要結婚嫁人。有時，突然間，她們過往忙碌的生活車輪似乎停止了轉動。而母親們心中總是惦記著他人的，發現自己除了照顧料理一個家庭，專心照顧丈夫，就沒有其他事情可做了。在很多時候，她們的興趣都因為孩子們生活上所遇到的問題而有所抑制，或者她們突然喪偶，不再需要像過往履行妻子的責任了，發現必須努力過屬於自己的生活，而之前的人生似乎都是別人在主宰或順從別人的意願中度過的。

跟善男信女們說，你們一定要考慮到人生的暮年，提前為此作一番規劃，這樣的話語是沒用的。人們通常沒有時間或是興味這樣做。個人愛好、閱讀以及疏遠的友情都被世間的俗流一掃而空。面對這些情形，最難做到的一點，是當人生充斥著太多繁瑣的事情，根本無暇去做自己喜歡事情的時候，我們要從這些瑣事中培養一種興趣。當然，一些重要時刻的打斷除外。

誠然，要是所有人都能將人生填滿，晚年也只是一段有益身心且舒適的倦乏時光而已，那就相對容易一些。但這種自然正常的發展總是不斷被

一些不幸的事情所打斷。身患疾病、喪親之痛與災難紛至遝來。人到中年，突然發現自己停滯不前，無所懸掛。當人生遭遇一些重大打擊的時候，不是每個人都有閒心去撿拾貝殼或是研究政治經濟的。

何去何從，是應該說清楚的。事實上，這是一個充滿困難與極為微妙的問題。要是某人能悄悄地以幻想或希望作為投資，存放於一個安全穩妥的地方，以防突然間我們陷入貧瘠的境地，這是很不錯的做法。《西去！》[098] 一書中里格的騎士形象，顯得恬靜而大度，全然沉浸在自己的宗教冥想與對父輩的崇拜之中，乍看顯得頗具魅力，但要是深入地觀察，就會發現人物顯得怪異且不真實。

我想，那些忙碌的人應該試著在生活中騰出一些空間，讓「上帝之箭」真的射入他們的心扉。因為熱望、匆忙以及躁動的生活通常只是抵禦現實的一面盾牌而已。生活似乎堆滿了許多需要立即去做的事情，很難從日理萬機的日程中抽出一個小時去做工作之外的事情，讓自己沉浸於天馬行空的想像之中，因為這在他們眼中只是浪費時間。他們這樣說似乎很有道理。對於那些相對充裕、且深受毫無意義沉思之苦的人而言，情況會簡單一些。某天，我收到來自一位非常聰明、但生活並不快樂的女士的來信。她很富有，膝下無兒女，老伴也不在了，身體不大好。她在信中說，自己沒有了什麼必要承擔的責任之後，發現這個世界如謎一樣重重地壓在她的心上。我想，不論要忍受多大的無趣或是沉悶，最好還是去做一些實用的工作。無薪的義務工作不難去找，有事可做真的可以大大地減輕心理的負擔，讓心靈安定下來。

一方面，人們不希望那些真實與重要的心靈體驗不可捉摸，時來時走，如小鳥一樣，蹦跳幾下，然後到草地上覓食，但事實似乎又並非總是如此。另一方面，人們也不願意看到這些體驗成為生活的累贅或是去炫耀

---

098 《西去！》（*Westward Ho!*），英國作家查爾斯・金斯萊所著的一本小說。

一番，就像石頭壓在草坪上，壓得青草變白，耷拉著，顯得無精打采，只能為討厭的陰生昆蟲提供庇護所。但是，真的很難找到足夠的理由去改正性情上的缺點。人都是喜歡走那條阻礙最少的道路，要麼忙，要麼百無聊賴，這一切都視乎環境所定。

最為幸福的人生，就是能有很多目標明確的責任去履行，讓心靈褪去一些不羈的因素，讓自己有足夠的休閒時間去感受人生。有些人能夠像瑪莎那樣，決心靜靜地坐在那裡，聆聽有教益的談話；但有些人如瑪麗那樣，總是願意幫忙去洗洗碗碟。羅斯金曾從容地將一些宏大且真實的原則濃縮起來，他說：「不勤奮的人生是罪惡的，而缺乏藝術的勤奮人生（在這裡，他指對美好與高尚事物無私的愛）則是野蠻的。」他說的是事實，雖然我們還是會有很多藉口可以去找。

心碎的解析
（RESIGNATION）

　　不久前，我與一位朋友進行了一次交談。話題不覺間轉移到了他的另一位朋友安森，我之前也見過安森，也許還見過一兩次呢。安森是一位年齡不超過 30 歲的年輕人。他的妻子在結婚兩年後去世了，留下他與尚在襁褓的孩子。他的妻子我也認識，是一位很討人喜歡的人，心地善良、充滿活力，對許多事情都有濃厚的興趣，而且長得也很標緻，很有魅力。

　　我想，當時我說了，一個男人如何能承受如此重大的打擊，如何在失去愛妻之後，時時刻刻都在想念的情形下，是什麼讓他有繼續生活下去的勇氣呢？「這真的不是一般的打擊，」我說。「在如此美滿的婚姻生活中，失去了另一半，彷彿整個人的生命都逝去了。我覺得，安森是無時無刻不在想念著自己的妻子，在每一個清醒時分，腦海裡都是愛妻的影子。」

　　「的確如此，」我的朋友說。「他們的婚姻確實非常美滿幸福。但是安森卻以驚人的耐心與節哀的態度去面對。他真的是太了不起了。」

　　「啊！」我說。「我真不大喜歡在此處用『了不起』一詞。我不知可憐的安森會說些什麼。但使用『了不起』一詞，在我看來似乎暗示著精神上自滿所帶來的危險，通常都會緊隨著一些可怕的反應。我不願意這樣說，因為這似乎有點犬儒了，而事實上又不是如此的。這給人感覺是，他似乎沒有想像中那麼關愛自己的妻子，只是想為了獲得安慰而已。我認識一位年老的女士，她的丈夫在與疾病纏身幾個月之後逝去了。我之前一直覺得，他們是很恩愛的一對夫妻。她是一個凡事都順從自己丈夫的女人，而她的丈夫雖然也是一個親切的人，但對她很嚴苛。但是，她也很『了不起』地忍受著。最後當丈夫的病入膏肓之時，她顯得很平靜，沒有說什麼

話，只是在佛羅倫斯買了一幢房子。丈夫死後，她就搬到那裡居住。我不是說，這位女士沒有為自己逝去的丈夫感到哀傷，要是可能的話，她願意做任何事情挽救他的生命，讓他重回自己身邊。但這一過程完全是無意識的。但我深信一點，她過了這一輩子，都沒有意識到自己被壓抑的個性，從未過著自己嚮往的生活。我想，她丈夫的逝去有助她慢慢了解這一點，重拾自己對人生的興趣，讓她得以從悲傷中掙脫出來，燃起對生活的信心。當然，在這個過程中，她深受想念丈夫的痛苦，只是沒有表現出來。」

「我想那也是很有可能的。」我的朋友說。「有時，突然間遭受重大的打擊，會讓人想著要振作起來。毋庸置疑，這種振作肯定是人們樂見的。但我想讓你看一下安森回覆我的信件，然後再做出評價吧。」

他從一個抽屜裡拿出一封信，然後遞給我。從某種意義上，這當然一封極富情感的回信。回信者稱自己的生活之光已經熄滅了，但是他將繼續生活下去，就像「她仍在那裡守候著我」一樣。他為自己得到妻子無價的愛意以及陪伴而深為感激，並期望有朝一日能再次重逢。他知道，要是她失去了自己的話，也會堅強地活下去的。他將如她所希望的那樣繼續活下去。這是一封很長的回信，整封信洋充滿著一致的希望與平靜的心情。我讀了兩次，然後緘默地坐著。

「嗯，」我的朋友終於打破沉默了。「你作何感想？」「我不知道自己該作何感想，」我說。「但我想坦承地說出自己的想法。我不是很了解安森，所以我說的這些都是自己猜想的。我想，這封信可能是他處於一種專注卻不自覺的興奮狀態時寫的。一個男人可能會對自己說『我就應該這樣想，這就是我應該努力去想的』，若事實真是這樣，我很擔心他之後真的會垮掉。當然，他也沒有必要去假裝什麼。我的意思並非如此。但這源於某種痛苦的痴迷，一種很危險的痴迷。我的猜測到此為止了。我覺得，這封信所真正缺失的，是發自內心的感覺。回信者在信中展現了自己的智

慧，不知出於某種莫名的原因，他似乎沒有處於一種痛苦的狀態。我覺得人類的情感在那個悲傷時刻無法看得那麼遠。我曾見到某人身處絕望的悲傷之中。我有一位朋友，失去了自己的兒子 —— 一個很有前途的兒子，他的掌上明珠。但是，他卻表現的很勇敢。他依然繼續自己的工作，對人也甚有禮貌與周到，但他卻無法講述自己的悲傷。他吃不下，睡不著，臉上掛著讓人心碎的笑容，給我的感覺就像一根緊繃到將要折斷的弦，似乎一碰就會斷。我並不覺得回信者是出於這種心緒寫的。雖然，我們經常會見到一些人在面對讓人絕望的事情時，展現出讓我們想像不到的勇氣，但我卻無法與這種高尚的觀點產生共鳴。在我看來，這似乎是在刻意逃避與掩蓋悲傷的存在。我更願見他一時難以自持，抱頭痛哭，或是大病一場，頭髮蓬亂，抑或做一些在此時符合自然人性的事情。我覺得，他所展現出來的方式就像戲劇或是書籍裡的人物，彷彿悲傷不是真正存在的，而是臆想出來的。我想，人們可以憑藉這種方式來獲取神聖的耐心與順從，但他竟然一下子就達到了這樣的境界，實在讓人覺得可怕。當人生的整個基礎及愛意瞬間轟然倒塌，試問誰能以安靜沉默的方式去面對呢？我覺得，當事人不應該這樣做，無論出於多麼高尚的動機。在我眼中，他似乎更在意自己的表現給別人的印象，而不是失去親人所感到的悲慟。我認為，要是某人失去了財富或是地位，甚至是健康的話，我都不會作這樣的想法。因為這些損失還是在我們思想可接受的範圍之內，人們也尊敬或是讚美那些處於逆境仍能微笑並重新站起來的人。在華特·司各特爵士的日記裡，最讓人覺得有趣的，就是有一段記載，講述他失去財富的時候並沒有讓他如想像中那樣影響到他，而當每個人都知道這個事實之後，他感到如釋重負。但在談到失去最為親近、美好的人與人之間的紐帶，其中牽涉的所有言語、目光交匯以及擁抱，都顯得那麼的重要，所有相互交流的思想、希望、恐懼與驚喜 —— 當這些在瞬間陷入到靜默與黑暗之時，那般痛苦、那股傷懷、那種嘆息以及空虛的恐怖，是讓人那麼的難以忍受。信念本身

是一種必然會勝利的東西，但是人不能將它視為萬能藥來麻醉自己。人們所需的並不是將逝去的人忘懷，而要在紀念中不斷去完成未竟的事業。

「是的。」我的朋友神色凝重的說。「我想，你說的是對的。但安森絕對不是那種自我意識的人。他絕對是一位坦誠與簡樸的人。他在回信中所寫的並非一些陳腔濫調，而是自己的人生閱歷，這點我可以肯定。有些東西，諸如一抹希望的曙光，某些確信的念頭閃過他的腦海，介乎他與自己的悲傷之間。他根本沒有想到過自己。我不是瞎猜或是先驗主義地說，你是否覺得他可能讓自己對逝去妻子的意識來支撐著自己呢？倘若這是事實，那麼脫離了肉身的「她」能夠領悟到逝去的真諦與意義，然後讓「她」自己的精神與丈夫相通，讓他感覺到愛意並沒有割斷，眼前暫別並非永久的分離，這是否算是合理的解釋呢？我知道這一切都是未知的，但我們肯定時常會被一些身外的思想或希望困擾過。若是可以的話，我不相信眼前這個世界就那麼鮮明地與未來的世界完全隔絕，或是與茫茫的過去與滾滾的未來沒有半點牽扯。我深信，安森將會撐過這段黑暗的時光，透過一些我自己無法理解的原因，明白我們不能完全按照自己的意願去生活，而是必須放棄一些東西，不僅要放棄那些我們覬覦的卑鄙與邪惡的東西，也可能是我們所想的純美、甜蜜與美好的東西。我無法就這些道理進行辯解，我也無法去加以證實。但是我剛才所說的那個希望，在我看來並沒有什麼悖於常理或是顯得牽強。我無法去分析、闡述或是證明愛的價值與能量。我只知道，愛是一種全然難以解釋的力量，讓人從逆境中躍起，去創造奇蹟。我始終無法相信，愛的存在是依賴於人類所展現出的某種形式，也不會因死亡而終結。」

「是的，」我說。「你說得對，我說的有失偏頗。我之前說的有點盲目，有點憤怒，所持的立場就像一位傻乎乎的小孩因為一個玩具被打碎了，或是假期因為下雨而搞砸了。當我們見到更為宏大的力量，不應該去懷疑，因為我們自己並沒有親身去經歷過，而是應該去等待，內心充滿著

驚奇與希望。我將試著以不同的方式來看待這個問題。我剛才所說的只能說明『眼不見，怎知是真的呢？』；而我們所處的這個世界有某些超乎於這個世界的現實，時時刻刻都在告訴著我們一個道理『要是我們不去相信，那將一無所見』。」

像風一樣自由
(THE WIND)

　　最近，我住在一間古老的房子裡，透過窗戶，可見過往的梯田已經變成了一片青綠的草地滾球場了。球場的一邊，就是一條由一排高高的蘇格蘭冷杉組成的林蔭大道。夏日的晚上，微風從西邊拂來，冷杉一齊發出隆隆聲響，彷彿將要決堤的攔河壩。某個夜晚，不知從哪裡刮來一陣大風。我在拂曉時分起來，周圍依然一片黑暗。風勢就如洶湧的海浪，突然又跑到山形牆與煙囪上打轉了。屋前橡木製造的大門被風吹的嘎吱作響，似乎要變形了。有一種怪異的聲音。我承認，斷斷續續的風，在屋頂間盤旋低吟，給人一種無家可歸的旅人感覺，似很不情願地繼續趕路。一想到那些此時正在屋簷下安然睡覺的人，一覺醒來就有歸宿感，有人愛護，我就想放聲大哭。昨夜，呼呼的風聲沒有消停片刻，甚是喧囂，有種橫掃一切的味道，似乎要有很緊急的事情。風喜歡刮過蕭殺的林地與蔥郁的山頂，沿途壓彎了莎草的脊背，然後瞬間沉降在深谷裡，在寂靜湖水裡蕩起一圈漣漪。這一切讓人覺得，原來風也是有生命與意識的，彷彿某種來去無形的存在，享受著法力無邊帶來的喜悅。

　　記得在復活節的假期，當時我待在坎伯蘭艾斯科代爾山谷一個名叫布特的小荒涼村莊。村莊坐落於斯科菲峰與大海之間，就是從這裡開始，我對風的祕密有所了解。一天，我們穿越空曠的荒野，往北方前進，直抵瓦斯特湖。一路沿途，風緊緊地吹著。最後，我們貌似達到了峰頂，放眼眺望，遠處是一片茫茫的荒野與低矮的樹林，後面還有一片寂寥的小山。毫無徵兆地，風夏然而止。至少，我們覺得空氣彷彿瞬間靜止了一般。要說有風的話，只是一陣很溫柔的微風從北面吹來，不是撲面而來。前方堆著

一些褶皺模樣的岩石，岩石間傳來了一陣我從未聽過的聲音，那是一種尖銳的聲響。我們一夥人都為風聲突然停止而疑惑不解，也沒怎麼想，就繼續沿著山脊往上爬。

我們登上了瓦斯特山的最高處，雙腳踩在碎石堆上。布滿溝痕的峭壁岩石顯得黑乎乎，倒影在底下的湖水上。剛才風之所以往下吹，可能因為以下這個原因。在懸崖邊上，風聲鼓鼓，氣流被抬高，從我們頭頂上呼呼而過，在風吹過後突然安靜的地方，就會形成一股迴旋的氣流，就好像站在瀑布前，看著水流往下滾一樣，但最奇怪的還在後面。我們來到懸崖邊，往下看到溝痕深深的岩壁，下面是黝黑的湖面，風在那裡以驚人的速度往上吹，讓人難以抵擋，感覺難以無法直面。我們手中拿的一些紙張都被風吹的好高好高。

我真希望在讀書那時候，老師能把空氣、光線、冷熱等關係解釋的更清楚一點。我們的自然課堂通常都非常沉悶，當我們去做流體靜力實驗時，往往只是利用圓柱裡水的重量去做，但沒有涉及到日常生活所見的一切。我之前還從未意識到，原來產生風的原因只是由於某處地方的空氣轉移之後，氣流就從四面八方湧過來，填補氣壓，風就這樣形成了。我覺得風就是一股難以阻擋的氣流。而在拉丁文中，也只有對北風與西風的解釋最為靠譜了，其餘的都帶有一種古怪與虛幻的色彩，雖然那樣的理解也具有足夠的美感。關於風的記憶，還讓人想起一些古老的畫面，一張張憤怒的圓臉，就像中年天使的頭顱。獵獵的風在洶湧的海洋上肆虐，將船隻吹到一邊。現在，我不禁會想，在我們這個旋轉地球所有存在的事物，都是由陽光的普照才感受到熱力的溫暖，浩浩海洋，連綿陸地，概莫能外，還形成了風霜雨露等天氣現象。人類要開始反思一點，不可將自己視為萬物的主宰，而應將自身看成是萬物鏈條中的一環。雖然，人類這種生物有著無與倫比的生理結構，能更好地與自然抗爭，也能比其他生物從大自然索取更多，但人類不能產生錯覺，認為這個世界就是為我們的存在而存在

的，然後驕傲莽撞地闖入地球的歷史畫面。我們要意識到，人類存在於這個地球上，是多麼地讓人感到不可思議與難以置信的奇蹟。我們生存的環境具飽含那麼巨大的力量與神祕的能量，這些似乎並非造物主的控制範圍之內，但世間萬物都在它的掌控之中。我想，這些都可能是錯誤的想法。因為，倘若我們在人生與前途這些重大問題上退縮，就會完全顛覆過往所學的知識。我想，多數人之所以不滿或是懦怯，都是源於錯誤的思想，認為為了自身的舒適可以犧牲其他。我們有權利去讓萬物為自身的舒適與愉悅服務，而不覺得自身的存在本身也是一場物競天擇的結果，我們只能以平和的方式來獲得所需的物質。

大風在窗外呼呼吹著松枝，屋內燃著蠟燭，我安然靜坐，雙膝枕著書，手握著筆，思緒已經神遊了好遠。喬治‧麥克唐納[099]寫過一個有趣的故事，名字好像叫《北風的背後》[100]吧。我也有好幾年沒有重溫這個曾讓我內心為之一顫的故事了。我記得，故事的梗概是這樣的。一個小男孩寄宿在一間閣樓裡，晚上睡覺時，風總是從閣樓上的一個穿孔吹進來，這讓他感到煩惱。我還記得，小男孩用一塊軟木塞想要蓋住，但當他回到床的時候，軟木塞嘣的一聲被吹走了。過了一會，他的身邊突然站著一位極為美麗的生物，原來是一位披著銀光閃閃長髮的小仙子。她帶著小男孩翻山越嶺，自如自在，感覺溫暖。在每個夜晚都進行這種旅行，小仙子對小男孩說，世間萬物都因愛與關懷而聚攏在一起。當然，撇去氣壓的因素，這不失為解讀風之祕密的另一種途徑，而且還有它的價值呢。畢竟，重要的是我們要感受其中的驚喜與宏大，體會更為強大與善意的力量，這遠遠超乎了我們渺小與不安的生活。人們不想埋沒這些感覺，而想從中汲取養分。一方面，人要意識到自己只是巨大謎團中極為渺小的部分，另一方面，要因為自己成為謎團一部分而感到榮耀與驚喜。所以，當我們前行的

099　喬治‧麥克唐納（George Macdonald, 1824-1905），蘇格蘭作家、詩人、牧師。
100　《北風的背後》（*At the Back of the North Wind*），喬治‧麥克唐納所著的一本小說。

時候，不要趾高氣揚或是執守愚昧，似乎自己已經懂得了所有，除了讓自己生活的更加舒適之外，別無所求。相反，我們要在如此厚重的謎團中成為謙卑的學習者，其中的美感超乎了愛意與希望。我們目前所知的，只不過是滄海一粟。這個祕密就是，世間萬物都有屬於其自身的位置，從茫茫大地的一端到另一端，乃至空氣中肉眼看不到的最微小的原子都在無時無刻地運動。這一切都是無法毀滅的，而人類的精神則是最為永恆的。

　　這就是風今晚對我所說的話語。當它從一座山丘漫遊到另一座山丘，履行著自己本應的職責之時，我願隨風眷顧安靜的小村舍與綠色的丘陵，拂過大城市的屋頂，瞄一眼閃爍的燈光與徐徐冒出的煙氣，刮過荒野與高山，最後又來到了大海，重回北部布滿冰川的原野，最後蹤跡杳然，不為人知。

詩歌的功效
（THE USE OF POETRY）

　　丁尼生爵士曾在布萊德利那裡待過一段時間，那時布萊德利擔任馬爾伯勒學校校長。一天晚上，丁尼生叼著菸管，對布萊德利說，自己很羨慕他能夠將一生的精力勤勉地投入到如此實用與讓人尊敬的工作之上。文獻所沒有記載的，（順便提一下）是布萊德利對菸草發自內心的厭惡，他回答說，自己肯定還沒達到人們時常所說的那些簡潔有力的警句所處的高度，這是毋庸置疑的。有趣的是，一個如丁尼生有如此成就與盛名的人，都會去懷疑詩歌的功用。丁尼生並沒有坐等靈感的突然來襲，也沒有在無聊中虛度光陰。他對待詩歌的態度，正如他人可能勤奮與忠實地做著會計的工作。當然，他是一個極富創造力的天才，手中的筆時常能創造精妙的藝術作品，但他是不大可能日復一日地從事詩歌的創作，期間必然需要長時間的反思與心靈的愉悅。詩歌創作是一種極其損耗腦細胞的行為，是不可能在心靈沉悶與疲乏的狀態下進行的。米爾頓[101]在創作《失樂園》（*Paradise Lost*）的時候，每天也只能寫下 40 行。他每天早上躺在床上開始構思，然後口述，餘下的時間就用來精簡詩句。很少有詩人能像威廉·莫里斯那樣對詩歌創作抱著輕鬆的心態。他曾說：「那些所謂的靈感說法都是扯淡！要是一個詩人無法在編織掛毯的時候創作史詩，那他就是能力不行，最好還是閉嘴。」雖然，威廉·莫里斯的《世俗的天堂》是他在編織掛毯時的產物，但與《失樂園》、《回憶錄》還是有很大的不同。某次，莫里斯曾在一天之內寫下了 800 行詩歌。很多人說，這可能也算是一個紀錄吧。

101　米爾頓（John Milton, 1608-1674）英國詩人、政治家，代表作：《失樂園》等。

　　無疑，丁尼生是一個極具憂鬱氣質的人。因此，他見到馬爾伯勒學校裡忙碌而又快樂的場景，就像嗡嗡的蜜蜂在耳邊縈繞。而布萊德利卻能管理的有條不紊，張弛有度，讓他不禁懷疑文學創作的價值，覺得任何文學作品都不可能比這位校長更能產生讓人確信與全然有益的影響。因為，布萊德利與人建立起親密的關係，為學生的品格帶來重要的提升，這些都是具有深遠意義的影響。

　　詩歌創作所屬的類型終究是私密的。任何熱心讀者的恭維、評論者的讚美以及世人給那位神性詩人帶上的高帽，都無法讓數以千計熱切的讀者與追隨者的靈魂，領悟給詩人帶來安靜沉思的歡樂與希望。詩人就是一個無法見到羊群咩咩叫聲與身影的「牧羊人」。而在丁尼生的例子裡，他深深感覺到自己的責任，覺得自己的作品具有某種高尚的目的，能夠澄清人類的視野，使他們培養更為高尚的希望與純真的理想。所以，他必然要花很多時間去捫心自問，自己所創作的詩歌是否真的具有價值！他一直努力想讓詩歌呈現出某種再生力量，但卻始終看不到。正如羅斯金因深切意識到自己的失敗而倍感沮喪。他覺得世人喜歡他華麗的詩句，但對於其中所描繪的就如何促進人類改良等方面的內容，卻提不起半點興趣。所以，丁尼生晚年的詩作就彰顯出一點，認為世風日下，人們只貪圖享樂，隨心所欲，品味低俗。當時的他內心肯定充斥著痛苦的遺憾，覺得自己只不過是創造了一些言語上的旋律或是和諧的音調而已，只是讓人們飽了耳福，卻無法直抵他們的心靈。

　　有一個家喻戶曉的希臘傳說，是講一些斯巴達公民在歷經重重災難之後，想到雅典自薦為首領的故事。雅典人甚為反感，就將他們送到提爾泰奧斯[102]那裡，他是一位性情溫和的老師。這群斯巴達人要是有足夠的智慧，就不會去反對讓自己反感的建議。最後，斯巴達人發現，原先那位讓

102　提爾泰奧斯（Tyrtaeus），希臘讚歌詩人，生活在西元前 7 世紀的斯巴達。

人可鄙的老師竟然是一位偉大的哀歌詩人，他所創作的軍事讚歌與戰爭歌曲直抵士兵的心懷，振奮人心，讓他們無往不勝。人們懷疑這個故事是出自一位文人之手，而不是某位軍隊將領的真心話語！提爾泰奧斯流傳下來的詩篇卻並沒有任何激動人心的內容。但這個故事的本意卻是真實的，即充滿活力與愛國的人生終究是某首抒情讚歌的主題。一個國家要是沒有了想像力與熱望，就有活在低級趣味的危險，只是顧著賺錢，讓自己過得舒適，而不是想著去豐富這個世界，催生更多的希望。

因此，詩人心中必須要安於去創造甜美與高尚的詩篇，既不能期望物質上的回報，也不能像銀行家或戰功顯赫的將軍那樣獲得世人的認可。但從戰爭的角度來看，諸如〈快樂的武士〉[103]這首詩歌在歷經數代之後，仍能帶給人們內心無以名狀的震撼，至少給這個國家增添了一層浪漫氣質、即使在這個商業競爭激烈的年代，這首詩歌也有其存在的價值。即便丁尼生與布萊德利都會真心認為，一般情況下，在這個有序的國家裡，平民百姓還將閱讀被視為古羅馬的「福音書」的作者維吉爾的作品，視為自己日常生活的一種職責。至少，這顯示了美感的巨大活力與高尚思想的神奇之處。倘若真的還需要什麼證據，那就說明了人不純粹是為了麵包而活，而是還必須要遵照上帝的旨意。在這個我們越來越恐懼德國傳播過來的影響的時代，要說真有什麼危險，那就因為德國人沒有過分專注於商業的發展，而是對諸如詩歌與音樂等藝術方面仍抱著浪漫的激情。這是他們富於想像力與冒險精神的彰顯，讓日爾曼民族變得更具愛國熱情與野心，而非造就這一結果的原因。正是追求勝利與卓越的夢想，讓一個民族變得可怕，而不是他們的商業習慣以及貿易交往。

---

103 〈快樂的武士〉（*The Happy Warrior*），英國詩人華茲華斯所著的一首詩歌。

　　斯溫伯恩[104] 在其最著名的一篇抒情詩〈亞特蘭大在卡利敦〉（*Atalanta in Calydon*）裡，談到了夜鶯，講述了夜鶯是如何「以火一般的熱情滋養午夜的心」。這才是詩人們真正應該具備與希望獲得的。在某位嚴謹的政治經濟學家看來，要是夜鶯真的具有我們這個時代所珍視的常識，也許會深信自己是愚蠢的。荒唐的是，牠竟然在那麼晚的時候還不睡，花那麼多無謂的精力去唱出悅耳的歌聲，而一個廉價的口哨就可以發出與牠們類似的聲音。但若是個人或一個國家陷入了這種追求物質的心態，那麼離災難也就不遠了。個人與國家可能享受一段時間的舒適與有序的生活，能取得極為優秀的成果，在一天傍晚時分能夠去享受一頓理所應當的晚餐。但這種精神並不能讓一個國家保持強大，一個民族真正具有希望的象徵，是國民熱衷於去做一些優秀、創新或英勇的事情，不懼冒險與艱難。因為在這個有趣的過程中，的確飽含著許多因素。倘若教師與詩人能激發起人們這種精神，那他們就算是做到了最好。倘若他們同時能向世人說出，我們最好能享受去做的這個過程，最好能有騎士的風範與懷著溫柔的心去做，那就更好了。要是在這個喧鬧的過程中獲得利己的樂趣，以犧牲弱小者的利益滿足自己，那就是錯誤的。這個時代存在的「異質思想」，就是一個希望的信號，因為這意味著某種高漲情緒的漫溢。我們所要做的，只是將這種高漲的情緒引導至正確的管道，而不是去壓制或消滅它。丁尼生最受歡迎的作品所具有的價值，在於它們宣揚的是一種騎士般的理想，無論面對諸多重大打擊或是沿途布滿荊棘，他們總是以慷慨大度與憐憫的精神去面對。我想，這是我們國民性情逐漸發生轉變的一個信號，時代精神與詩歌精神有點脫節：偉大的詩人似乎已死，民眾的閱讀口味也逐漸遠離詩歌了。但我認為，這個時代富有想像力的性情被一些浪漫小說所填補。這些小說如瀑布一般湧入出版界，這不僅不是道德墮落與心靈頹喪的象徵，反

104　斯溫伯恩（Algernon Charles Swinburne, 1837-1909），英國詩人、戲劇家、小說家、文藝評論家。代表作：《莎士比亞時代》、《雨果評傳》、《詩歌研究》等。

而證明了某種清新與孩童般的精神，某種渴求聆聽別人講故事的欲望，希冀沉浸在別人的生活與激動人心的冒險之中。我想，這代表了我們這個民族還是充滿熱情與活力的。要是大眾對小說的熱情被政治經濟學手冊或銀行記帳本取代的話，這至少不是讓人值得欣慰的信號。誠然，我希望國民也能以更為認真的態度與符合常理的方式去生活，但我不希望他們過著沉悶與過分守禮的生活。我相信，從很多方面來看，我們所處的這個時代與伊莉莎白時代很相似，流傳著一種冒險的精神。我絕不願見英國人每天工作 12 個小時，獲得微薄的薪水，而沒有任何娛樂活動。誠然，這個時代也有其不良的一面，但是，當一個國家擁有難以抑制的高漲精神之時，這要比充斥著一群只會漠然埋頭工作的人更加具有希望。詩歌的功用，就其最為美好與廣義的意義而言，就是永葆這種熱烈與慷慨大度的性情，讓一個國家的國民保持著君王般的氣質，而不是如奴隸那般任人擺布。

詩歌的功效（THE USE OF POETRY）

止戰之殤
（WAR）

　　某天，我看到一篇評論引用了紐波爾特[105]的詩歌片段，書頁間彷彿頓時彌漫著悠悠花香，閃耀著水晶的光芒。紐波爾特是一位真正意義上的抒情詩人。他的詩作總是那麼具有美感，富有價值，韻律又是那麼優美，但他的成就遠不止於此！他曾創作過一首關於小溪的抒情詩，那是我讀過最為甜蜜與純美的詩化語言了，朗朗上口，富於旋律，如長笛吹奏出嫋娜的聲音，迴旋百轉，繞梁三日。此外，他也熟練不同類型的音樂，創作的樂章激蕩心靈，讓人血管噴張，就像吹奏嘹亮的號角。在我看來，真正優秀的抒情詩能傳遞一股「電流」，讓你為之一顫，眼中不經意間含著淚水。〈德雷克的鼓〉[106]正是這樣的詩歌。那句「船長可安躺於下面」的疊句可謂是神來之筆。紐波爾特與吉卜林[107]這兩位詩人在當今詩壇可謂翹楚，他們的詩作在音調方面做得真是完美無缺，每一個音節都有屬於其存在的價值，給人留下深刻的印象。創作者能以文字精確地表達心中所想，這就是完美藝術的一種證明。我閱讀這些詩歌時，正坐在火車上，真希望手中有一卷紐波爾特的詩歌。當人處於快樂的時候，閱讀這些優秀詩歌的確讓人雀躍起來。

　　後來，我讀到了〈克里夫頓的小教堂〉[108]這首內容沉重的詩歌，這首詩是詩人獻給兒子的，讓他記住父親對母校的看法與寄望，希望他將來也

105　紐波爾特（Henry John Newbolt, 1862-1938），英國詩人、小說家、歷史學家。代表作：《嶄新的六月》（*The New June*）、《古老的國家》、《我的年代我的世界》（*My World as in My Time*）等。
106　〈德雷克的鼓〉（*Drake's Drum*），亨利・約翰・紐波爾特所創作的一首詩歌。
107　吉卜林（Rudyard Kipling, 1865-1936），英國小說家、詩人。代表作：《叢林奇譚》（*The Jungle Book*）、《基姆》（*Kim*）、〈如果—〉（*If-*）等。
108　〈克里夫頓的小教堂〉（*Clifton Chapel*），亨利・約翰・紐波爾特所創作的一首詩歌。

能作這樣的思考。讀著讀著，我看到了這一句——

「當你將他擊倒，敬畏
　——那個無所畏懼的敵人。」

我放下手中的書，陷入了沉思。活於世上，誰都不想讓自己變得軟弱，也不想被視為多愁善感。但不知為何，這一詩句讓我戆悚。難道人們真的應該這樣想嗎？倘若真的如此，難道人們就不應該從相反的角度去想嗎？——

「當他將你擊倒，敬畏
　——那個無所畏懼的敵人。」

難道在詩人心中，讓自己取得勝利不是這種志得意滿思想的核心與本質嗎？要是我們確信自己能夠殺死敵人，那麼尊重一下敵人似乎也問題不大。但為什麼這句詩還是給予心靈震撼呢？難道我們真的要接受戰爭本身是高尚的事情這種想法嗎？難道我們真的認為好戰是人類與生俱來不可分割的天性嗎？在我看來，這一切都取決於戰爭背後的動機。我剛才引用的詩句，理所當然地將敵人視為具有武士風度、富於尊嚴且勇氣的士兵，抑或是一位高尚、柔情的騎士。若是戰爭能糾正極為嚴重的錯誤，或是將人民從暴君殘忍專制的統治下解放出來，最終能帶來長久的和平，這樣的戰爭才是值得驕傲的。但是，詩句中所說的那場爭鬥又是出於什麼動機呢？可能是別人的一些冒犯，自身強烈的控制欲，某種僭越，或是感覺尊嚴受到了傷害，難道這些都預示著一種錯誤的行為，那麼的讓人難以忍受？難道我們真的要教育自己的孩子，讓他們與那些同樣富於勇氣與尊嚴的人進行決鬥，讓對方所有的希望與力量化為泡影，最終只能躺在戰場上，一動不動嗎？難道我們該將此視為一種榮耀嗎？難道我們應該在安靜的沉思中自我陶醉，銘記敵人是在自己腳下血盡而亡？難道我們要鼓噪我們的後代也去這樣做？

在我看來，這真的是一個悖論。一方面，我們如此珍視生命無可估量的價值，覺得殺人必須償命，正義必須得到伸張。對此，我們覺得是不容爭辯的。而另一方面，我們覺得，要是在不同的情形下——比如外敵侵略或是挑釁，我們又會覺得將同類置於死地是一件光榮與英雄的事情。

詩人很容易去讚美自己的故事，正如丁尼生在《莫德》（*Maud*）一詩所持的觀點，認為原先深陷商業物質主義的國家，可以透過痛擊敵人這一過程來提升民族精神。但在我看來，戰爭終究是一場野蠻、可怖的「集會」，罔顧基督教義與文明的累積，恣意妄為。在我們這個越發理智與溫和的社會裡，戰爭是難以掩飾其血淋淋與殘忍的罪惡本質。我認為，美化戰爭的行為會讓深藏於多數人心中凶惡的「猛獸」脫韁了，任其肆虐。寬恕戰爭就好比為奴隸制度辯護，理由是這麼殘忍的做法可能讓卑賤的奴隸培養高尚的容忍精神，又或者學校縱容欺負學生的做法所持的理由，稱這樣做可以讓受欺負的學生從中學會堅忍與克制的品格。

我覺得，我們應該將戰爭視為極為可怕行徑，不到萬不得已的時候絕不參與。若是一個國家被貪欲與狂熱沖昏了頭腦，去侵略一片和平的土地，那麼被侵略的一方有權利使用武力來驅趕侵略者。但是想想拿破崙式的戰爭吧！若是謀殺者理應接受死刑的懲罰，或是遺臭萬年的話，那麼拿破崙必然雙手沾滿淋淋鮮血，站在憤怒的上帝面前。拿破崙將自己國家最優秀的青年的生命視如草芥，讓他們早早地鑽進了墳墓。但他不僅沒有受到冷眼與唾罵，甚至還獲得當代國民與後世無盡的讚美？這到底是為什麼呢？為了讓他的家族登上帝皇的寶座？為了讓法國重回歐洲之巔？拿破崙式的戰爭根本沒有一絲要去幫助任何人或是讓任何人獲益的念頭，他只是想著去追求自身的榮耀，讓世界在自己腳下顫抖。誠然，世界人民都希望生活在一個和平、具有活力與安全的環境。無論對體力勞動者或道德高尚者而言，都是如此。讓每個人都能獲得機會，保護弱者，限制那些自私的殘忍者，這才是我們真正的目標。倘若交戰雙方在約定俗成的戰爭原則下

發生大規模的戰爭，那麼，殺戮就會變成一件英勇的事情！一方面，人類努力與疾病及自然災難作抗爭，覺得生命是極為寶貴的，認同生命是一種極為珍貴的傳承；另一方面，人類卻讓優秀年輕人血灑戰場，抹去一個民族的「春天」。戰爭讓侵略者與抵抗者都兩敗俱傷。還有，在生產軍備武器的過程中，不知浪費了人類多少寶貴的精力。戰爭讓世界的勞動力銳減。戰爭並非讓人類獲得自律的唯一方式。與自然搏鬥，順從世界的力量，地球萬物的新陳代謝，都能讓人類變得強壯，生生不息。

在波爾戰爭那段讓人悲傷的日子裡，我與一位寡婦進行過交談。她的兩個兒子都為國捐軀了。他們都是兩個極有前途的年輕人 —— 身體健壯，為人善良，待人公允，富有尊嚴。其中一個兒子在戰爭中身負重傷而死，另一個則在戰地醫院死於腸胃炎。這位母親一幅淡然的表情，流露出一股隱忍的順從感。一想到這兩位年輕人原本應該過著長壽與富有價值的生活，成為健康孩子的友善父親，但卻以這樣的方式長埋於大地，讓我不寒而慄。

以前，人們對男子間決鬥的行為表示贊同。若是某人的尊嚴受到了侮辱，除了以決鬥為自己正名，別無他法。受辱者被殺死的機率與侮辱者是同等的。以現在的眼光來看，「決鬥」這種行為真的很傻。但誰能贊同，在我們廢除了這種陋習之後，人類的勇氣就因此消減半分呢？

以後，我們很有可能會對之前那個將戰爭視為可行的時代覺得不可思議，難以理解。我們會捫心自問，人類怎麼能將釋放內心殘暴的野性視為一件高尚的事情呢？這真是難以置信。我們會看到，上帝所賜予的禮物應該是生命、健康、快樂的勞作與歡樂的和睦。人類竟然為了虛幻的名聲與貪念而讓他人血濺大地，這不僅是不可想像的，更是難以容忍的。

我的意思不是說，人類應怯於富有意義與英勇的事業而冒險。我絕沒有對那些探險家、飛行家、登山者或是海員有任何不滿之處，他們願意掌控自己的人生，這是一種極為高尚的精神。每個人的生命都是掌握在自己

手中，不能因為懦弱或恐懼而畏手畏腳。若是某人願意，他可以為取得一些成就而去冒險。但是，將掠奪他人的性命視為榮耀的念頭，在我看來是極度野蠻殘忍的想法。更為卑劣的是，這樣做背後的動機一般都與財產有著千絲萬縷的關係。

設想一下，兩個強大的國家同處在一個海島裡，都面臨著人口過度膨脹所帶來的壓力，又沒有多餘的土地資源可供利用。雙方在爭論中都覺得相互移民是行不通的。讓人困惑的是，按照我們現在對戰爭的理解，試想，要是兩國政府達成協議，將身殘者、弱者統統處死，那麼人們會覺得這是一個極度殘忍且必然會激起反抗的決定。但是，兩國人民都覺得，只有透過戰爭來解決這個問題，犧牲優秀的年輕人，而老弱病殘者則毫無損傷。這是一種讓人迷惑不解的思維方式，我自己難以理清頭緒。

波耳戰爭[109]期間發生的很多事情，同樣讓人難以理解。在戰爭打響的前夜，敵對雙方在各自的壕溝裡友好相待，談笑風生，唱著歌，無邪地開著玩笑，甚至在對方的槍口前送來點心。但是，雙方都準備著在第二天盡可能地殺多一些敵人。

在這個問題上，難道我們不是深陷某種怪異邪惡的怪圈嗎？很多人都試圖創造性地去解決這些問題，試著去求同存異，去普及教育，開化心智，鼓勵勞作、秩序與和平。但在我們心靈的背面卻深藏著一種頑固的決心：要是戰爭爆發了，我們將最大限度地摧毀敵人的房子或是掠奪財物。我們面對著這樣一個可怕的事實：一場戰爭將人類的精華都抹去了，所捲走的不是無能、軟弱或殘疾之人，而是那些充滿活力、樂觀與強壯的年輕人。

事實上，我們還沒有活在理智之中，而是仍深受本能的控制。當本能襲來之時，身體就會飄飄然，站不住腳跟。但讓人甚感悲痛的是，諸如詩

---

109 波耳戰爭（The Boer War），英國人與南非波耳人建立的共和國之間的戰爭。歷史上共有兩次波耳戰爭，第一次是在 1880-1881 年，第二次在 1899-1902 年。

人、牧師或是預言者這些冠以富有遠見稱號的人也會被戰爭激發的憤怒、興奮以及沉醉感所迷惑。在談到戰爭的時候，他們似乎覺得這種行為本身具有某種神性與高尚的特點，而沒有覺得這其實是我們內在獸性蠢蠢欲動所發出的喧囂之聲。這種獸性是一種打倒對方、撕扯或是肢解敵人的本能，讓人在看到敵人鮮血直流，四肢殘損，自己製造最大的破壞時，不僅沒有半點愧疚之心，反而還在那裡津津有味目視這一切，甚為享受。

論交友
(ON MAKING FRIENDS)

友情是世上最廉價而又最易獲得的樂趣了，不需任何費用，也不需耗費多少時間抑或碰到什麼煩惱。只要願意的話，我們很容易就可以交到朋友。正如當詩人在編織掛毯也可以創作詩歌一樣，友情也能以類似的方式建立起來。而最美好的友情通常是在自己專心做著其他事情的時候萌芽的。無論是在工作、旅行、吃喝或是走路，我們都可以交到朋友。我所談論的，不是那些單純「混個臉熟」的，而是彼此能夠感受到對方需求的友情，能夠交流彼此的觀點與閱歷。若是雙方能有所共鳴，這就是一種極大的樂趣。因為發現朋友所想的與自己相近，這是很難得的；而要是彼此間有不同的看法，那就更有樂趣了。因為這些不同之處往往讓我們增加見識，感到樂趣。當然，因為時空的限制，人不能期望自己能交許許多多的朋友。倘若某人總是不斷發展新的友情，就很難維持過往友情的紐帶。而且，在這個過程中，嫉妒感還會悄悄潛入心靈。當然，沒有比感知自己受人需求、歡迎、想念或是愛慕更能帶給人更多的樂趣了。若是覺得他人比自己更受人尊敬與需要，就很難心平氣與大度地默認這個事實。幸運的是，當雙方知道彼此不再存有任何猜疑、嫉妒或是誤解之後，還是可以重新獲得友情。即便我們沒有見到朋友或是收到朋友的來信，還是會依然對待他，重拾那段曾中斷的友誼。

當雙方不知從何時起，或以怎樣的方式，內心就莫名感覺到彼此有了共同的興趣、自信與喜愛之情，這是世上最為美好與簡樸的樂趣了。一個眼神，一個姿勢或是一句言語，都可彰顯友情。人們開始意識到彼此間有一種默契，這很難去界定或分析，因為這只存在於兩個人之間。正如法國

一位作家所說的：「因為這是我，因為這是你。」此時，我並沒有更進一步，談到世人稱之為「愛情」這一更為深入與神祕的境界。因為後者是一種完全不同的情感，而其熱烈與煽動的衝動更是讓人難以捉摸。但我所指的，只是一種平靜與心滿意足的情感，建構在一定的互信基礎之上。誠然，我們從舊石器時代的祖先那裡繼承了強烈的攻擊意識，懷著對陌生者猜疑的傾向，就像狗會對陌生人狂吠一樣，豎起寒毛。在現代社會，這種本能展現在防備心理上，人們不願卸下心防。但當朋友來到身邊的時候，我們就會覺得：「不論發生什麼事情，他還是會站在我這邊的。我可以將自己的心裡話告訴他，不擔心自己被誤解。我們可能在見解上有所分歧，但絕不懷任何惡意，我們所提出的批評不會讓對方記恨在心。要是我被人誤解，他肯定會站出來支持我。要是我需要幫助或是建議，他也會及時給予；要是我能幫他做點事情的話，那該是多大的樂趣啊！」

　　誠然，當我說交友的過程是容易的時候，我並沒有忘記，對於某些人來說，交友的確是更為困難。我認識兩三個性情感傷的人，他們很渴望友情，希望能與別人交上朋友，但卻發現很難獲得友情。他們很難與人相處，缺乏交際的技巧。他們對錯誤的人說正確的話，或是對正確的人說著錯誤的話。當他們流露出簡樸性情的時候，顯得很優秀。但原本應該緘默的時候，他們卻滔滔不絕。他們總是小題大做，但友情應該是一個漸進與不經意的過程，我們無法去壓制或攻擊他人。人可能憑藉炫耀來獲得別人的欣賞，但無法因此獲得別人由衷的讚美。那些急於想結交朋友的人最為惡劣的一點，是他們往往傾向於炫耀自己，給人炫目的感覺，吸引別人的目光。盎格魯–撒克遜是一個很有趣的民族，情感豐富，喜歡多愁善感，雖然外國人不怎麼待見我們。別人眼中的我們是淘氣的，不帶什麼情感的，有時如天空一樣沉悶，有時如天氣那樣善變。搖擺不定的不列顛人 [110]

110　不列顛人，原文是拉丁文：Perfidious albion，原指古羅馬人對時降時叛的不列顛人的稱呼。

呵！我們為之自豪的，就是自身的坦率與無與倫比的誠實。但在歐洲這麼多國家裡，我們又被視為最沒有信仰的國度。我們會說英國人一諾千金，外國人對此也是贊同的，因為他們深信這兩點都完全是忽悠人的：我們的話語充斥著欺騙，而我們的諾言更是輕如鴻毛。但我相信，我們彼此間的友情是忠誠的，不會隨便懷恨在心，而是急於給別人騰出空間，隨時準備寬恕別人，去忘懷一些不開心的事情。

　　雖然，我肯定英國人在交友方面有著某種天賦，但是他們卻又在人生早年就固定了自己的思想，這甚是有趣。在學校或大學裡結交下來的友情，有時能延續一輩子，通常都帶有某種浪漫的色彩。隨著歲月的流逝，很多人都會喪失這種能力。我們會逐漸墨守成規，固執己見，覺得再增添一些內涵是很麻煩的事情。我時常覺得，很多英國人在年老之後變得謹小慎微，其實是完全沒有必要的。在晚餐桌上，我身邊時常坐著一些人，我對他們說：「要是你能夠說出心中所想，而不局限於一些保守的思想，我肯定會喜歡與你交談並且信任你。為什麼雙方要去談論一些彼此都不感興趣的話題呢？我們都有自己的人生閱歷、觀點與思想，為什麼不將這些感悟說出來呢？為什麼要去玩這種讓人覺得疲倦的『草地網球』，你隨便一句，我敷衍一句呢？」有時，我覺得這顯然是缺乏坦誠的結果。這種規避現實的做法讓外國人覺得我們很圓滑，而實際上我們只是羞澀而已。但在英國的詩歌與散文裡，人們可以找到許多關於朋友或友情的主題，內容之多超過其他方面。這說明了我們無論在情感上說些什麼或假裝想些什麼，真正的情感就在那裡，一顆心閃耀著熾熱的光芒。

　　即使我們假設試探的過程結束了，人與人之間的「藩籬」被拆掉了，所有常規的圓滑都被剝去了，朋友之間能做到互信互愛，那我們到底又期望感覺到什麼，索取或是給予什麼呢？

　　首先，讓我謙卑地說，不要告訴朋友他們的缺點，也不要讓別人告訴我們自己的缺點！可能在緊急的情況下，這個原則才不適用。在我們這一

輩子，告訴朋友他自己沒有意識到的缺點，哪怕是只有一次，這可能算是一個讓人感到悲傷與極不情願的責任吧！但這樣做其實對他造成了真正的傷害。一般而言，我們肯定比別人更加清楚自己的缺點！我們也不能期望時刻炫耀自己的情感，就像揮舞著旗幟，吹奏著情感的喇叭。也許，只有在快樂的時分，當我們想要表達自己的感激與歡樂的時候，才能偶爾放肆一下。我們所期望獲得的，就是對友情關係的考驗。我們能夠不帶抱歉或恐懼地裸露自己的心靈深處，不再覺得有必要去避談某些話題，而是能夠坦率、自然地說出那些讓我們歡喜悲傷的事情，而根本沒想過要去製造什麼效果，或是留給人深刻印象抑或去贏得什麼。不管耐心與否，我們都要專心去聆聽。這不是一件多愁善感或是充滿思想的事情，而只需要認可一個事實，即兩顆心靈竟然如此莫名地親近，卻又如此的陌生，連在一起走在相同的朝聖路上。彼此間沒有任何祕密，只有快樂的陪伴，相信友情不會就此終結，也不會在此時此地消失。

　　世上最為美好的事情，莫過於當我們走過人生之路的時候，給予別人一種信念、信任以及陪伴，不是為了私欲，不是為了打發無聊的時間，而是全然出於內心的親切、善意、友好以及信任。我有幸認識一些人，他們通常都沒有意識到自己的這方面天賦，他們相信別人也如自己一樣誠實、坦誠與友善。就因為這樣，他們的善意就如陽光照亮周圍的事物，讓最冰冷的心感受到溫暖。當然，不是所有人都能做到的。因為其中有一種神祕的力量，人們稱之為「魅力」，能讓人的言語、舉止以及笑容都顯得如此吸引與美麗。但我們可以避免不去做傷人的事情，揚棄冷酷的話語、拋開專橫的判斷、收起卑鄙的嗤笑、卸下猜疑的防備。若是我們無法做到滿懷熱心或是為人慷慨，至少也不要吹毛求疵、惱怒成性、讓人覺得了無趣味或是為人嚴苛。「我不知道為什麼別人不喜歡我。」一位脾氣暴躁與憤世嫉俗的人對他的朋友說。這不是一個恭維的時刻。那位朋友微笑著說：「你真的不知道嗎？」接著就是一陣沉默，然後那人輕輕點頭，微笑著說：「不，我知道。」

年輕的一代
（THE YOUNGER GENERATION）

在我看來，過去半個世紀裡，完全向著積極方向發展且獲得最大變化的，莫過於在改進教育孩子的方法了。毋庸置疑的是，父母們都深愛著自己的孩子，為他們感到自豪，這不需要什麼特別的理由。而在半個世紀前，孩子們被管教的很嚴，經常處於壓抑的狀態，逼迫他們遠離一些場合，而且還會被責罵。現在，情況則大不一樣了。當然，過去孩子們出現在一些場合的時候，無論是在午餐或在晚餐前，都要求穿著整潔的衣服，舉止端莊，但是，他們必須要管住自己的嘴巴，吃著端到面前的飯菜。沒有人會在意他們的想法，若是他們執意表達的話，就會被大人們漠視，不予理睬。他們更多的時候只能自己在一旁獨自玩耍，而且在玩耍的時候，也要注意一些毫無必要的禮節。之前的教育模式導致了在過去的一些書籍裡，小孩子就是「小屁孩」有趣的代名詞。要是不對他們嚴加管教，就會不時「犯錯」，而且還會越來越「野蠻」。現在孩子們無論在公共或私人場合上都與過去沒有顯著的區別，但他們與大人的交往更加頻繁，越來越被視為社會上平等的一員了。而他們現在也開始喜歡甚至依賴於這些大人朋友們，而不像以前那樣把對他們的反感表露無遺。誠然，孩子們從小就知道，要是大人們願意與他們玩耍，就會成為最好的玩伴。大人們更為強壯、公平與具有創造力，但他們卻不願意與孩子們玩耍。大人們總是「太忙了」，有時在玩耍的時候突然板起臉孔，也不知道是什麼原因。

而現在的孩子幾乎成了一家的「主人」，長輩圍著他們團團轉，要求他們與自己玩耍，給予他們憐憫與關懷。現在，人們會給予孩子更人性化的關心，他們也要扮演自己的社會角色。而在私立學校，情況也是如此。

我本人以前就讀的私人學校的管理是屬於十分嚴厲的。當然，過去的基調也是相對健康與友善的。但我們很多時候都是要自己找樂子，自己去安排一些事情。要是我們生病了，無法正常上課，也不願意去找護士長。但現在的助理教師都會與孩子們玩耍，與他們交談，讓他們換鞋，從早到晚照顧著他們的生活起居。

過去的教育理念是斯巴達式的，目的就是讓學生擺脫嬌生慣養的習性，以犧牲他們軟弱、羞怯與敏感的性情作為代價，讓他們自立起來，去履行自身的職責。而要是他們不聽話，就給予懲罰。在這樣的教育模式下，孩子們當然會成長的更快，變得更為堅強，但那些天性柔和的孩子似乎就覺得很難熬。

接著，再比較一下管理方式的不同吧。故事裡那種典型老套的管理模式顯得謹小慎微，缺乏個性，過分呆板。要是學生難以管教，學校就必須要像對付「以弗所的壞人」那樣對整治學生。方便的時候，管理人員會過來看看學生晚餐的情況，而「僕人」對他很粗野，雖然「管家」很友善，但態度卻很專橫。現在的情況剛好與此相反，學校會僱用一位完全稱職且性情溫和的年輕女士。這位女士與雇主的社會地位是平等的，接受的教育程度也更高，讓她來負責學生的起居。她可以進行各種體育活動，可以開玩笑，要是她還能與小孩子打成一片，那麼這個「家」就算是天下太平了。原先那個對他們嚴厲的「僕人」開始感到悲哀了。而至於孩子，他們讚美她，將她視為教母類型的人物，夾在他們與那些憤怒之人中間，保護著他們。

當然，激進地改變整個教育體系，是很冒險的試驗。但這種轉變應該是自然而然的，而非故意引進的。直到最近，關於這個新的教育制度成功與否才有了定論。這種教育制度會讓孩子們變得柔弱、自私、脾氣暴躁、無助或是自以為是嗎？這是逐漸墮落或多愁善感的象徵嗎？

現在，我們可以大膽地對上面這些疑問給予響亮的否定回答。目前為

止，人們所見到的結果完全是正面的。從我作為 20 年校長的職業生涯來看，那時來伊頓公學就讀的孩子們剛剛開始接受新的教育計畫。相比於我們就讀的那一輩學生，這些學生更為活潑、善良、更具人文氣質、更加體貼他人，更為通情達理，同時熱衷於參加活動，精神飽滿，態度認真。我個人對此不存在絲毫疑問。當然，他們也不是完美的。處於成長階段的學生還是殘留著許多原始野蠻的因數，諸如自私、小題大做、貪婪、粗心大意，過分拘謹等。但是，當學生們來到公共學校的時候，希望發現其他學生都是那般的友善與有趣，不再將學校視為自己的天敵。他們預期即便學校的規定很嚴格或不近人情，但學校對自己還是有所關注的，不會殘暴地對待自己，至少沒有什麼惡意。他們會發現自己的道路從一開始就似乎很平順，欺負學生的做法幾乎不見了，而體罰更是絕跡了。學生們有什麼不明白，會有老師的幫助。學生們所給出的理由不再一味被視為藉口，他們參加體育鍛鍊的權利也得到了有力的保障，健康也得到合理的照顧，而且還有許多自律的條例。但總而言之，他們的生活更為健康、快樂與符合人性。他們不再有那麼多的虛驚，或是預感可怖的懲罰在等著自己了，而這些都曾是我就讀的時候所常見的。

我不認同那些熱衷讚美往昔的人對此提出批評所持的理由。他們聲稱現在的教育是在走下坡路。誠然，有不少讓人厭煩、愚蠢的悲觀主義者，會對年輕一代的奢侈風氣或是柔弱氣質提出荒唐的抱怨與抨擊。雖然，我鼓勵任何坦誠的批評與接受任何明確有理的證據，但我真的看不到任何墮落頹廢的跡象。當我們培養出來的孩子勇敢奔赴波爾戰場的時候，他們已經變得身手敏捷，腳步輕盈，胸中滿懷沖天的豪氣，這些都是顯而易見，不容否認的。現在，我有機會在大學對年輕一代繼續進行觀察。在我看來，這種教育制度所帶來的益處絕對是不容抹殺的。我覺得，現在的本科生要比他們的年齡看上去更加年輕。雖然，他們對於一些讓人厭煩的運動仍保持著傳統的尊敬，但這也代表著對體育活動與室外清新空氣有益的熱

愛，我不願見這種熱情的消減。

不久前，一位老朋友到劍橋訪問。他的大名記錄在協會的名冊裡，因為他曾在這裡工作過很長一段時間。他對我提出了兩點「批評」的意見。一是，年輕人的穿著真的很不入流；二是，他們極為有禮貌且友善。「原因是，」他說。「要是我想要找一本書或是一篇論文，抑或我想問路，我所詢問的每一位年輕人都願意去幫我找這些書或是論文，或是堅持要給我引路，這點我是可以肯定的。」他接著說：「在我當學生的時候，我們會認為一位總是打擾別人的年長牧師是讓人厭煩的，會對他敬而遠之。」

至於他對衣著不入流的批評，我是完全站在大學生這邊的。我贊同那位立法反對奢華衣著的梭倫 [111]，聲稱不論窮人或富人，他們的衣著都應該是相同的。現代著裝的風尚是以簡樸、舒適、美觀與廉價為標準的。而大學生在一些正式的場合都能明智地選擇適宜的服裝。而至於他們不斷提升的待人禮節、善意，事實上的確如此，這真的要比我那會上學的時候粗野、自以為是的態度進步了許多。

我想，問題的關鍵，在於讓孩子們能夠在快樂的時光中健康成長。當然，他們必須要聽從大人們的話，而且要做事認真。但孩子們所需要的，只是一個動機。要是他們學會以一顆熱愛之心去履行自己的職責，這將是一種巨大的潛能。他們對某事單純的興趣與熱愛，要勝於任何抽象或是難以理解的行為準則。我們的目標就是讓他們習慣於正確的行為，動機愈是簡單與直接，效果愈好。再者，我們希望孩子們能感知到，這是一個友好與善意的世界，他們深受別人的歡迎。雖然日後還有很多艱難、悲傷或讓人可怕的事情在等著他們，但這是每個人都無法逃脫的。孩子們不需要從一開始就去感受那些嚴苛或是惡意的恐懼，我們不願見孩子們因此變得堅忍或是憤世嫉俗，而希望他們能更加勇敢與富有愛心。發源於情感的英勇

111　梭倫（Solon, 西元前 638- 西元前 559），古代雅典的政治家、立法者、詩人，古希臘七賢之一。

要遠遠強於憤世嫉俗所滋生的堅忍。當我還是小孩與學生的時候，最害怕的事情，莫過於因為自己的誤解或是無心犯下的錯誤，結果就要遭受懲罰。這並非一種對正義的恐懼，而是對無緣無故降臨於自身災難的畏懼。我覺得這樣做，其實對自己思想沒有一點提升的作用。我們應該鼓勵孩子們去做正確的事情，而不是以恐嚇的方式逼迫他們。那種對做錯事情就要承擔後果的合理恐懼，與那種本不應承受的痛苦完全是兩碼事。

我還想更深入一步，宣稱我的那些學生並沒有辜負人們對他們的期待。他們很有男子氣概，為人簡樸，心靈敏捷，心地善良，都是一些性情平和與健康的學生。這些學生一般都在家裡受到「寵愛」。誠然，一味地「寵愛」孩子是不妥當的教育方式，因為人們不敢確定孩子的天性就是善良的。要是一個孩子思想健康，具備常識，那麼稍微「寵愛」一下是不會造成什麼傷害的。在這裡，「寵愛」一詞實在不是最為適合的用詞，但我找不到更為貼切的詞語去形容了。這也是很多粗俗與嚴苛的批評家將之等同於「溺愛」的原因。我所要表達的意思，是讓孩子們獲得應有的簡單樂趣，讓他們以合理的方式沉浸其中。一般情況下，讓他們選擇去做自己感興趣的事情，選擇自己喜歡的食物或是衣服，在潛移默化中感覺到父母的愛意，渴望父母的陪伴，希望他們能夠快樂。過去那種認為父母隱藏對孩子的愛意是正確做法的觀念，被證明是錯誤的。結果，我剛才所談到的那些學生，他們反過來會懂得尊敬自己的父母，希望陪伴他們，希望他們能夠開心幸福。因此，這些學生懂得如何細心關懷別人，對自己的兄弟姐妹更為友善，並且覺得自己做的還不夠，反而覺得這個世界還有更多充滿友愛與通情達理的人。因此，這些學生就會變成這樣：若是別人強制性地要求他們遵守一些規定，並能充分地給予解釋，他們會心甘情願與大度地接受這些規定；他們不願讓心中占據最重要位置的父母產生任何煩惱或是悲傷的念頭。我絕不是提倡那種浮華、安逸或是享樂主義的教育。我覺得，一種教育制度的背後應該有一套嚴謹的行為準則，但又絕非是機械與不近

人情的。因為，要是孩子們知道自己被愛，就會心甘情願地遵守命令。而他們內心中哪怕是一點點的願意，都能要比叛逆之後的順服走的更遠。

無論我們是否願意，都已經沒有回頭路可走了，我本人也絕不想看到倒退的現象。正如在許多方面那樣，我們所需的只是更多的坦誠與開誠布公而已。過往那種教育理念認為，孩子們應該接受一定的教育，而實際上他們卻沒有收穫任何知識。他們在父母心中始終占據著最為重要的位置，但他們卻絲毫感覺不到，相反還認為父母覺得自己很淘氣，對自己很冷漠。通常，只有當他們日後做了讓自己感到羞辱的事情，才會感知到自己身邊多了一份未知的關懷。要是他們之前就有所感覺，那將是一個強大的動力，他們就不會去做任何可能給愛他們的人帶來痛苦或悲傷的事情。

我還記得家父晚年的時候，曾為自己當年擔任校長時過分的嚴厲而感到自責。他說：「要是能夠重來的話，我將更多嘗試一下引導的方法，而盡量少點使用驅趕的方式。」他接著說：「以驅趕的方式可讓學生迅速地克服一個障礙，但這不是最為重要的。真正的目標應該是培養學生的品格，而這只有引導才能做到。」

論閱讀
(READING)

　　我想，可能是因為人們知道我的職業是寫書的，所以當他們遇到我的時候，可能出於禮節或是善意，就與我談論起書的問題來了。我想，就是因為自己缺乏應有的禮節與善意，所以我時常發現很難去履行自己的職責，一時很難去對一些「友善」的問題做出適當的回應。大多數人都以為，只要你讀過一本書，就可以談論這本書。而事實上，雖然我認識的多數人都會去閱讀書籍，但真的只有很少人能夠去談論它們。諸如書籍、圖畫、音樂、風景以及人事都是很難去談論的，因為它們並不是全然明確與有形的東西，而在很大程度上取決於讀者、觀者、聽者以及研究者在心中對其價值的衡量與評價。

　　正如某一化學物質在與另一種物質混合之後，不會發生什麼反應，但若是與另一種物質混合的話，就會立即冒出泡沫或產生蒸汽。所以，一本書必須要能觸動靈魂的某根弦，才能產生真正的動力或是能量。至少，我們在閱讀的時候要抱著某種批判性的目光去看待，發掘書的價值，而不是盲目跟風，只是根據評論或是朋友的推薦。就我而言，閱讀一本書總有點像一場戰鬥，在這個過程中，我會自問，作者是否會戰勝我，說服我，讓我讚嘆，或是讓我感到疑惑。一本書真正重要的，並非它是否寫的優秀、內容安排有序或是文筆優美，而是書本身是否具有一種真實的生命力。書的內容沒必要就是現實生活的範本。狄更斯的小說就似乎與現實生活一點關係也沒有，但卻有屬於其自身難以阻擋的魅力。書籍的不同之處 —— 此處，我主要談論的是小說 —— 就是當你說：「那是不可能的，因為不符合現實生活。」或者你說：「那根本不像是我自己的人生經歷，但這卻是存在的，且富有生命力。」我想，很多人都對書籍抱著過分順從的態度。

要是一本書文筆優美或是在封面上印著著名作家的名字，很多讀者就會覺得這是一本好書，未閱讀前就心懷敬畏了。我認識一些作家，之前寫過一些好書，但後來寫的書卻是一文不值。但我不會說出他們的名字。有時，內容完全相同的一本書，只是換了一個名字或是出版社，又重新面世了。有時，這淪落為單純機械式的工作，作者也不再花心思到寫作上來了。我個人覺得，懷著一種順從敬畏的態度去閱讀書籍是毫無裨益的。作家的任務就是要讓你看你津津有味，心中感懷，讓你強烈感受到力量與影響，喚醒內心深處的靈魂，時而發笑，時而沉思，時而心滿知足。

　　我可以肯定一點，閱讀的好處與裨益都被過分地誇大了。閱讀充其量也只不過是一種消磨時間的方式而已，當然，我們所消磨的時間的價值比不上充分利用的時間的價值。我也不敢確定，純粹浪費時間就一定遜於消磨時間，因為前者還存在著某種精神。誠然，閱讀被一些勤奮之人視為緩解緊繃神經的「靈丹妙藥」。我有一個很努力的朋友，要是辛勤了一天之後還無法入睡的話，就會起身閱讀被他稱之為「垃圾」的書籍，一個晚上一本小說，並且在一個小時看完。但他的這種行為不過是一種倔強精神在作祟，只是在與自己的耐心作抗爭。

　　但真正的閱讀就是有意識地讓自己與另一個心靈進行交流，就像展開一場聚精會神的談話。作家就彷彿與人交談，會忽視所有不成熟或是馬虎拗口的句子，似乎一本書就是由很多普通的對話組成的。作家一定要做到問心無愧。真正的閱讀不可能純粹是一種享受，必須要包含著某種觀察與評判的成分。我們的祖先曾以為，一個人若想成為舉止正派的人就應該認真地閱讀一些書籍。現在，還有許多尊重傳統的家庭在認真地履行著這樣的傳統，他們覺得將早上的時光用於閱讀小說是極為浪費的。我認為，這種想法是過時的。我對這種傳統的逐漸淡化也沒什麼遺憾之情。因為，我覺得要是人們沒有真正用心關注，閱讀本身也是毫無意義的。值得認真去閱讀的書籍類型，包括歷史、自傳、科學、神學以及古典文學等。有趣的

是，莎士比亞的書籍值得認真去研讀，而華特·司各特的書籍則不是。而至於為了解一般知識而進行的閱讀，這在很大程度上視乎個人去作何利用。若你閱讀只是為了讓自己更好地了解一些當代問題的發展，或是懷著更高尚的動機，因為你想知道過往的人們是怎樣生活的，他們從事什麼工作，忍受著什麼，以及為什麼要去做，為什麼要去忍受。那麼此時，閱讀就成為了一件極為有趣的事情了。但若是你閱讀只是希望讓腦海如貨倉那樣堆積知識，或是因為想讓自己感覺更為優越，抑或被他人覺得更有知識，那麼這就是毫無意義的，甚至是有害的。

在所有毫無意義的閱讀裡，最為有害的，當數在沒有閱讀原著之前，就去閱讀對原著進行評價的書籍。這就好比你沒有錢，卻又去閱讀關於股票交易的事宜；或是你總是躺在床上一動不動，卻時刻惦記著火車發車的時刻表。我的意思不是說，倘若人們不是出於正確的動機去閱讀，就應該不進行任何閱讀。因為別人沒有任何權利去干涉他人所喜歡的生活方式以及願望。但我認為，人們模糊地以為單純的閱讀就是具有品格或是富有意義的，或是覺得應該以此為傲的想法是不對的。其實，閱讀這種行為本身與吃喝睡覺的區別不大，沒什麼值得驕傲的。

現在這個趨勢難以扭轉，因為充斥著很多關於閱讀的愚蠢格言。培根曾說，閱讀讓人飽滿。從某種意義來看，的確如此。我認識一些人卻是「飽滿」得讓人很不滿的人，囫圇吞棗地吞食著知識，未加消化，自我感覺膨脹的不行，還扭曲了自己的人生觀。培根所言的，其實是一種「重劍無鋒，大巧不工」的境界，隨時能從正確的「書架」上找到相應的知識。很多人時常會說，作家除了作品之外，就沒有屬於自己的人生傳記，這純屬扯淡。政治家、將軍以及科學家通常都沒有屬於自己的傳記，因為他們留在這個世上的功績就是證明，並流芳百世。但作家的稱號只屬於那些創作出有價值作品的人。要是讀者喜歡某個作家的作品，那是因為他的人生閱歷讓其萌生了這樣的想法，以及他如何能以非同尋常的眼光來看待尋常

的事物。還有，我經常聽到一些嚴厲的人，特別是一些老師聲稱閱讀雜誌是不對的，因為讀者只能獲得一些片面的知識。但事實上，這不僅正是大多數人所需要的，而且這恰好說明了他們對閱讀那些「大部頭」所感到的困難。我想，當代的雜誌涉及各種題材，內容也通常是很有趣與吸引眼球的，這有助於拓展讀者眼界，觸發他們的想像力，讓他們覺得世界是一個很廣闊與讓人興奮的地方。

我無意去指摘真正的智趣人生，那是一件很高尚的事情。生活在曲高和寡的維度，空氣必然甚是稀薄。從這群人身上流傳著許多讓後代人覺得很有價值的思想。但就一般人而言，只能思想一些很簡單與明確的事情，強烈與迫切地感受生活的脈搏。這個世界上很多的麻煩是由那些本意善良而又思想混沌的人製造的，或是一些人溫馴地接受某些觀點，宣揚愚蠢的傳統與常規法則；還有一些更為愚蠢且專制的人，他們顯得那麼冷漠且缺乏想像，壓迫那些持反對意見的人。我們希望人們能夠熱烈地感受並滿懷希望地憧憬那些天才們的高尚情懷，諸如丁尼生、白朗寧、卡萊爾以及羅斯金等等。這些過著勇敢與熱烈生活的人，要比那些心智混沌之人更早地看到太陽初生的曙光。但若因為這是正確的事情，或是覺得要是自己不知道拉比‧班‧以斯拉或是維納斯之石而感到羞辱，跑去學習的話，這是毫無意義的。誠然，我們都願意看到大眾關心這些方面，但卻不願看到他們這樣做是出於一個醜陋的原因。

沒有比在閱讀方面不誠實或是自命不凡讓人接受更為嚴重的懲罰了。這就好比去踐行一種宗教信仰，只是因為別人認為這樣做會更好一些。譬如長時間地抽食嗎啡，或是為了精神之火而捐獻金錢。這樣做不僅無法使人變得睿智、寬容以及慷慨，反而讓人鄙視真實的情感與美好的思想。因為生活的目的就是能夠以高尚的奇趣與勇敢的坦誠來面對。普通人就能做到這點，不是只有智慧之人才能辦到。我認識一些性情簡樸的人，他們就從來不看書，但卻能極為坦誠地面對人生，能盡力去修正錯誤，幫助別人

繼續前進，以最大的努力來擺脫朝聖路上的醜惡巨人與野獸。

因此，我想說，要是能以簡單之心或受直覺的驅使而進行閱讀，這是一件無傷大雅的事情。若是能夠滿懷熱情或是抱著急切的心去做，這也是一件很不錯的事情，就如聆聽傑出人物的演說。不要斷章取義，而要讓自己深刻地加以領會；又抑或出於狹隘與不可告人動機，閱讀就會讓我們變得脆弱與危險。生活中那些危險的事情，就是那些讓我們感到自滿或是洋洋得意的東西，讓我們內心泛起邪惡之心，將輕蔑別人視為自然而然。誠然，我們必須要知道周遭的榮光與美麗的事物，而不要為自己狹小圈子裡的一些瑣碎事情而沾沾自喜。有一個感人的故事，講述一位到南美洲旅行的人的見聞。此人在一個偏遠的地方遇到一位年長的羅馬天主教牧師。他與這位老人進行交談，因為老人的身體似乎不大適合長途艱險的旅程，就問他要做什麼。「喔，只想看看這個世界而已，」牧師一臉疲倦，微笑著說。旅者說：「難道現在才開始不是有點晚了？」「是的，我將告訴你這樣做的原因。」這位老人說。「我在一個安靜的小地方生活與工作了大半生了。一年前，我身患疾病，知道自己命不久矣。我感到身體很虛弱，但我還是能微笑地離開這個世界。我為自己大半生所提供的平凡服務感到自豪。當我在思想這些問題的時候，我看到身旁站著一個人，一個臉上閃著怪異光亮的年輕人走到我身邊。之後，我發現他是一位天使。他對我說：『你有什麼期望呢？』我說：『我在等待上帝的降臨，我想因為自己已經為祂服務了這麼長的時間，祂應該會讓我看到天堂的榮光吧。』天使並沒有微笑，而是一臉嚴肅地看著我，然後說：『不，你並沒有努力去看到祂所創造的這個世界的美麗。所以，你也不能期望在另外一個地方看到。』說完，天使就走了。我所有的驕傲瞬間不見蹤影。從那時起，我就開始振作起來，放棄自己原先的工作，決心將之前積蓄起來的一點小錢去欣賞這個世界的美麗。現在，我正走在欣賞美景的旅途上，發現這個世界真是美的讓人無法用言語去形容。」

沿路而行，亞瑟・本森沉思集：

擺脫「原則」的束縛，關於哲理和美學的探索之旅

作　　者：[英] 亞瑟・本森（Arthur Benson）

翻　　譯：繁秋

發 行 人：黃振庭

出 版 者：崧燁文化事業有限公司

發 行 者：崧燁文化事業有限公司

E - m a i l：sonbookservice@gmail.com

粉 絲 頁：https://www.facebook.com/
　　　　　sonbookss/

網　　址：https://sonbook.net/

地　　址：台北市中正區重慶南路一段六十一號八
　　　　　樓 815 室

Rm. 815, 8F., No.61, Sec. 1, Chongqing S. Rd.,
Zhongzheng Dist., Taipei City 100, Taiwan

電　　話：(02)2370-3310

傳　　真：(02)2388-1990

印　　刷：京峯彩色印刷有限公司（京峰數位）

律師顧問：廣華律師事務所 張珮琦律師

─版權聲明─

定　　價：450 元

發行日期：2023 年 06 月第一版

◎本書以 POD 印製

國家圖書館出版品預行編目資料

沿路而行，亞瑟・本森沉思集：擺
脫「原則」的束縛，關於哲理和美
學的探索之旅 / [英] 亞瑟・本森
（Arthur Benson）著，繁秋 譯 . --
第一版 . -- 臺北市：崧燁文化事業
有限公司 , 2023.06
面；　公分
POD 版
譯自：Along the road.
ISBN 978-626-357-412-0(平裝)
1.CST: 哲學 2.CST: 文集
107　　112007810

電子書購買

臉書